O Direito ao Ócio

O Direito ao Ócio

OS DESAFIOS AO TRABALHO E A NOVA CULTURA

2021

José Manuel de Sacadura Rocha

O DIREITO AO ÓCIO
OS DESAFIOS AO TRABALHO E A NOVA CULTURA

AUTOR: José Manuel de Sacadura Rocha

DIRETOR ALMEDINA BRASIL: Rodrigo Mentz
EDITOR DE CIÊNCIAS SOCIAIS E HUMANAS: Marco Pace
ASSISTENTES EDITORIAIS: Isabela Leite e Larissa Nogueira

REVISÃO: Marco Rigobelli
DIAGRAMAÇÃO: Almedina
DESIGN DE CAPA: Roberta Bassanetto

ISBN: 9786586618563
Outubro, 2021

Dados Internacionais de Catalogação na Publicação (CIP)
(Câmara Brasileira do Livro, SP, Brasil)

Rocha, José Manuel de Sacadura
O direito ao ócio : os desafios ao trabalho e a nova cultura / José Manuel de Sacadura Rocha. – 1. ed. – São Paulo : Edições 70, 2021.

Bibliografia
ISBN 978-65-86618-56-3

1. Antropologia 2. Ciências humanas 3. Ciências sociais 4. Ócio I. Título.

21-73276 CDD-306.4812

Índices para catálogo sistemático:

1. Ócio : Sociologia 306.4812
2. Ócio : Trabalho : Sociologia 306.4812

Aline Graziele Benitez - Bibliotecária - CRB-1/3129

Este livro segue as regras do novo Acordo Ortográfico da Língua Portuguesa (1990).

EDITORA: Almedina Brasil
Rua José Maria Lisboa, 860, Conj.131 e 132, Jardim Paulista | 01423-001 São Paulo | Brasil
editora@almedina.com.br
www.almedina.com.br

A fim de que a humanidade se afaste alegremente de seu passado. (Karl Marx)

Não será mais só a arte que decidirá se a arte tem ou não um futuro e em que consiste este futuro. (Anselm Jappe)

A teoria é apenas parte da luta cotidiana para se viver com dignidade. A dignidade é a luta para emancipar o fazer e liberar o que existe na forma de ser negado. Teoricamente, isso significa lutar por meio da crítica para recuperar o fazer. Isto é fazer ciência. (John Holloway)

Somente em nome dos desesperançados nos é dada esperança. (Walter Benjamin)

A meus pais,
Sra. Maria Beatriz Sacadura Paulo Rocha
(*In Memoriam*),
Sr. Manuel Rocha (*In Memoriam*).

(Por mares nunca dantes navegados...)

PREFÁCIO

Na sociedade contemporânea tão marcada pelas narrativas do imediatismo, do tecnicismo e do utilitarismo é mister trazer à tona, no que se refere ao campo dos estudos interdisciplinares e principalmente multiculturais, os aspectos fundamentais sobre as relações entre trabalho, cultura e arte, que contribuíram de forma decisiva na compreensão da identidade sobre os valores do capitalismo e, atualmente, do ócio criativo.

Neste sentido, a obra ora publicada chega num momento oportuno, pois resgatar o papel e a importância do ócio como um direito quase que inalienável no mundo ocidental é uma tarefa para poucos e que o Professor Sacadura o fez com maestria.

A presente obra está estruturada em cinco grandes capítulos e uma reflexão final de conclusão. Nestes, o autor apresenta de forma clara e objetiva os caminhos percorridos pela sociedade desde a instituição do modo de produção capitalista, passando pela questão do trabalho, da economia, da educação, da tecnologia, da arte e da cultura; enfim das relações multiculturais culminando com uma excelente reflexão sobre a ociosidade, desmistificando a ideia sagrada do trabalho e apresentando o lazer e o ócio como um direito inconteste do cidadão. Toda essa pesquisa apresentada de forma muito harmoniosa em uma dimensão epistemológica interdisciplinar na área de Educação, Arte e História da Cultura.

Cabe ressaltar que publicações como esta tem como missão, além de divulgar os resultados das pesquisas desenvolvidas nas Universidades, fomentar a criação de uma consciência crítica. Saber interpretar o mundo em que vivemos é de suma importância para que ideologias preconceituosas não sejam eternizadas na sociedade como verdades absolutas e principalmente para que a lógica perversa do capital, ainda tão enraizada na sociedade contemporânea, seja aos poucos desconstruída.

Aos leitores, a presente obra lhes servirá para construção de um novo horizonte de saberes conceituais em que a interdisciplinaridade é a tônica para pensar de forma crítica aquilo que ainda não foi pensado. É por isso que a Universidade Presbiteriana Mackenzie (UPM), por meio do seu Programa de Pós-Graduação em Educação, Arte e História da Cultura (PPGEAHC), se sente feliz e honrada com essa publicação. E a alegria de compartilhar com todos estes feitos, que é resultado de anos de estudo e de dedicação, traz um aporte importante à ainda pequena bibliografia brasileira sobre a temática, por isso esta obra precisa ser lida e debatida. Boa leitura!

Prof. Dr. Marcelo Martins Bueno
Diretor do Centro de Educação, Filosofia e Teologia
Professor Titular do PPGEAHC – UPM

SUMÁRIO

PRÓLOGO 17

INTRODUÇÃO 25

1. Trabalho e Capitalismo 53

1.1 Sobre o trabalho 55
1.2 A ideação do valor e as formas antigas do trabalho 59
1.3 O modo de produção capitalista 67
1.3.1 Teoria do mais valor e seus conceitos 71
1.4 A lei geral do valor 75

2. Crise, Desemprego e Precarização 85

2.1 O processo geral do capital e desemprego 86
2.1.1 Tecnologia, reengenharia e desemprego 89
2.1.2 Jornada de trabalho e consumo 98
2.1.3 Economia solidária e terceiro setor 111
2.2 A precarização do trabalho 121

3. Trabalho e Pensamento 131
3.1 Poder-fazer e poder-sobre 139
3.2 Trabalho abstrato e trabalho concreto 143

4. Cultura na Teoria das Formas e Indústria Cultural 149

4.1 Formas sociais e cultura 152
4.2 A indústria cultural 165
4.3 A filosofia materialista: a práxis da cultura e da arte 176

5. Tendência Histórica da Acumulação Cultural 189

5.1 Sociedade mercantil e relação social. 189
5.2 O tempo de trabalho disponível e a cultura. 201
5.3 As lutas pela subjetividade no mercantilismo 215
5.4 A forma psique na produção da cultura e arte 227

6. Considerações Finais: Trabalho, Cultura e Arte 239

6.1 Direito ao ócio 240
6.2 A constituição da cultura e sua autonomia 248
6.3 O papel da cultura e a determinação de si mesmo 252
6.4 Para onde vai a cultura e sobre a arte 259

REFERÊNCIAS 271

ÍNDICE ONOMÁSTICO 281

PRÓLOGO

Em 1880, Paul Lafargue, publicou no Semanário L'Egalité, o seu *Direito à Preguiça*. Na prisão, em 1883, Lafargue escreveu suas notas ao texto original com o mesmo brilhantismo e antecipação dos males que o trabalho, ao contrário do que se supõe, proporciona aos produtores diretos e a toda a sociedade.

Lafargue explica por que o trabalho (industrial, assalariado) escraviza e empobrece continuamente os trabalhadores e reduz os homens de forma geral à condição de servos e lhes enfraquece o espírito. Tanto no final do século XIX, como hoje, no século XXI, portanto 140 anos depois do texto de Lafargue, a idiotice da defesa do trabalho como categoria genérica só fez embrutecer mais e mais a humanidade, para não falar dos flagelos e da tirania provocados aos trabalhadores. De fato, sem precisar que tipo de trabalho se trata e em que condições jurídicas a sociedade capitalista se organizou para subtrair de forma privada dos assalariados a sua potencialidade de gerar riqueza, a defesa inconteste do trabalho é uma perversidade que encontra na modernidade o respaldo na tirania político-jurídica da produção, imposta pelos proprietários das forças de produção, dos meios de troca e circulação de capitais.

Mas tanto quanto essa idolatria sem sentido, essa irracionalidade que massacra a todos, se fez ícone e foi passada pela ideologia penitente e egoísta dos pastores e dos burgueses, afirmar que o trabalho é a pobreza da humanidade e remete os fazedores sempre para se aviltarem a si nos modos em que produzem para o capital, é uma verdadeira heresia tão detestável a todos quanto o matricídio de Orestes ou o parricídio do Rei Édipo, ainda que os assalariados do capital sejam descaradamente extorquidos de suas forças físicas e espirituais.

Eis as principais teses de Paul Lafargue (1999) e que são mais pertinentes ao nosso DIREITO AO ÓCIO:

> 1. Logo que chega ao poder, a burguesia leva até os trabalhadores o discurso moral-religioso do "sofrimento", ainda que no período da Revolução Francesa tivesse condenado essa mesma moral para obter o apoio do povo contra a oligarquia e a igreja;
> 2. O discurso que enaltece o trabalho condena o trabalhador à condição de máquina "suprimindo suas alegrias e paixões" – o gozo da vida é tão propriedade da classe burguesa como as fábricas;
> 3. Os gregos da época clássica tinham desprezo pelo trabalho deixando-o para os escravos – "o homem livre só conhecia os exercícios físicos e os jogos da inteligência"; a filosofia de então ensinava a reflexão enquanto o trabalho era o vilão que retirava o tempo e o espaço para o livre pensar, portanto levava o homem a perder sua liberdade;
> 4. Assim, a aceleração da produção imposta pelo "tear" interessa ao patrão na medida em que retira o espaço e o tempo de reflexão do trabalhador; ao mesmo tempo a jornada de trabalho aumenta (mais valor [mais valia] absoluto) como forma de correção do espírito, a fábrica se transforma em casa de correção – o trabalho tiraria os vícios, chamado a "curvar os sentimentos de orgulho e de independência que a preguiça gera";
> 5. A classe trabalhadora não consegue se livrar dos "preconceitos semeados pela classe reinante", tanto que após 1848 (Comuna de Paris) aceitou "como conquista revolucionária a lei que limitava a jornada de trabalho a 12 horas diárias", inclusive para mulheres e crianças; portanto, os próprios trabalhadores aceitam "como um princípio revolucionário, o direito ao trabalho" – de certa forma, todos os pesadelos e flagelos praticados contra os trabalhadores assalariados

do capital, ainda hoje, são derivações e prolongamentos econômicos, políticos, legais e culturais, materiais e imateriais, objetivados de uma ideia reinante instalada sub-repticiamente na mente dos indivíduos, qual seja, a ideia fixa inquestionável das propriedades saudáveis e morais do trabalho;

6. Para enriquecerem na ociosidade, os proprietários dão trabalho aos pobres. A classe burguesa não quer trabalhar (a ela a moral da ordem e progresso, e do "sofrimento" dos trabalhadores não se aplica), apenas pretende explorar a força de trabalho dos trabalhadores que geram riqueza, "espremer o trabalho que continham" – isto leva a uma superprodução e às suas crises, pois por mais que os proprietários e seus agregados só consumam sem nada produzirem, ainda assim haverá muito mais mercadorias para serem consumidas, dado que a "penúria dos compradores" é tão grande que não conseguem adquirir o que eles próprios produzem, nem o mínimo para manterem a sua saúde física e mental;

7. Quando os trabalhadores se revoltam contra seus patrões e os gerentes a seu serviço, não deveriam dizer "façam vocês agora o que nós fazemos, venham aqui perto das máquinas, queremos ver se fazem, trabalhem vocês", mas deveriam dizer "não trabalhamos mais do que 3 a 4 horas por dia, e não venham vocês fazerem porque não se precisa, os estoques estão cheios e não tem quem os compre, e se nos pagarem melhor nós mesmos compraremos os vossos estoques, o que nós mesmos produzimos";

8. Na superprodução, os trabalhadores são eles mesmos os primeiros a sofrerem mais reverses da irracionalidade do trabalho: com altos estoques, os fabricantes precisam diminuir a produção e dispensam os trabalhadores. A miséria e a fome aumentam, e alguns meses depois esses mesmos trabalhadores voltam às fábricas pedindo trabalho, e aceitam receber menos pelas 12 ou 14 horas de trabalho (aumento de mais valor) – diminuem os salários e outros trabalha-

dores perdem o emprego, até o limite necessário para as máquinas não pararem e até os valores mais aviltantes por hora trabalhada, valores reduzidos ao "mínimo do mínimo" para que a mão de obra não morra e fechem todas as fábricas: a engrenagem do trabalho gira mal, mas gira – como n'A Colônia Penal;

9. Na superprodução, as crises não se resolvem: tendo por trás o crédito dos financistas, as dificuldades para vender são enormes, o desemprego e a redução dos salários não promove a venda das mercadorias produzidas aos milhões. Os intermediários e especuladores que têm capital para comprar pagam barato e voltam a vender, inundando o mercado, por um preço maior que pagaram, mas menor do que o estoque da fábrica – a fábrica não pode parar de produzir mercadorias porque daí sai o lucro não só do proprietário, mas de todo o comércio e dos rentistas, porque é o trabalho do trabalhador que produz a riqueza, mas então não tem mais mercado e não resta aos fabricantes outra alternativa que destruir as mercadorias estocadas: "lança-se então tanta mercadoria pelas janelas que não se sabe como elas entraram pela porta";

10. As lutas coloniais, os territórios "apossados", as escaramuças diplomáticas e as guerras entre os países europeus devem-se à necessidade de possuírem mercados cativos, preferenciais ou de livre trânsito para escoarem-se as mercadorias produzidas pelos trabalhadores extorquidos e miseráveis das fábricas do velho mundo. De certa forma, a idolatria sem sentido dos próprios trabalhadores ao trabalho em que são explorados é a causa dos males infligidos aos povos ultramarinos onde as potências industriais desovam seus estoques – os operários poderiam fazer algo importante a respeito disto se exigissem trabalhar apenas 3 horas por dia: "tem de se dominar a paixão extravagante dos operários pelo trabalho e obrigá-los a consumir as mercadorias que produzem", isto não parece ser menos ético e ferir mais a moral do que as motivações coloniais e as

guerras, ou produzir compulsória e planejadamente produtos de qualidade sofrível só para que deteriorem rapidamente obrigando os consumidores a voltarem ao mercado e comprarem outros, infinitamente;

11. Pois bem, a máquina deveria libertar o trabalhador do trabalho forçado nas fábricas, da "luxúria" sem propósito do trabalho a não ser para os que enriquecem sem preconceitos ao sofrimento humano e sua deterioração física e mental, mas o operariado, os assalariados do capital de forma geral quiseram disputar a produção com ela e, com isso, a superprodução leva a classe dominante para o ócio e os prazeres mais banais, enquanto leva em proporções maiores os trabalhadores e a humanidade para a pobreza, a doença e o desalento. O desemprego galopante desde então é uma forma "precária" de controlar as crises insolúveis de superprodução, simplesmente porque esbarra sempre na falta de consumo capaz de "realizar" os estoques mercantis – o vital era racionalizar essa produção aos bens necessários à dignidade de todos, oferecer formas de distribuir tal riqueza material sem exigir e compelir ideológica e moralmente a humanidade a trabalhar insanamente apenas como propósito de acumulação privada;

12. O desemprego e as consequências de extrema miserabilidade e total degradação humana que ele provoca para milhões de pessoas, e as novas colonizações geoeconômicas mortíferas e genocidas, não parece a nossos olhos mais imoral do que reduzir as jornadas de trabalho ao mínimo que nossa tecnologia e ciência permitem hoje, a criar um sistema global de cooperação que liberte a humanidade do jugo do trabalho econômico desnecessário e despropositado apenas para enriquecer vergonhosamente 1% do Planeta.

É impressionante a atualidade do texto de Paul Lafargue, século e meio antes de nossa época em que são visíveis por todos os lados os sintomas denunciados por ele quanto a esse verdadeiro martírio destruidor das potências humanas, principalmente considerando-se que o autor apenas possuía a primeira edição do Livro I d'O Capital (Lafargue cita o t. III), publicado ainda em vida por Karl Marx (Marx faleceu em 14 de março de 1883). É que grande parte das teses defendidas por Lafargue em seu *Direito à Preguiça* e exploradas por nós, estão mais desenvolvidas por Marx no Livro II (1885) e Livro III (1894) d'O Capital, publicadas postumamente por seu amigo e companheiro Friedrich Engels. O próprio Livro I d'O Capital foi posteriormente corrigido por Engels e Eleanor Marx, esta filha mais nova de Karl Marx, sendo considerada a sua versão definitiva a edição alemã de 1893. Pode-se argumentar que o autor teve acesso aos textos de Marx e de Engels anteriores ao O Capital, citadamente os Manuscritos Econômico-filosóficos que Marx escreveu em 1844, mas que só foram publicados em 1932, quase um século mais tarde, e vinte e um anos após a morte de Lafargue!?

A questão limítrofe das teses exemplares defendidas pelo autor em *Direito à Preguiça* se dá por conta do estado de desenvolvimento das forças produtivas aplicadas à produção material econômica das sociedades industriais mercantis, produtoras de mercadorias, capitalistas e de livre mercado. Isso em nada retira o brilhantismo e a perspicácia das ideias apresentadas na obra, pelo contrário, ilustra magistralmente como as sociedades capitalistas de livre mercado já no final do século XIX estavam completamente imersas no processo inescusável de uma revolução da produção, e dos valores, compelida pelo desenvolvimento do regime de acumulação privada nos moldes burgueses do capital e da luta de classes. Efetivamente Lafargue, não só pelos exemplos retrativos de sua época na Europa, mas também pelos desdobramentos coloniais inerentes à produção de mercadorias e às relações entre classes e frações da classe proprietária, só fez comprovar irrefutavelmente o que o mundo contemporâneo assiste quanto à luta concorrencial global pelo estabelecimento dos monopólios capitalistas, com as piores consequências e perspectivas para os milhões de desempregados e precarizados hoje.

A diferença é que em nosso tempo, todo o processo se verifica através da aplicação pragmática do mais alto desenvolvimento de tecnologias e ciências aplicadas à produção, consumo e financeirização dos mercados. Isto é o ponto nodal do qual o regime de acumulação concorrencial de capital não pode prescindir e se afastar, levando à precarização do trabalho e dos trabalhadores, não tanto pela exploração do mais valor absoluto em larga escala (mais extensiva ao tempo de Lafargue), mas pela maciça substituição de mão de obra por sistemas mecanizados e robotizados (mais valor relativo), alicerçados em tecnologias de comunicação e informação remotas desenvolvidas por poderosos algoritmos e com base em bancos de dados minuciosos e globais.

A precarização que Lafargue revela e denuncia *já era* pura desumanidade, miséria e morte para os trabalhadores de então, subsumida a inevitabilidade do trabalho, até pelos mesmos, enquanto hoje o que é real e facilmente observável é o fim do trabalho, o incremento do *tempo de trabalho disponível*, na verdade a inexigibilidade da mão de obra assalariada do capital. É nos limites do desenvolvimento das forças produtivas e da *obsolescência* do trabalho assalariado do capital que está dada a possibilidade real e objetiva das massas de trabalhadores exigirem riqueza para si, a se dedicarem finalmente ao desenvolvimento de sua potencialidade criativa, artística, como Lafargue (em Marx!) o exigia. E se há um século e meio atrás era tão difícil para os trabalhadores se libertarem do "discurso do trabalho moralizante da burguesia e da igreja", devido às condições *reduzidas* da sociedade produzir riqueza material necessária para emancipar o homem de seu "castigo icônico bíblico", como em Lafargue, hoje é essa realidade bastante possível e real que movimenta cada vez mais setores, comunidades e movimentos sociais para o seu direito libertador ao ócio criativo.

A registrar que durante a pesquisa e confecção do *Direito ao Ócio* não recorremos ao texto de Paul Lafargue, embora fosse conhecida sua existência prodigiosa, pois se queria manter a distância necessária a evitar certa contaminação, e comprovar por outros caminhos, e pelos autores contemporâneos pós-estruturalistas, que as teses inerentes ao "desafio ao trabalho" são consistentes a provar não só o brilhantismo de Lafargue, mas a atualidade deste "desafio". Só o voltamos a ler para este Prólogo. Lafargue obviamente não precisa de defensores. A pesquisa e o pensamento progressista, esse sim, sempre carece de arejamento, e nada de mais que tal ventilação *ainda* venha de um texto grandioso como o de Paul Lafargue. Isto demonstra ao menos que o método da Economia Política é imbatível tanto quanto mais o regime do capital se desenvolve no caminho de sua superação.

São Paulo, 14 de maio de 2020.

INTRODUÇÃO

As crises são insolúveis - repetem-se infinitamente. Vivemos exaustos. A exaustão leva mais ao evangelismo que à superação do estado das coisas como elas são. Parte deste desalento, e a reprodução messiânica de uma realidade desumanizada devem-se à carência de formulação teórica pertinente e abrangente dessa realidade. Particionados pelo dinamismo comum do circuito de mercadorias, as sociedades de liberdade econômica acostumaram-se a entender seu viver pelas partes, pela fabricação e circulação de "coisas", cujo simulacro na produção do conhecimento é o "caso", de preferência aquele que pode ser traduzido de forma imediata em valor de troca.

Escolhemos caminho alternativo para elaborar este trabalho, o do pensamento pelos escritos dos grandes pensadores sociais, movidos pelo anseio de ir além preenchendo lacunas e apostando em derivações e conexões criativas a partir deles e do que nos disseram. Daí, a aspiração de trabalhar em prol de uma *teoria geral* para a cultura a partir das vertentes de tradição pós-estruturalista marxiana. Uma visão totalizante que permita nos orientar através da aparência satisfatória e vencedora da produção de mercadorias, é uma visão além das particularidades, contudo, não sem elas, fundamentalmente, uma visão por dentro da dinâmica inexorável da reprodução do capital considerando suas categorias.

Isto significa que uma *teoria geral da cultura,* destarte as particularidades das tradições, hábitos e valores dos povos, *enquanto estes inseridos no modo de produção capitalista,* portanto, *imbricados* pelo regime de acumulação privada de capitais e produção de mercadorias, pode e deve ser formulada a partir das "leis gerais do sistema de livre mercado" e da construção, observada empiricamente, da reprodução capitalista pela *lei geral do valor*. Por exemplo, o desemprego estrutural e consequentemente a dispensa das trabalhadoras e trabalhadores assalariados do capital rumo ao *tempo de trabalho disponível*.

A *centralidade sistêmica* do capitalismo no século XIX, na década de 1980 do século XX, ou hoje, não se altera: a forma mercadoria é a forma mercadoria e seu objeto e caráter não muda enquanto o regime especial mercantil for a acumulação privada de dinheiro/capitais. Tal como a forma cultura é a forma cultura na sustentação ideológica da razão desse regime de acumulação burguês – as técnicas e as ciências a seu dispor mudam, mas não sua essência de exploração da força de trabalho, da dominação ideológica e da concentração da riqueza social.

Pensa-se aqui uma relação entre "formas" derivadas nuclearmente da forma mercadoria, própria da produção capitalista, e das relações sociais derivadas dela. Nos propomos a estudar a *"derivação"* da forma cultura pela forma mercadoria, igual às demais derivações (como a forma jurídica e a forma política derivadas da forma mercadoria), e a *"conformação"* da forma cultura e aquelas formas *imateriais* relacionadas entre si. Contudo, diferentemente de outras leituras, o correlacionamento entre as diversas formas sociais se dá por dentro de uma *totalidade dialética*. Tendo por base o *Materialismo Dialético* (a), essa totalidade é sincrônica e contraditória, onde a cultura e seus estratos (Filosofia, Religião, Educação, Artes, Folclore) ganham uma relativa autonomia no jogo da hegemonia social, podendo na contemporaneidade *sobredeterminar* algumas pautas da reprodução social geral.

Partimos da produção de mercadorias, do trabalho que cria os valores de troca para além dos simples valores de uso, sua circulação e realização, para compreender a cultura e a sua potencialidade revolucionária, quando e na medida em que dela se explicita o seu surgimento e sua função social. Não tomamos a cultura acima, além e desvinculada das formas sociais que envolvem a produção imediata de bens e as formas subsidiárias à manutenção da lógica do capital, mas correlações de onde derivam todas as relações sociais derivadas pelas forças produtivas e de acordo com o momento histórico de seu desenvolvimento. A cultura não pode ser entendida concretamente afastada das múltiplas determinações do fazer social, mas este fazer não pode ser entendido senão por relações fundantes, e teoricamente abstratas, simples, tais como trabalho, divisão do trabalho, utilidade, valor de troca, mais valor (ou mais valia)[1], taxa de lucro, contrato mercantil, sujeito de direito, entre outras.

Para o pensamento, o concreto que é a síntese das relações e práticas determinadas, aparece como resultado, embora seja o ponto de partida efetivo e, em consequência, o concreto ponto de partida multifacetado da intuição e da representação. As categorias abstratas que o *constituem* não podem existir, não têm vida própria, senão em função desse concreto, da vida social já dada. Mas como categorias, como *abstrações*, o valor de troca, ou o mais valor, por exemplo, produzem reverberações verdadeiramente antediluvianas para o pensamento e para o trabalho teórico. Isto para dizer que a cultura e suas realizações devem ser consideradas no âmbito das relações e práticas determinadas por seu processo dialético concreto, e não como pura emanação do pensamento. O seu dinamismo não é o dinamismo puro das ideias, mas da produção material humana, portanto, *a cultura é igualmente parte do processo histórico tal como os homens o fazem.*

O *Materialismo Histórico* (b), aqui utilizado, pode ser explicado assim: no reproduzir de sua existência, os homens precisam construir as condições de sua sobrevivência, produzir os bens e víveres para sua subsistência e os instrumentos de trabalho subsidiários a essa produção. Ao fazerem isso, os homens

---

[1] O conceito de sobretrabalho não pago, a parte da riqueza gerada pelo trabalhador e não ressarcida a ele na forma de salário, denomina-se "mais valor". No entanto, a expressão correspondente de "mais valia", é forma bastante assídua vez que se consagrou esta expressão nas publicações de língua portuguesa a partir de edições espanholas e dos países de língua castelhana na América Latina (MARX, Carlos. *Teorias sobre La Plusvalia*. Buenos Aires, Argentina: Editorial Cartago, 1974). Nas edições mais recentes publicadas no Brasil apresenta-se o termo "mais valor" que seguimos neste texto (MARX, Karl. *O Capital*. Trad. Rubens Enderle. São Paulo: Boitempo, 2013).

necessariamente se coletivizam e coletivizam a fabricação de tais instrumentos, ao mesmo tempo em que estabelecem as relações sociais próprias para esse produzir e utilização de tais forças. Ainda aqui, de imediato, estabelecem igualmente as relações de sociabilidade geral, determinados valores, práticas culturais e também as formas de troca e distribuição da riqueza material produzida.

Todas as coisas produzidas, o desenvolvimento das forças de produção, as formas de convivência moral, as relações de produção, e a distribuição do resultado de seu esforço produtivo são coletivas, alimentadas tanto pelas inovações de suas tecnologias como pelo acúmulo do conhecimento e sucesso na vida coletiva anterior.

Os homens não reconhecem, mas pesa sobre cada nova geração o esforço e a ciência de todas as gerações passadas. Os homens fazem *materialmente* a sua vida, coletivamente, não imediatamente como ideias em seu cérebro, mas em seu cérebro as ideias como provocadas pelas necessidades mais imediatas de sua sobrevivência no momento e de acordo com as possibilidades dadas por seu conhecimento e tecnologia. A história é, neste sentido, a história da materialidade do fazer, isto é, do trabalho humano abordado pelo imperativo da subsistência, para a resolução da "indigência" diante da natureza. Aqui, então, o trabalho é historicamente *trabalho econômico*: criar, fabricar, produzir, trocar, distribuir, recriar.

*

A essência humana é social não porque os homens *idealizam* a vida socialmente, mas porque *a vivem* socialmente compelidos pela supressão das necessidades de sobrevivência material imediata. Mas, por que os homens estão imbuídos que a existência de cada um diz respeito apenas a si próprio e não percebem a devida e necessária correspondência das estratégias individuais no relacionamento e dependência coletiva? A resposta idealista a esta questão pode ser elaborada, e muitas vezes o é, a partir de uma ideia cerebrina de individualismo, de liberdade espiritual, motivado pelo "gene egoísta" (Richard Dawkins, 2001) humano ou sua propensão para a "guerra" (Thomas Hobbes, 1983).

Podemos tentar, contudo, outra resposta. Ela deverá partir da subsistência humana, do trabalho, da produção material imediata, e então chegar às formulações ideais do espírito, ou às criações estéticas e formulações cognitivas filosóficas e religiosas. Os agentes como sujeitos reais, existem, hoje como ontem, em sua autonomia fora da cabeça, claro, enquanto a cabeça apenas se comportar de forma especulativa, teórica. Dado que a cabeça pensante se apropria do mundo do único modo que lhe é possível, na própria relação com ele, o "sujeito real", a sociedade, tem que estar onipresente como pressuposto da representação (MARX, 2011).

Mas do que se trata o "sujeito real", a sociedade real? De forma geral, o fazer humano, o seu trabalho, *aliena* algo de si mesmo sempre e continuamente naquilo que ele faz, para suprir uma necessidade econômica (sobrevivência material) ou para realizar um ideal estético (criação imaterial). Em todas as épocas e todos os lugares o trabalho humano padece deste esvair-se do *Ser*. De certa forma, tudo o que fazemos já não nos pertence a cada momento do realizado.

Não obstante, em cada época conseguir o necessário à sobrevivência *pode* ser uma *totalidade* do pensar e do realizar do fazedor, ou pode ser subtraída em parte dele, passando essa propriedade totalizadora da realização humana para a posse e comando de outro. O fato é que a totalidade ontocriativa – união do pensar e do fazer – que cria, não garante a posse *total* do produto realizado, pois isso depende da propriedade dos instrumentos de produção. Em todas as épocas a luta entre classes sociais pode, pois, ser traduzida pela obtenção dos víveres necessários *sem* a obrigatoriedade de produzi-los, garantindo, assim, às minorias proprietárias, a ociosidade. Pior, contudo, é a forma de extração dessa riqueza a partir da expropriação dos meios e do saber do trabalhador.

Isto é o que aconteceu com o advento do capitalismo. Todo um conjunto de organização e estratégias produtivas, de circulação e financiamentos, mudou radicalmente no Ocidente já a partir do século XVI, podendo-se resumir esse desenvolvimento ao profundo e irrefreável movimento de desapropriação de todos os meios e formas de produção dos fazedores e pequenos proprietários, com a transferência desse conhecimento, e da organização produtiva de mercadorias em geral, para os proprietários do capital, donos dos meios e forças produtivas mecanizadas, e com a transformação daqueles, fazedores despossuídos, em assalariados.

Em seguida, os novos meios de produção, o desenvolvimento das técnicas e das ciências da natureza, propulsionaram os empreendimentos industriais para a fabricação massificada de mercadorias, provocando profundas transformações nas relações sociais, voltadas para o mercado, nos valores e nas culturas tradicionais, o que culmina no século XIX com a hegemonia da classe burguesa cuja riqueza é a acumulação de capital, também guardado pelo burguês na forma simples de dinheiro.

Do ponto de vista do trabalho assalariado, portanto, das formas industriais de produção, dois fenômenos são relevantes em nossa análise: 1. A relação entre os proprietários e não proprietários dos meios de produção se dá de forma desigual à luz da contratação – jurídica – da força de trabalho por tempo de trabalho e sua remuneração; 2. O fazer fabril está condicionado pela mecanização e desempenho dos equipamentos fabris, pela administração do tempo e métodos de produção ditados pelos acionistas e pela alta direção do empreendimento capitalista.

Estes dois aspectos do mundo do trabalho industrial moderno, de produzir para o mercado, são os alicerces de uma dinâmica que só se *aperfeiçoa* e aumenta o desempenho da acumulação do capital, de forma privada. Mas, igualmente, opõem-se de forma insubstituível classes sociais e seus interesses próprios, que se estendem à totalidade da "distopia" própria do sistema capitalista.

Ao final, o movimento de desigualdade material na apropriação de riqueza social geral, a expropriação e privatização do saber e do fazer, e a alienação produzida e exigida pela extrema divisão do trabalho e especialização de acordo com o desempenho mecânico, exigidas da classe trabalhadora, levaram ao mercado, e às relações sociais gerais, o *particionamento* e a *estandardização* da vida social nos conformes da divisão industrial de produção de mercadorias. É este o fenômeno que afinal acaba por produzir a hipervalorização do individual sobre as necessidades mais bá*sicas de sobrevivência coletiva.*

Desde o início, Marx[2] sabia que não se tratava apenas de fornecer os instrumentos de compreensão da real situação dos trabalhadores assalariados e de luta em relação a essa desigualdade e exploração dentro do modo moderno de produção capitalista. Mas o mais importante, emancipar toda a humanidade do trabalho econômico, o da sobrevivência material imediata, dando a todos os homens a possibilidade de se realizarem pela totalidade de suas potencialidades em um mundo que prevalecesse o trabalho estético, as manifestações e realizações culturais de forma ampla.

Pretendemos justificar que esse momento está próximo, que as sociedades altamente desenvolvidas empregam tecnologias e ciência cuja aplicabilidade típica é a expulsão sistemática de mão de obra assalariada, que a empregabilidade já não é nos moldes do trabalho subordinado dos dois séculos passados.

Se de um lado aumenta a precarização do trabalho e o desemprego, com nefastos resultados para os assalariados e crises de consumo cíclicas para as sociedades de livre mercado, por outro lado, mais e mais as novas gerações deslocam sua inteligência e seu fazer para atividades criativas e culturais. Oportuniza-se, assim, nos próximos anos que a ociosidade em relação ao trabalho econômico tradicional seja ocupada pelo trabalho estético. É perceptível cada vez mais como as formas sociais da superestrutura passam efetivamente a disputar o espaço criado no embate entre as dimensões estruturais e ideológicas da sociedade, com ênfase

---

[2] Marx havia escrito, em 1844, de forma surpreendente, no final do primeiro dos Manuscritos econômico-filosóficos, que: "O comunismo é a posição como negação da negação, por isto o momento efetivamente real, necessário para o desenvolvimento histórico seguinte, da emancipação e recuperação humanas. O comunismo é a figura necessária e o princípio dinâmico do futuro próximo, mas o comunismo não é como tal a meta do desenvolvimento humano – a figura da sociedade humana." (1983, p. 181).

na "sobredeterminação" para a criatividade dos agentes culturais e artísticos.

*

No mesmo sentido que a forma jurídica e política, a forma cultura *depende* da forma mercadoria. O Estado é o órgão central por excelência da regulação do regime de acumulação no sistema de livre mercado, aquele que, de muitas formas, faz o gerenciamento e sustenta a reprodução do capital. Nele estão concentradas as formas política e jurídica burguesa. Já a cultura é a forma subsidiária por excelência da homogeneização das ideias e do conhecimento que pretendem justificar e esclarecer, ou *naturalizar* o mercado sob o regime de acumulação de capital. Assim, o Estado e a cultura não são entes quaisquer a serviço do capitalismo, mas uma necessidade intrínseca de sua permanência e realização.

Fig. 1 – Dimensões da Sociabilidade Geral

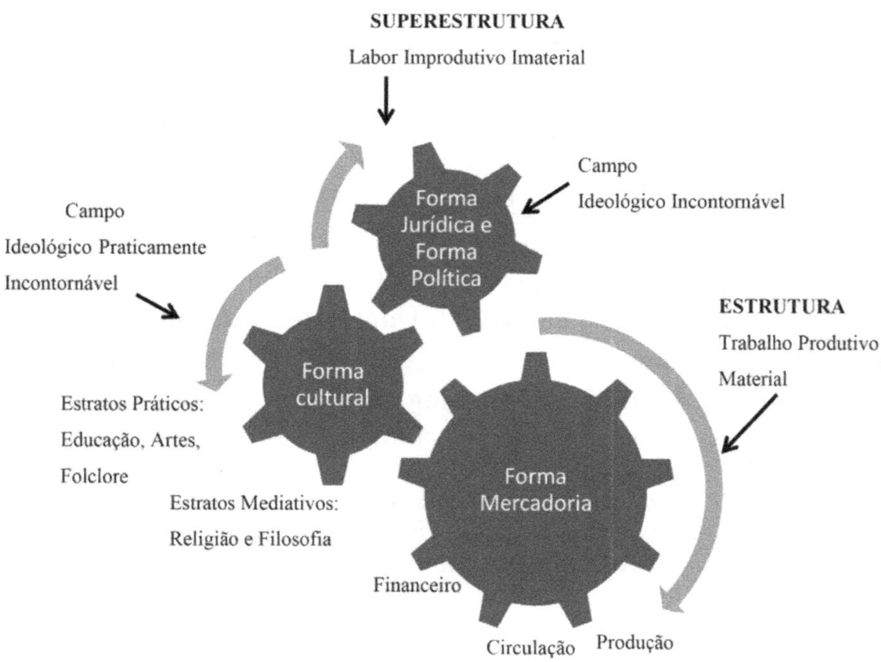

A cultura é em princípio a forma ideológica acabada como instrumento inalienável e irrecusável da produção capitalista. Daí que, da mesma forma que a política, a cultura só pode ser estudada a partir de sua necessidade real, a reprodução do capital, e como fenômeno decorrente do capitalismo. Ela não é absolutamente autônoma e sua autonomia relativa, *praticamente incontornável* do ponto de vista do regime de acumulação, é possível na medida em que a plasticidade criativa e liricidade de seus estratos (Filosofia, Religião, Educação, Artes e Folclore) encontram espaços alternativos dentro da regulação mercantil, forçados por seus agentes diante do *nonsense* e contradições colocadas concretamente pelo sistema orientado à produção de mercadorias.

Sendo que a cultura funciona dentro da engrenagem da totalidade social, ela adquire procedimentos e protocolos relativamente autônomos, cujo conjunto aparece como uma forma específica – forma cultura (com conteúdo e caráter) – dentro dessa totalidade, por suas materialidades como a educação, as manifestações populares, o folclore e as realizações artísticas de forma geral.

As teses apresentadas neste trabalho inserem-se nas *sociedades industriais ocidentalizadas* com "suficiente" grau de desenvolvimento tecnológico, porquanto nessas sociedades, destarte a diversidade cultural do ponto de vista socioantropológico, existe uma especialização e diferenciação específica no modo de produção, onde a forma cultura e demais formas sociais disputam e completam por suas especialidades a ação e as práticas dos agentes sociais.

Não que as sociedades primevas, por exemplo – onde não incide o poder conforme o entendemos nas sociedades com Estado –, não se organizem como uma totalidade de formas sociais, mas dada a sua menor complexidade tecnológica e a ausência de produção de mercadorias, bem como seu manifesto repúdio à sociabilidade com base na acumulação de riquezas e bens materiais (CLASTRES, 2003), a sua diversidade cultural conduz ao entrançamento por completo dessas formas, meio à totalidade da vida coletiva, tão mais indistinta a cultura do viver quanto mais distantes estejam da razão de mercado e da produção de valores financeiros.

É a sociedade industrial em processo, produtora de mercadorias e no regime de acumulação de capital, que no Ocidente se hegemoniza, que nos propomos a observar como essência da dinâmica da forma cultura. Mas o relativismo cultural leva-nos igualmente à necessidade de preservação daquelas características originárias e proteção à alteridade dos povos etnicamente diversos, enquanto tudo e todos parecem sucumbir à hegemonia dos valores mercantilistas e do trabalho voltado para a reprodução de capitais.

Opta-se, pois, por compreender a cultura como intrinsecamente constituída a partir da produção material, produção em prol da sobrevivência coletiva, e como um conjunto de valores, ideias, práticas e hábitos que perfazem e completam a totalidade social, concomitantemente, identificam para si mesmos e para outros indivíduos como parte dessa coletividade.

No todo o texto propõe o estudo da cultura como *forma*, com um conteúdo e um caráter (interpretação de seu conteúdo próprio), integrado às demais dimensões (material e imaterial) e formas da vida social (forma mercadoria, jurídica, política), a partir de uma totalidade dinâmica, sempre em mutação por força das renovações técnicas e científicas aplicadas à produção de bens sociais. Se for o simbólico que representa o intelecto, e se é pelo signo que o homem planeja suas atividades (antevisão), então só as sociedades humanas são portadoras de cultura. O melhor exemplo cultural da humanidade está naquilo que se realiza como obra de Arte[3]!

As muitas formas, a multiplicidade de funções e repartições das *formas superestruturais*, formas improdutivas do pensamento, velam, a seu modo, o verdadeiro significado e importância de sua necessária existência.

---

[3] Usaremos o termo "Arte" (com letra maiúscula) quando nos referirmos à materialização da cultura que cria rupturas consistentes com o *status quo* em uso. Neste sentido, compreende-se que nem toda manifestação artística é Arte, embora toda a Arte seja uma manifestação artística.

*

De forma geral, todas as formas sociais que derivam do regime de acumulação do capital, inclusive a forma cultura, visam buscar a *normalização*, a *naturalização* do regime através das seguintes funções: 1. Sustentar a dominação e exploração dos trabalhadores assalariados em prol dos donos dos meios e formas de produção; 2. Tutelar a expropriação do mais valor, a acumulação de capital em função da propriedade privada e sua manutenção; 3. Intermediar de forma velada, dissimular, como terceiros equidistantes e neutros, todas as relações conflituosas e antagônicas de produção, circulação e formação de capitais; 4. Garantir, de um lado, e arbitrar, de outro, as relações jurídicas entre agentes sociais isolados: contratos, negócios jurídicos entre contratados e contratantes, devedores e credores, trabalhadores e proprietários; 5. Estabelecer os critérios judicializantes de atos ilícitos, delitos, infrações e suas reparações equivalentes, multas e punições, de forma a garantir que o sistema do capital se reproduza sob a égide da classe proprietária dominante; 6. Governar de forma que a sociedade civil acredite estar garantida a cidadania e a democracia como isonômica, igual a todos, a liberdade e a igualdade do ponto de vista do mercado e seus guardiões.

O modo de produção capitalista é um sistema de produção de mercadorias sob uma determinada forma de relações desiguais de exploração, cuja orientação intransponível é a acumulação de forma privada, na fórmula consagrada de Marx, D – M – D' (*Dinheiro*, que no circuito de troca das *Mercadorias*, gera *Mais Dinheiro*). As fases em contínuo à produção, como a circulação de mercadorias, como a circulação e acumulação, não podem fugir, por força de sua lógica acumulativa privada, das mercadorias, da lógica mercantilista como seu núcleo central.

Porém, de forma sintomática, esta relação entre as diversas fases da reprodução do capital não pode se verificar de forma harmoniosa: devido aos antagonismos entre capital e trabalho, devido aos interesses de particulares conflitantes nas relações mercantis, devido aos próprios interesses entre as diversas frações de classes e aos mecanismos privados de concorrência, inclusive na esfera especulativa de capitais, todo o sistema do capital é profundamente caótico e anárquico, no nível dos mercados locais, regionais ou internacionais. O sistema global capitalista apenas faz intensificar e esclarecer as contradições intransponíveis das relações sociais mercantilizadas a partir da própria produção globalizada.

Em princípio, a cultura não poderia ser aquela que se contrapõe ao sistema de mercado assim visto, sofrendo, por outro lado, a *acrasia* do sistema debaixo do domínio do capital e sendo oprimida pela forma mercadoria. A cultura, como deveras todas as formas sociais, não pode se voltar contra as forças que se puseram contra o homem e contra a vida proficuamente coletiva; a cultura tende a servir ao capital – sua reprodução e regime de acumulação –, subordinada ao núcleo mercadoria sua pauta de agendas é agir em função dele, o capital.

A forma cultura não é, contudo, a única forma nem a mais *obediente* no modo de regulação capitaneado pelo Estado capitalista. Mas é a forma "excelente" de regulação ideológica, o núcleo que engloba a formulação e reprodução dos valores e das ideias que se produzem no cérebro como uma natureza e normalidade necessárias para toda a vida social: civil, penal, nas relações de trabalho, no comércio e consumo, no crédito e demais relações público-privadas. Nunca de forma completamente autônoma, mas derivada da organização e operação mercantil e financeira, e conforme as demais formas da superestrutura em luta por ocupações de espaços na totalidade social.

É neste sentido que se pode dizer que, da mesma maneira como a norma que vem para resolver o litígio, motivado pelos antagonismos econômicos estruturais, e que volta sempre para antes do litígio, *como prevenção*, a formulação e realização cultural procura, quando dominada pelo regime mercantilista, antecipar a disrupção provenientes das contradições do sistema, por vias da imaterialidade criativa que povoa as mentes e a compreensão de mundo dos indivíduos – a isto se deve a cultura enquanto indústria.

Nesses moldes, a cultura não precisa ser preenchida em suas realizações e administrada diretamente pela classe dominante proprietária: precisa existir e realizar, por seus atores, mais ou menos educados para tal, mais ou menos conscientizados de seu papel, a regulação ideológica para a reprodução do capital. Marx, analogamente referindo-se ao Estado, o explicou no texto *O 18 Brumário de Luís Bonaparte*, nos seguintes termos: "(...) a República (francesa) significava geralmente apenas a forma política da revolução da sociedade burguesa e não sua forma conservadora de vida." (s/d, p. 210).

De forma geral, nada na sociedade burguesa é diretamente governado por ela, menos ainda como se vê com relação ao material cultural importante para sua naturalização e conformação dos cidadãos, mas por elementos retirados de suas fileiras medianas, quer dizer, da classe média assalariada mais favorecida, ou pequenos burgueses, cooptados em suas consciências pela narrativa liberal de igualdade e justiça.

Efetivamente os indivíduos recrutados nas classes médias acreditam que o Estado e o governo são isentos, que a cultura é apolítica e imparcial, e acabam por exercitar uma burocracia cultural mediana por dentro da indústria e protocolos monetários. Em suas consciências, habita a formação do homem médio republicano que defende a "democracia" liberal burguesa, no mais das vezes sem saber que o liberalismo é burguês, atende de maneira incondicional à propriedade e acumulação de capital sem noção de que a cultura é a mais poderosa ferramenta de reprodução das "certezas". E, como tal, a cultura não pode aparecer às consciências como função contrária ou distante do regime de acumulação de riqueza social. "Finalmente, a ralé da sociedade burguesa constitui a sagrada falange da ordem e o herói Crapulinski[4]

---

[4] Crapulinski é o herói do poema de Heine, Dois Cavaleiros. Com esta personagem, Heine leva a ridículo os nobres poloneses. Crapule, em francês, significa crápula. Luís Bonaparte é aqui este personagem que Marx elege como "salvador da pátria", um indivíduo que chega ao poder vindo da "ralé" do povo, tido metaforicamente como "ralé da burguesia." (Nota da redação aposta ao texto de Marx, *O 18 Brumário de Luís Bonaparte* (MARX, s/d, p. 211)).

se instaura nas Tulherias como o 'salvador da sociedade'." (MARX, s/d, p. 211).

Aqui há que se lembrar do conceito aprendido em Louis Althusser (1985), como Aparelhos Ideológicos de Estado (AIE). As formações psíquicas se instalam no homem desde seus primeiros anos de vida pelas *ideias* dominantes que utilizam as mais variadas formas e instituições para tal, com predominância dos estratos culturais. Da educação basilar (família, escola) às mídias telemáticas atuais (meios de comunicação de massa, redes interativas virtuais) e realizações artísticas (artes visuais e sensitivas), a classe proprietária utiliza desses recursos para criar um perfil psicanalítico para o mercado, onde dificilmente escapam os indivíduos, inclusive a classe trabalhadora e o povo mais miúdo. Neste sentido que se pode dizer que a *razão cultural* é controlada por instâncias mercantis e monetárias. Outro conceito que Althusser trabalha – *dialogicamente* com os AIE – é o de Aparelhos Repressivos de Estado (ARE). Neste caso é explícita a violência física das instituições repressivas da classe burguesa dominante, perpetrada pela polícia, pelo aparelho militar, pelas prisões, pelos sanatórios, casas de correção, asilos, casernas e monastérios.

De certa forma, a questão da consciência, ou melhor, da falta de consciência do papel das manifestações culturais e realizações educacionais e artísticas, está diretamente ligada à diferença entre essas duas categorias de dominação de classe (AIE – ARE). Em outros termos, poder-se-ia perguntar: por que a burguesia, sob a égide do capital, não exerce em todas as esferas sociais e fases de sua reprodução, a *repressão física*, direta e objetivamente, e faz a troca, amiúde, nas formas culturais, mais sutis, pela *repressão ideológica*?

Nas sociedades de regime de acumulação de capital, a realidade está camuflada porque não pode aparecer como desigual, particular, fruto de exploração, perpetuando a acumulação, e não pode objetivamente se denunciar, legislando contra os trabalhadores e grupos alijados e submetidos, consumidores, proletários, contra os doentes, contra os mendigos, contra as prostitutas, entre outros.

A sociedade de mercado sob o domínio do capital não pode *mostrar às consciências* a pseudoigualdade, pseudoliberdade e a subjetividade negocial, a falácia jurídica do sujeito de direito, e a irrealização de fato dos direitos do homem e de sua dignidade, como consequências da forma mercadoria, pois isto revelaria o objetivo último da forma política do Estado burguês. Por isso em *O 18 Brumário de Luís Bonaparte*, Marx (s/d) desvelou o caráter "indireto" de dominação e exploração dos trabalhadores: ao sistema capitalista o que importa é a regulação da sociedade em favor da reprodução e acumulação do capital, para os quais contribuem diversas formas e estratos.

Perseguimos, então, a ideia de que da forma mercadoria deriva a forma cultura, esta relaciona-se com aquela por "derivação", não como entidade autônoma, mas como modo de regulação ideológica imanente da acumulação do capital. A forma cultura atende tanto à *naturalização* subjetiva como coletiva, por sua disseminação às massas, necessária às relações mercantis de compra e venda, de forma material pelo consumo de bens culturais, e igualmente de forma psicológica, na constituição dos arquétipos mentais desde tenra idade. Por isso, o sujeito isolado *acha* que exerce sua autonomia e liberdade quando se contrata com outrem, quando compra um bem e serviço pessoal.

Isto significa que o Estado não cria a cultura. As relações sociais de mercado, *verticalmente*, é que a produz tendencialmente para a ideologização, quer dizer o pensar criativo e o fazer a corroborar as relações sociais gerais para a produção de mercadorias. Por sua vez, devido à subjetividade mercantil – os indivíduos vão ao mercado trocar bens e serviços que lhes aparece como "unidades de coisas" –, cria-se a cultura como modo de regulação necessário à reprodução do capital e seu regime de acumulação, ou seja, a cultura como função dessa reprodução e regime geral do capital.

O duplo movimento, da forma mercadoria para a forma cultura, e vice-versa, tende a iludir os agentes culturais, os educadores, os mediadores artísticos e os artistas quanto à iconoclastia e autonomia cultural de suas realizações. E assim o movimento "inventa" o cotidiano – não livremente, não sem censura e limites, mas nas cercanias do sistema de vigilância aderente ao mercantilismo –, por força de sua inovação criativa cristalizada nas suas obras e nas suas práticas.

Já a relação *horizontal* entre a forma cultura e as demais formas no nível da superestrutura é de "conformação", não é simples determinação de uma forma sobre a outra, mas a contribuição das formas que se combinam e se complementam para o exercício ainda voltado, mais para as devidas funções imanentes da regulação necessária à acumulação do capital em seus limites mercantis, do que para a plena realização das artes e ofícios do espírito humano.

Portanto, do ponto de vista da necessidade de regulação da acumulação, a cultura submetida à forma mercadoria vive permanentemente em crise de concorrência interna (nos níveis e estratos de sua formação cultural) e externa (com as demais formas sociais), ainda com o destaque que em muitos sentidos ela apenas "contorna" as crises permanentes do modo capitalista de produção.

*

Para evitar o anarquismo e o aniquilamento do sistema de concorrência de mercado, existem organismos multilaterais e pactos são celebrados neste sentido. Isto se verifica na forma que frações da classe dominante proprietária no nível nacional, e internacional, se unem para manter a geração de mais valor e sua reprodução na medida da transformação da composição orgânica do capital. No processo de substituição de capital variável (mão de obra) por capital constante (máquinas) – processo que contemporaneamente se verifica de forma globalizada – as frações dominantes da burguesia, no nível local, regional e internacional, se unem sempre que estejam em xeque os pressupostos do regime de acumulação na forma mercantil.

O neoliberalismo é a manifestação de um modo de regulação que, a partir da década de 1980, começa a tomar forma, acompanhando também um específico regime de acumulação, massivamente de capitais financeiros internacionalizados. A globalização, tomada como fenômeno causal, é insuficiente como explicação de tal dinâmica. O capitalismo desde sempre é globalizado. Condições estruturais de produção, de acumulação e regulação, nacionais e internacionais, geram um novo padrão de desenvolvimento capitalista, o pós-fordismo. O pós-fordismo se revela como resultante de uma crise intrínseca ao modelo de engenharia produtiva anterior do fordismo, e também como o resultado de uma série de políticas supervenientes de transformação das condições sociais e econômicas do capitalismo, a partir da década de 1980.

Isso significa que nem todo o período histórico da Modernidade foi pós-fordista. A produtividade e circulação de mercadorias sob o domínio mais avançado das plantas de produção e engenharias de integração – dos insumos ao consumo dos produtos finais, portanto, sob o domínio do que chamamos de pós-fordismo –, coincide melhor com aquilo que alguns autores denominam de pós-Modernidade (período histórico), da década de 80 do século passado aos nossos dias.

De qualquer forma, a anarquia e a *situação* de crise sistêmica do modo capitalista de produção não levam por si mesmas a uma superação imediata, ontológica ou fixada do regime de mercado e do capital. É verdade que não existe perspectiva de pacificação quanto ao aumento e gravidade das crises e de guerras devido à intensa disputa concorrencial entre os proprietários e capitalistas no plano nacional e no global. Mas não é menos verdade que à permanência da forma mercadoria o *status* hegemônico – seja qual for o "grupo" dominante do capital – através das suas formas sociais, citadamente pela forma cultura, procurará um novo arranjo ao *modus vivendi* do mercado.

Mas, a cada crise cresce o monopólio, a cada novo monopólio cresce igualmente os investimentos associativos entre capital privado e capital público (fundos e participação de autarquias estatais). E, na raiz deste movimento, aparece claramente o desenvolvimento das forças produtivas, o desenvolvimento tecnológico e científico aplicado à produção de bens e à circulação de mercadorias, que revoluciona de forma imediata as relações sociais da produtividade coletiva e logo em seguida as demais relações gerais de sociabilidade, a começar pela família, pelos valores morais, religiosos e laicos, pelas demandas por reconhecimento e direitos das minorias.

As formas de trabalho se revolucionam, o desemprego se acentua junto com a precarização e a produtividade das atividades. E o que afeta os países centrais da globalização capitalista então se mostra hediondo e particularmente nefasto e desumano nas nações menos desenvolvidas e pobres da periferia, na África, na América Latina, na Ásia e na Oceania. As massas globalizadas pelo sistema mercantilista financeiro já agora experimentam a extrema pobreza, o desalento, a violência e a falta de saúde.

A *mundialidade* que nos envolve aparece quase sempre como natural e não como política, isto é, relações sociais reificadas dadas como estabelecidas de há muito que adquirem a validade como a natureza das coisas ou verdade científica. Em decorrência, existe pouca autoestima em desvendar em que mistérios podem ser diluídos e especificados as formas naturais e científicas do mundo que nos rodeia; isso exige uma postura, um querer, que vai além das formas e revoluciona os conteúdos.

Existe hoje uma realidade que qualquer cidadão do mundo pode experimentar e pode atestar como realidade por suas consequências danosas: o espectro que ronda a humanidade hoje é o desemprego. Para a reprodução da acumulação de capital, o efeito imediato é a inexistência de capital humano para extrair mais valor, o que inexoravelmente leva à diminuição das taxas de lucro, e do lucro em geral. Em seguida o capital depara-se com o fato óbvio que sem empregabilidade, nos termos de assalariamento das trabalhadoras e trabalhadores, inexiste demanda: sem distribuição de riqueza social geral em forma de salários não existe consumo, as mercadorias não se realizam e não podem continuar a aumentar os ganhos reais de capital, estes em dinheiro e em novo capital produtivo. O resultado geral a que se chega é uma superprodução de mercadorias e, todavia, uma diminuição de seu valor real com substancial aumento de dinheiro fictício/ especulativo/ virtual.

Mas há algo novo aqui: pela primeira vez na história da produção de valores existe uma decrescente jornada de trabalho e um aumento persistente e acumulativo de tempo de trabalho disponível. Isto joga milhões de indivíduos em idade economicamente produtiva na ociosidade. É, então, que novos horizontes aparecem para a correlação das formas, pois sem o trabalho econômico como realidade das massas para o regime de produção de mercadorias e acumulação de capital, esvanece-se, a um tempo, grande parte das concepções que tradicionalmente povoam as explicações e as ações tanto dos movimentos em prol dos trabalhadores, como as práticas liberais de comando e poder por parte dos proprietários nas sociedades de livre mercado.

Por tais fatos, ortodoxamente, existe na pesquisa uma concepção resistente com relação à separação e autonomia das formas imateriais e ideológicas, superestruturais, da produção material imediata, embora exista em muitos o esforço para trabalhar dialeticamente a "derivação" entre a forma produtiva e a forma do pensamento e suas realizações.

Porém, o nosso tempo, o contemporâneo, nos trouxe uma realidade radical e desconcertante no mundo de trabalho, com a mudança nas formas de trabalho, a partir das quais é necessário rever os conceitos estruturalistas e sua filosofia, e atualizá-los à luz de novos estudos. Esses estudos, impulsionados e incentivados por novos pesquisadores, e profissionais que depositam suas melhores esperanças nas manifestações mais diversas da cultura, levam a aprimorar as ideias sobre as contaminações entre o mundo do trabalho material e o imaterial, entre a realidade objetiva e a subjetiva do agente que é, em todos os casos, um mediador cultural.

O resultado desse esforço de atualização quanto a entender a cultura com uma objetividade além da forma mercadoria, à priori, leva à possibilidade de imaginar a totalidade social do ponto de vista dialético, onde esferas (formas) sociais ora se complementam, ora se contradizem, ao disputar um espaço maior para suas realizações. Como?

Ainda que o estágio atual de desenvolvimento material – mesmo considerando os países mais avançados tecnologicamente! – seja dominado por intensas produções de valor através da exploração do trabalho humano, nos termos da separação binária entre o planejar (pensar) e o fazer (executar), a coisa feita como abstração transformada em mercadorias, ainda neste cenário predominante, o fato é que milhões de pessoas já não pertencem mais a este reproduzir material de trabalho abstrato. A conversão de trabalho humano em novas tecnologias produtivas gera o deslocamento global da mão de obra para um fazer que exige a *volta do pensar ao fazer das coisas feitas* – ainda que a pior das hipóteses seja a total exclusão de massas significativas de desempregados, incapacidade de consumo e reprodução digna de vida.

Povoamos um tempo em que a quantidade é de fato o equivalente geral para as coisas feitas, inclusive as realizações do pensamento, um pensamento que pensa pelas mesmas categorias de valor, com base em quantidades equivalentes e não como realização prático-sensível crítica. Mas nosso tempo é o mesmo que produz uma realidade sistêmica irrefreável de intensa substituição de mão de obra assalariada por tecnologias produtivas e de trabalho em geral, que só fazem aumentar o tempo de trabalho disponível – trabalho por empreitada, período determinado, sazonal, temporário, *home office*, informal, tipos de empreendedorismo, desemprego, e também o desalento.

A categoria trabalho, que serviu de alicerce para as teorias econômicas e de sociabilidade geral nas sociedades de livre mercado, já não pode mais ser usada em muitos sentidos da nova realidade produtiva e nas relações sociais totais correspondentes. Se a oposição entre trabalhadores e patrões inerente ao processo de sociabilidade capitalista dava a direção de investigação e compreensão com base nos processos relacionais de contratação de força de trabalho, da desigualdade e apropriação do valor de riqueza produzido e de sua distribuição, com a dispensa dessa contratação em larga escala – ou, no máximo, por sua substituição deslocada globalmente para países de oferta farta e barata de mão de obra –, os trabalhadores assalariados obrigam-se a lutar por "benefícios", a começar pela luta contra a diminuição de postos de trabalho e plantas produtivas.

Ao mesmo tempo, a nova realidade dá lugar a cenários onde proliferam os movimentos sociais, minorias até então preteridas, que pretendem reconhecimento e igualdade de direitos e se juntam em torno de pautas bastante específicas e até pontuais, mas não primordialmente com relação às motivações provocadas pela crescente miserabilidade das multidões e desesperança quanto ao futuro (emprego, ecologia, agrotóxicos, liberdade de gênero) (KURZ, 2004; NEGRI, 2003).

Neste sentido que se pode ousar o esboço de uma teoria para a emancipação atenta da cultura em consonância com o desentranhar do homem das formas alienadas e abstratas do trabalho material, e como consequência da dissociação trabalho/tempo disponível no conjunto de projeções a partir das próprias, e inelutáveis, leis do desenvolvimento do regime de acumulação.

A crítica estruturalista e pós-estruturalista da forma monetária das sociedades capitalistas, não se queda – e nunca se quedou! - apenas na revolução das formas política e estatal, mas busca a *negação-daquilo-que-nega-a-humanização* e impede a pessoa de realizar sua humanidade, citadamente nas artes e demais formas culturais (JAPPE, 2009; HOLLOWAY, 2003).

Mas quanto de fato as manifestações artísticas na contemporaneidade são ausentes de mundo, ou dito de outra forma, as formas e as linguagens pós-modernistas que conteúdo mais profundo apresentam em relação à crítica da sua *mundialidade*? Estar no mundo *ainda* é emprestar às artes, à educação e à cultura de forma geral, não o agudizar de uma sensibilidade crítica, mas, salvo exceções, ainda é o alargar do espaço onde o capital pode expandir-se transformando a cultura em relações quantitativas de valor. Uma pauta nova com relação à produção cultural contemporânea incentiva a seguinte reflexão: em que condições podem e quais as possibilidades dos agentes culturais unirem a subjetividade criativa com a crítica da realidade, fugindo do narcisismo cultural criado pelo individualismo exacerbado do regime de acumulação capitalista?

A resposta remete à necessidade da volta ao estudo do mundo do trabalho, partir de sua forma e conteúdo no tempo histórico do pós-fordismo, tanto do ponto de vista da produção material como imaterial.

Ao invés de se supor uma autonomia *per se* das formas culturais deve-se partir da correlação entre as várias dimensões da reprodução social, desde as mais específicas, no âmbito do trabalho concreto da produção de mercadorias, às mais "distantes" quanto à dinâmica situacionista de ideologização, ou dito de outra forma, deve-se investigar antes qual a autonomia possível e em que termos (forma e conteúdo) a cultura pode se emancipar da alienação do fazer em relação ao poder em um determinado modo de produção histórico, no nosso caso, já ao tempo da dominação monetária global.

Justifica-se, assim, estudar a cultura e suas manifestações artísticas na contemporaneidade, sua historicidade conforme a totalidade das relações e contradições da sociabilidade. Por exemplo, se a Arte *apenas* parecia antes antinômica ao trabalho, pode aproximar-se, pelo tempo de trabalho disponível, finalmente de seu fim, como preconizado pela filosofia, não como qualidade evanescente ao espírito, mas como contingência dos desdobramentos inexoráveis das leis do próprio desenvolvimento do mercado concorrencial.

*

Quando a automatização da indústria supera a necessidade do trabalho humano, quando o "não trabalho" é consequência inevitável deste produzir descontrolado e desumanizado, quando o lucro só tende a se separar do fazer concreto do trabalhador, quando o feito está feito em escala global de forma virtual e a acumulação de riqueza se dá a partir desta virtualidade, cabe investigar que papel, que forma e que conteúdos podem as manifestações culturais propor, se sua autonomia, que nunca é absoluta, pode elevar o patamar de suas realizações ao nível de uma liberdade criativa efetiva e crítica quanto ao mercantilismo cultural de nosso tempo.

Se esta possibilidade de liberdade criativa aparece mais nas consciências das pessoas é exatamente porque o homem contemporâneo se separa cada vez mais da alienação no fazer, com possibilidades menores de incidir o *fetiche* das coisas sobre sua própria constituição como humano, sua imaginação como agente de cultura. As novas configurações industriais do fazer mercadorias já encerram, em si, o fim da alienação entre o planejar e o fazer. A hipérbole técnico-científica aplicada à esfera da produção altera a correlação de forças e o imbricar de vários conteúdos das demais esferas da totalidade social que, por seu dinamismo dialético, acabam ocupando espaços inusitados culturais que antes eram subordinados à esfera de dominação do fazer material – de entre a cultura, a Arte é, *possivelmente*, a esfera primeira dessa totalidade a se quedar liberta.

Para tal, deve-se considerar, quanto à produção social da cultura no Ocidente, qual a *função* da cultura, *o seu papel ideológico* hoje, qual a efetividade da apropriação das suas manifestações pela indústria, *e quanto à sua formação*, qual a sua autonomia relativa ao trabalho material imediato da produção de mercadorias, na época pós-fordista, de menor tempo de utilização para a mão de obra, e maior tempo disponível para a Ociosidade Criativa.

Então, é necessário ultrapassar a tradicionalidade que ora autonomiza de forma desproporcional a produção cultural, ora a submete inconteste e de forma absoluta às esferas estruturais da produção material. A produção social da cultura deve partir do ponto de vista das relações sociais historicamente determinadas, ela se vê como ciência social, principalmente no que concerne à integração entre trabalho material e labor imaterial. Mas não pode quedar-se estritamente às relações e aos mecanismos da produção econômica, seja devido à especificidade *incontornável* da realização do espírito, seja porque de todas as formas essa realização se dá na totalidade social que responde dialeticamente à existência humana, isto é, por seu agir dentro do grupo.

Daí deriva, a nosso ver, que as realizações da forma cultura – como na educação e nas artes, no folclore popular quanto nos diversos movimentos sociais –, só podem partir da realização da vida social por seus agentes enquanto inseridos em uma totalidade contraditória, *autodissociativa* e (re)criativa ao mesmo tempo. É o trabalho humano em processo que a cada estágio possibilita, "em última instância", a *realização do sensível* enquanto obra, mas em seu tempo histórico, como processo social material-imaterial, desemboca na perspectiva do *Direito ao Ócio (criativo)*.

A questão, assim, é saber de que trabalho econômico se trata na contemporaneidade, e daí derivar as manifestações culturais e sua liberdade "a-partir-de-hoje". Para tal, faz-se necessária a provocação dos conceitos consagrados, e a renovação dos enunciados derivados desses conceitos, para o entendimento da realidade experimentada e a produção da cultura na concretude contemporânea. Isso deve começar a ser efetuado pela teoria das formas na relação entre forma mercadoria e forma cultura, entre esta e as demais formas de regulação social, sempre quanto ao entendimento da *lei geral do valor* no regime de acumulação de capital, quanto á produção e concorrência dos produtores de mercadorias e das novas lutas que se colocam aos fazedores hoje.

*

O desenvolvimento do texto traz inicialmente as principais definições sobre o Trabalho no modo de produção capitalista, a geração de Mais Valor e a Lei Geral do Valor no regime de acumulação (Capítulo 1).

Em seguida apresenta-se o *pathos* intransponível do regime de acumulação para a geração de crises e Desemprego estrutural e a relação do Tempo de Trabalho Disponível e a Precarização do trabalho como inerente ao processo de acumulação em si (Capítulo 2).

A questão do trabalho e seus predicados levam na filosofia marxiana diretamente ao conceito de Alienação, alienação do poder-fazer, debaixo do jugo dos donos do capital e do comando a cargo da gerência que sob sua orientação detém o Poder-sobre aquele saber e fazer (Capítulo 3).

No Capítulo 4, o texto apresenta a Cultura dentro da Teoria das Formas, como "derivação" (primária/ vertical) da forma mercadoria e como "conformação" (secundária/ horizontal) com as demais formas sociais da superestrutura. Compondo a Totalidade Social, a forma cultura entra em relação com as demais formas e ocupa espaços criativos novos que se dilatam tanto quanto se transformam as formas tradicionais da produção material imediata da sociedade, devido ao emprego sempre crescente das tecnociências, com a geração de Tempo de Trabalho Disponível. Assim, a chamada industrialização da cultura, ainda que permanente, porquanto seu papel é a reprodução ideológica do sistema de produção de mercadorias e acumulação de capital, vai paulatinamente sendo ocupada por uma criatividade que pode com maior autonomia se *plasmar* na cultura, por meio dela e em suas realizações.

O Capítulo 5 sintetiza a tese geral do texto como uma Tendência Histórica da Acumulação Cultural: partindo do Valor como *relação social* e do Tempo de Trabalho Disponível, a cultura e seus estratos apresentam-se como uma forma *especial* para a realização da subjetividade nos interstícios cotidianos em profunda transformação do sistema global de mercadorias, *como uma tendência histórica* nos termos da própria dinâmica concorrencial do regime de acumulação mercantil e financista contemporâneo.

Finalmente, no Capítulo 6 resumem-se os conceitos e as ideias expostas no texto e coloca-se, à guisa de contribuição para prosseguimento de investigação, o papel pleno das manifestações culturais e da Arte quanto às exigências de criticidade e liricidade das realizações imateriais, *revolucionárias,* do espírito, quando o homem puder afinal usufruir como relação social o Ócio Criativo.

*

Este trabalho foi *atualizado* tendo como base a tese de doutorado[5] e a partir dos questionamentos colocados pela atual conjuntura econômica e social provocadas pela pandemia do COVID-19. O trabalho de adaptação do texto para a publicação em livro foi envolvido de forma dramática pela ocorrência da pandemia do novo coronavírus já a partir do final de fevereiro de 2020, tanto pela análise quantitativa que o mesmo contém quanto pelos cenários prospectivos por tal crise provocados na regulação da economia de livre mercado, notadamente quanto ao trabalho e ao consumo globais. As estatísticas que constam no original, que datam de março de 2019, foram forçosamente atualizadas com os dados computados até janeiro de 2020, disponíveis na mesma fonte (tradingeconomics.com) em 17 de maio de 2020. Desta forma procurou-se evitar a "distorção" provocada pelas medidas de confinamento da pandemia do COVID-19.

Apesar de grande parte dos "males" causados pela pandemia do novo coronavírus ser extensão previsível do sistema capitalista de produção, não há dúvidas que ela acelerou e aprofundou drasticamente o regime de acumulação privada global a partir pelo menos de março de 2020 (apesar de no caso da China e EUA tais consequências já estejam estampadas nos números de desemprego e consumo desde o mês de fevereiro de 2020). É particularmente sintomático o fato que a pandemia declarada em 11 de março pela Organização Mundial da Saúde – OMS tenha interrompido 10 anos de equilíbrio da taxa de desemprego mundial que era em média 5% ao ano (O'NEILL, 2021). Todavia, nove das maiores economias mundiais estudadas apresentam taxas em queda de consumo na média dos últimos vinte anos, permanecendo os EUA, a meca do mercado, com uma taxa estável de apenas 1,95% ao ano na média para o mesmo período, e a UE de 3,5%.

---

[5] Tese apresentada em novembro de 2019 ao Programa de Pós-Graduação em Educação, Arte e História da Cultura da Universidade Presbiteriana Mackenzie, com o título "A Produção Social da Cultura no Ocidente: do trabalho à ociosidade criativa".

Sem dúvida que a cada período "acentuado" de crise do capitalismo, as estatísticas só fazem mostrar essa aceleração de sua dissolução, pois nunca se vê nos gráficos um período de recrudescimento da economia e do pleno emprego, apenas "alguma recuperação" em seguida ao aprofundamento do desemprego e precarização do trabalho. O mesmo pode ser considerado para os números que se apresentarão globalmente nos meses de pandemia do COVID-19, e nos meses seguintes; de todas as formas esses serão números "próprios" do sistema de produção de mercadorias no regime de acumulação privada que vive *na* crise e vive *da* crise.

As crises do capitalismo são como "cápsulas do tempo", elas repetem a mesma catástrofe do sistema e perversidade da sua unidade nodal, a propriedade privada despropositada e desproporcional - por isto, as crises do capital são sempre a confirmação das observações do método da Economia Política, o que confirma muitas das teses desenvolvidas neste trabalho.

1. TRABALHO E CAPITALISMO

Com a introdução da máquina a vapor no empreendimento industrial no século XVIII, dá-se início a uma extraordinária e penosa modificação do trabalhador manual, e seu trabalho, esmagado pela nova tecnologia, entra definitivamente nas relações industriais capitalistas. A primeira consequência para o trabalhador assalariado é a diminuição significativa do valor do trabalho – em 1830 o valor do trabalho assalariado para os tecelões era 1/8 do valor pago em 1795 (HUBERMAN, 1980). A segunda é a exigência de produtividade nos moldes da velocidade motriz da máquina. Seja como for, muitos artesãos, não podendo manter-se de forma autônoma, venderam seus teares, despossuindo-se assim dos meios de produção.

Estava rompida a última barreira para que a fábrica pudesse dispor de uma massa de trabalhadores disponíveis e dispostos a aceitarem os salários ínfimos por uma jornada longa e exaustiva de trabalho. "Assim a produção mecanizada, que não pode ser exercida sem um grande suprimento de força de trabalho, assegurou por sua própria influência esse suprimento, arruinando o trabalhador manual" (HUBERMAN, 1980, p. 179).

Com o processo intensivo de trabalho fabril modificam-se não apenas as formas de trabalho industrial, mas igualmente todas as relações sociais gerais. Em uma sociedade cujo objetivo do trabalho é o lucro e a acumulação de dinheiro, as relações pessoais e as formas da sociabilidade geral (educação, religião, direito) precisavam transformar-se ao ponto de corroborarem com a produção da riqueza nos termos da produção capitalista de mercadorias. A nova forma de trabalho industrial havia colocado frente a frente os capitalistas e trabalhadores assalariados, e esta relação havia de mostrar-se extremamente desigual e desumana.

A manutenção da relação entre capital e trabalho no seio da produção de livre mercado também havia revelado que era a pauperização da classe trabalhadora a geradora da riqueza que fluía concentradamente para as posses de uma minoria, a classe burguesa. Essa penúria, e a exploração do trabalhador nas fábricas só podiam, ao fim e ao cabo, serem reveladas e compreendidas por dentro dos mecanismos das novas modalidades do trabalho assalariado, e mais do que isso, precisavam ser "naturalizadas" pela invenção de novos protocolos morais e jurídicos completamente diferentes dos preconizados pelo antigo regime de origem feudal.

Não por acaso o século XIX foi tão profícuo no desenvolvimento do direito positivo moderno, ao mesmo tempo em que viu, por exemplo, o Cristianismo (também a Igreja Protestante) dividir-se em muitas seitas diferentes (HUBERMAN, 1980, p. 179).

Mas faltava ainda, do ponto de vista da economia, desvendar cientificamente o processo pelo qual a relação específica da contratação de trabalho assalariado pelo grande capitalista industrial, gerava valor desde a produção, e não pela circulação/ comércio de mercadorias em geral, como se supunha.

Foi Adam Smith, sem dúvida, em *A riqueza das nações*, que proclamou a riqueza como proveniente do trabalho humano, e reconheceu claramente que uma vez que o mercado se difunde e se torna fundamental para a sobrevivência social material, todas as categorias deviam ser buscadas e explicadas pela lógica da acumulação do capital. Mas foi Karl Marx, principalmente n'*O capital*, quem decifrou os mistérios da "mão invisível do mercado", deslocando, da simples troca de bens e víveres, a produção real da riqueza social para a relação específica entre patrões e empregados, para a estrutura do trabalho fabril nos termos da contratação de trabalho assalariado pelo capitalista.

Assim, fundamentalmente, a relação entre compradores e vendedores pode agora ser compreendida como existente concretamente na venda e compra de força de trabalho humano, o trabalho humano como mercadoria, ao lado de todas as demais mercadorias que ele produz. É nesta contratação de força de trabalho, remunerada com salário, que se inicia, na produção de mercadorias, todo o processo "invisível" de um modo determinado de reprodução de riqueza para os proprietários de capital.

1.1 SOBRE O TRABALHO

Toda obra, material ou imaterial, é sempre resultado de trabalho humano que produz valor.

Na história da humanidade, os homens estão condicionados a produzir os bens necessários à sua sobrevivência coletiva. Mais do que isso, estão obrigados a fazê-lo de forma coletiva, em grupo. Ao fazê-lo, estabelecem relações sociais de produção e acumulam no grupo um saber técnico passado de geração para geração. De tal forma, as relações sociais imediatas de produção exigem a cooperação entre si, uma especialização de organização espacial e temporal, uma divisão de trabalho social, e, ao mesmo tempo, uma acumulação de conhecimentos e técnicas que perfazem esse todo produtivo. Assim se configura uma determinada forma específica de sobrevivência social, um *modo de produção*. Na história da humanidade, pode-se identificar três tipos específicos de modos de produção sucessivos: o modo de produção escravista, o modo de produção feudal e o modo de produção capitalista. No primeiro, a força produtiva predominante é o escravo, no segundo o servo e no terceiro, modernamente, o trabalhador assalariado.

Vê-se aqui que o próprio processo de trabalho é, ao mesmo tempo, *instrumental* e *intencional* com relação às necessidades humanas: "Os momentos simples do processo de trabalho são, em primeiro lugar, a atividade orientada a um fim, ou o trabalho propriamente dito, em segundo lugar, seu objeto e, em terceiro, seus meios" (MARX, 2015, p. 256).

As concepções mentais do mundo, por assim dizer, são objetivadas imediatamente no trabalho e na coisa feita, e ainda que permaneçam distintas no cérebro humano como pensamento, concepção e imaginação pretérita, tais concepções são, igualmente, parte da totalidade das forças produtivas. Unem-se primariamente concepções antigas sobre o fazer, concepções antigas sobre a utilidade das ferramentas e processos de trabalho, passados em um fluxo interminável de conhecimentos que se reproduzem nas relações sociais, mas tudo isso, concomitantemente, é, no ato de pensar-fazer presente, conhecimento e utilidade nova. Cada necessidade suprida gera, assim, novas necessidades e novas utilidades, em consequência, novas forças produtivas e novas relações sociais de produção: "Por isso, a atividade produção incorpora certo conhecimento do mundo – conhecimento que é também um produto social." (HARVEY, 2013, p. 161).

O trabalho humano como categoria genérica diz respeito tanto ao trabalho material como imaterial[6], cabendo relações sociais específicas ou gerais, atividades econômicas ou não, confecção de utilidades ou de mercadorias conforme a destinação das coisas feitas; o trabalho humano em geral é indissociável da constituição do homem em seu fazer e pensar.

O trabalho material diz respeito ao fazer mais imediato para a sobrevivência do homem, relacionado diretamente à produção de víveres, atividade econômica por excelência, cujas relações sociais específicas de produção se destinam à produção de mercadorias (valores de troca). Se na base desta produção se estabeleceu uma relação de desigualdade na propriedade das forças produtivas entre capitalistas e assalariados, então o modo de produção é do tipo *modo de produção capitalista*.

Como tal, nos moldes do modo de produção capitalista, o *trabalho fabril* promove a dissociação entre o fazer e o saber – o trabalho fabril é por excelência o mundo do *trabalho abstrato* exigido do trabalhador tão somente na sua força de trabalho. Este trabalho é *abstrato* porque a produção de mercadorias não é *para si*, logo, não exige do trabalhador nem concepção nem

---

[6] Sobre trabalho material e imaterial, veja-se, por exemplo: JAPPE, Anselm. *Crédito à morte*. São Paulo: Hedra, 2013.

conhecimento da utilidade daquilo que é feito. Do ponto de vista econômico, como se verá, o trabalho *abstrato* tem a propriedade de estabelecer para as trocas mercantis um valor-trabalho médio para as mercadorias, haja vista que de fato existe um valor próprio para cada se considerar-se o tempo de trabalho dispendido por cada trabalhador em condições de produção específicas.

Já o trabalho imaterial, não relacionado diretamente com a produção de víveres, não objetiva necessariamente a transação econômica de mercadorias; *tal labor*, quando distante daquele trabalho fabril industrial, possibilita associar o fazer de volta ao saber, ou a concepção à utilidade do que é feito, reproduzindo o *trabalho concreto* no trabalhador que investe nas realizações culturais, por exemplo.

Definimos *trabalho material* como o conjunto de atividades humanas que visam suprir as necessidades de bens e víveres do grupo, incluídos os instrumentos e os utensílios que eles produzem, os bens de consumo ou matérias primas coletadas, bem como os fabricados individualmente ou através da divisão do trabalho social. Alie-se a isso uma concepção mental do mundo e teremos uma *unidade* de forças produtivas, relações sociais e concepções mentais do mundo. Nas concepções de mundo devem ser incluídos os conhecimentos e técnicas processuais que possibilitam, pois, não apenas usar as máquinas e utensílios na produção, mas um determinado conhecimento acumulado nessas relações sociais de produção, o conhecimento do processo.

Esta *unidade* de forças produtivas e relações de produção organizadas de forma específica, conforme o estádio de conhecimento passado no fluxo da vida social determina um modelo ou *modo de produção* específico, que se completa com uma superestrutura jurídica e política e com correspondente regime de ideias (TERRAY, 1979, p. 97).

Primeiramente diante da natureza, o homem, coletiva e cooperativamente supera pelo trabalho a sua carência nata. Para fazê-lo, une-se em uma comunidade, estabelece relações sociais e uma organização específica das forças produtivas, uma certa solidariedade[7] e, em consequência, diante dos próprios homens estabelece sua vida conceitual, valorativa, que mais não são que relações sociais gerais – das relações sociais e organização real da produção ascende então as relações sociais gerais, para todas as dimensões da sociedade. E cada homem, tomado em si mesmo, mais não faz que receber essa carga de conhecimento aplicado do passado, reproduzir essas concepções do mundo nas atividades fabris, mas de antemão, aplicadas a si mesmo.

Distinguem-se as atividades econômicas, trabalho material humano, das atividades *imateriais* em geral, do labor imaterial ou trabalho estético constitutivo das concepções mentais de mundo. As atividades econômicas propriamente ditas visam às trocas de mercado; as demais são próprias do desenvolvimento do intelecto e tradicionalmente têm seu valor medido por sua capacidade de planejamento e/ ou sensibilidade estética.

O trabalho adquire uma condição específica em cada tempo histórico, de acordo com o desenvolvimento das forças produtivas e das relações sociais produtivas que se estabelecem para tal. O trabalho no modo de produção capitalista moderno destaca-se dos modos de produção feudal e escravista por sua condição contratual, jurídica, através do estabelecimento do contrato de trabalho entre agentes sociais que ocupam posições econômicas

---

7 Nesse sentido, Emile Durkheim, definiu dois tipos básicos de solidariedade: ao conceber uma certa evolução nas relações específicas de cada período, o autor fala de "solidariedade mecânica" e "solidariedade orgânica". A primeira diz respeito ao estádio anterior à industrialização (sem outras divisões quanto à divisão do trabalho) – atividades econômicas isoladas, unificação do saber e do fazer no processo de trabalho, propriedade dos meios de produção para cada fabricante, unidade social requerida pelos valores morais/ culturais. O segundo tipo de solidariedade, a orgânica, refere-se ao estádio industrial, moderno, com extrema dependência entre as atividades econômicas, divisão extrema do conhecimento especializado capaz de separar o conhecimento do fazer da atividade em si mesma, cuja unidade social depende menos de valores morais/ culturais e mais de leis e coercitividade estatais. (ROCHA, José Manuel de Sacadura. *Sociologia Jurídica*: fundamentos e fronteiras. 6ª ed. Rio de Janeiro: GEN/ Forense, 2019b).

diferentes, por exemplo, entre patrões e empregados como sujeitos de direito[8].

É devido a este caráter contraditório e real do trabalho material (patrões e empregados) que a cada tempo histórico é possível distinguir as demais realizações humanas imateriais, como as culturais, igualmente históricas e correlacionadas, em diferentes graus de autonomia, dentro da totalidade social. Assim, por exemplo, práticas educacionais ou obras de arte podem tanto ser constituídas como mercadorias, como podem ser propositadamente iconoclastas. No estádio atual da contemporaneidade se adquire cada vez mais intensamente a liberação da força de trabalho da produção econômica, e com isso o tempo de trabalho disponível se agiganta, atribuindo contornos e formas novas de sociabilidade que podem favorecer a relativa autonomia das manifestações culturais e suas materializações.

1.2 A IDEAÇÃO DO VALOR E AS FORMAS ANTIGAS DO TRABALHO

O valor surge primeiramente nas concepções mentais do mundo, ainda que não desvinculadas dele. Tal distinção acontece porque é imediatamente observável as propriedades diferentes e predicados, usos e utilidades possíveis, entre todas as forças produtivas à disposição dos homens, a começar pelo que a natureza oferece de forma acabada para a sobrevivência coletiva. Em seguida, víveres, objetos e bens se distinguem (são distinguidos!) em grau

---

[8] A expressão "sujeito de direito" é regularmente usada na teoria jurídica para indicar a igualdade e a liberdade de entes jurídicos estabelecerem entre si contratos (*atos jurídicos perfeitos*). Um trabalhador que vai vender sua força de trabalho a um patrão ou empresa, só o pode fazer enquanto sujeito de direito, gozando de suas faculdades mentais plenas, sua autonomia da vontade e, pressupõe-se, como tal, que entre ele e o seu contratante exista uma *igualdade real*. Na realidade, a igualdade e a autonomia entre os entes contratantes podem ser nem um pouco igual, tampouco livre: no caso do trabalhador, senão através da *venda* de sua força de trabalho tem como subsistir, e por isso, ao fazer o contrato de trabalho aceita um pagamento que efetivamente não pode corresponder à riqueza que produz, pois, de contrário, não poderia existir lucro no sistema produtivo.

e número uns de outros quanto à sua utilização. Nisso se incluem os conhecimentos mentais das experiências anteriores, os seus conhecimentos e suas técnicas.

E aqui o próprio homem, com sua destreza e força de trabalho entra na unidade da produção, quer dizer que as características e potencialidades pessoais também são materiais enquanto forças produtivas que adquirem valor distinto. Elas são, em consequência, subjetivas (para si) e objetivas ou coletivas (para os outros).

A partir daí a *quantificação* se faz necessária porque é uma forma simples e mais comum de planejar e maximizar a produção na divisão do trabalho social; esta divisão já pressupõe a noção, nas concepções mentais, do que é diferente e de sua utilidade, ou certo valor de uso do ponto de vista da comunidade.

Mais tarde quando surgem as trocas entre os membros da comunidade ou entre comunidades diferentes, a mesma noção quantitativa de valor possibilita novos relacionamentos sociais dentro e fora das coletividades. As trocas não são apenas pontes de comunicação mercantil, elas são novas relações sociais de trabalho material e imaterial dentro e fora das coletividades. Mais que fabricar para consumo, o trabalho passa a ser realizado com a finalidade de estabelecer tais relações, pela divisão do trabalho social intermuros e intramuros.

Nesta medida, Pierre Clastres (2011, p.170-171) afirma:

> Toda comunidade primitiva aspira, do ponto de vista de sua produção de consumo, à autonomia completa; ela aspira a excluir toda relação de dependência com os grupos vizinhos. Expresso numa fórmula condensada, este é o ideal autárquico da sociedade primitiva: produzir-se um mínimo suficiente para satisfazer todas as necessidades, mas dá-se um jeito de produzir a totalidade desse mínimo. [...] O ideal de autarquia econômica é, na realidade, um ideal de independência política, a qual é assegurada enquanto não se tem necessidade dos outros. Esse ideal, naturalmente, não se realiza sempre, nem em toda parte. As diferenças ecológicas, as variações climáticas, os contatos ou emprés-

> timos podem levar uma sociedade a sentir falta de determinado alimento ou de determinado material, ou de um objeto que outros sabem fabricar, sem poder satisfazê-la. Por isso, como mostra Sahlins[9], grupos vizinhos ou mesmo afastados veem-se envolvidos em relações mais ou menos intensas de troca de bens.

Isto não significa, ainda por muito tempo, que o trabalho com finalidade de troca já domine a vida pacífica e estável da comunidade tribal, mas mais tarde ou mais cedo uma "onda de fato" leva a sobrar produção além do necessário, ou a certa especialização do grupo devido àquelas condições ecológicas, geográficas ou de habilidades relacionadas com aquele habitat, substituindo finalmente, já nas primeiras sociedades (CLASTRES, 2011, p.165), a reciprocidade do modo de produção doméstico, pelas trocas de forma geral.

Mas tudo aqui continua a ser, ontem como hoje, o conhecimento voltado em última instância para a subsistência, no fluxo humano, de geração a geração, aliado a cada tempo com sucessivas inovações. Portanto, o *valor* se dá por dentro desta atividade econômica coletiva, nas relações sociais de produção a cada momento ou período histórico.

Não se percebe, mas o valor e suas distinções começam pela utilidade e relativa importância social para suprir as necessidades humanas – a relativa importância para isso faz nascer nas concepções mentais superiores dos homens a noção de valor, mais valor ou menos valor, mas refletidas, por sua vez, nas relações especiais de produção e depois nas relações sociais gerais ou imateriais. Tudo não passa de formas e forças de produção relacionadas em processo histórico. *O valor é igualmente uma derivação da realidade do mundo do trabalho material, mesmo como concepção mental.*

---

9 SAHLINS, Marshall. Âge *de pierre,* âge *d'abondance.* Paris: Gallimard, 1976.

As primeiras civilizações da história, isto é, as que deixaram registros da reprodução de sua existência, e até onde a ciência pode descobrir e estudar, já possuíam e usavam amplamente a noção de valor, portanto, de quantidades capazes de traduzir as qualidades e utilidades, escassez e necessidades dos víveres e ferramentas de trabalho, ou ainda o valor "místico" de práticas e procedimentos ligados à reprodução da vida material. Isto possibilitou as trocas em termos de equivalência; a equivalência de valores é possível apenas quando: a) se atribui propriedades e utilidades diferentes às coisas, e b) com base nessas propriedades e utilidades se atribui valor.

Da Antiguidade, cujo modo de produção era escravocrata, até a Idade Média, cujo modo de produção era embasado em relações de vassalagem, a organização específica da produção material de sobrevivência estava ligada à terra, à propriedade/posse e ao cultivo dos campos, aos precários recursos e ferramentas de trabalho e habilidades produtivas. Mas, de forma genérica, concentrava nos trabalhadores ou nos campesinos a propriedade das ferramentas de trabalho e os conhecimentos específicos de cada atividade econômica.

A matemática rudimentar possibilitava os cálculos, as contabilizações, os empréstimos, as penhoras, as alienações e até a emissão de títulos[10], como no caso da Mesopotâmia entre os Babilônios (1800 a.C. - 1595 a.C.); Assírios (728 a.C. - 626 a.C.) e Neobabilônia (626 a.C. - 539 a.C.)[11]. As leis se desenvolveram razoavelmente e em alguns casos pode-se considerar bastante

[10] No Código de Hamurabi (1754 a. C.): Parte V, art.100. "Com os juros do dinheiro na medida da soma recebida, deverá entregar uma obrigação por escrito e pagar o negociante no dia do vencimento". (ROCHA, José Manuel de Sacadura. *História do Direito no Ocidente:* Antiguidade, Oriente, Grécia, Roma e Ibéricos. Rio de Janeiro: Forense, 2015, p. 218).

[11] Estas práticas restritas não caracterizam um período, mas sua existência pelo menos entre as minorias abastadas no modo antigo e medievo demonstram que a existência de dinheiro em espécie, e em outras formas equivalentes, como títulos, promissórias ou cauções, existem desde os tempos mais remotos das grandes civilizações e não são, assim, especialidades do modo de produção capitalista moderno.

desenvolvidas em sua formalidade e uniformização, sua lógica e papel regulatório de controle social, no Egito, na Mesopotâmia, entre os Hebreus, entre os Persas, Gregos, Romanos e sob os auspícios da cristandade medieval.

O período do medievo, que deriva diretamente da divisão e esfacelamento do Império Romano do Ocidente (476 d.C.), apesar das relações políticas bastante restritivas no sistema de vassalagem, e as regras herméticas e coercitivas do Cristianismo, não aboliu nem as noções mercantis de troca, nem o entesouramento em espécie, nem tampouco as possibilidades e facilidades financeiras por intermédio de títulos[12].

Estas práticas, então restritas, conviviam em sociedades cuja vocação estava na terra, e era a propriedade da terra, herdada do esfacelamento do Império Romano, que estabelecia o regime feudal de produção caracterizado pelo trabalho de corveia (gratuito, sem obrigação de contrapartida) prestado ao rei ou ao senhor feudal, ou pelo trabalho dos servos da gleba em regime de obrigações e taxas pagas em forma de produtos (agropecuários produzidos

---

[12] Desde o século XII as feiras de Champagne, situadas entre a Provença, Flandres e o norte da Itália, deram forte impulso a uma economia do tipo monetária e introduziram as operações de câmbio e de crédito. O grande movimento de mercadorias provocou um aumento de circulação de moeda; contudo, devido à grande variedade de moedas, já que cada senhor cunhava as suas, era necessário um "banco" que operasse o câmbio entre elas: "Já em grande escala, as operações de câmbio se realizavam nos bancos. Estes não passavam de umas mesas cobertas com tapetes, sobre as quais se colocava uma balança e uns recipientes com moedas. Assim, o banco teve sua origem no câmbio, e os cambistas e profissionais do crédito foram chamados de "banqueiros" (FOLIO, 2007, p. 33). O valor intrínseco (o peso da prata ou do ouro) da moeda fez a cobiça de sua posse e fez com que o negociante "tomasse suas precauções". Ele não desejava viajar mais com dinheiro em espécie e sim com *letras de crédito e letras de câmbio*, apenas ao portador, sem possibilidade de endosso a terceiro – esses "papéis" ou "letras" eram emitidas pelo "banco" mediante o pagamento de uma *taxa*. Essa *taxa* representava um valor monetário que podia ser emprestado pelo "banqueiro" a um comerciante ou a quem precisasse de liquidez. Assim, rapidamente, e que pese a Igreja insinuar como pecado a usura, qualquer indivíduo podia emprestar dinheiro mediante um ganho. (FOLIO. *Grande História Universal*: fim da Idade Média. v. X. Comitê Científico: Fabio Destefani (Economia e Sociedade). Barcelona (ES): Ediciones Folio, 2007).

na gleba) ou insumos, alguns manufaturados (por pequenos artesãos), como contrapartida da "proteção" que o suserano prometia a seus servos.

O fato de os senhores feudais estarem sempre em guerra uns contra os outros e as alianças que estabeleciam entre si serem sempre ameaçadas por alguma pretensão inimiga de outro suserano, prendia-se ao anseio de ampliar os domínios territoriais, base da economia feudal – mais terras significavam mais camponeses e braçais –, mas também ao fato que assim podia-se oferecer a "proteção" aos servos, artesãos e vassalos de forma geral. As guerras feudais podem, então, dentro de um modo de produção determinado, serem vistas como a dissociação[13] necessária à "paz" no período medieval.

Em 1453 com a tomada de Constantinopla pelos povos Otomanos encerra-se o Império Romano do Oriente, e com o estrangulamento das rotas de importação para a Europa medieval de produtos e especiarias do Oriente próximo e da Ásia, finda a Idade Média e inicia-se o movimento renascentista rumo ao desenvolvimento das ciências, da tecnologia e das artes.

Do ponto de vista da produção social, da sua forma de organização ou modo de produção, o que se inicia no Renascimento é uma fantástica separação dos produtores de seus meios e formas de produção, a começar pelo êxodo rural possível quando a obrigação com o senhor feudal, príncipe, clérigo ou rei, se dissolve. Contingentes significativos de camponeses e vassalos saem das glebas e se dirigem aos insipientes burgos fortificados em bus-

[13] O conceito de "dissociação" pode ser encontrado em autores pós-estruturalistas contemporâneos, (SCHOLZ, Roswitha. *O valor é o homem*, 10 mar. 2018 (http://obeco.planetaclix.pt/rst1.htm); KURZ, Robert. *Crise e crítica*: o limite interno do capital e as fases do definhamento do marxismo, ago.2014, http://obeco-online.org/rkurz410.htm) com o sentido da "outra face da moeda", algo que compõe/explica a existência um do outro, mesmo como paradoxo, indissociável, mas não como seu oposto ou contraditório. Por exemplo, o trabalho doméstico da mulher no modo de produção capitalista não se opõe ao do homem, mas o complementa, está dissociado, mas não é seu contraditório; o mesmo não se poderia dizer da relação entre patrão e empregado, que se opõem como classes sociais distintas.

ca de alguma atividade. Inicialmente, alguns artesãos se tornam, de um dia para o outro, pequenos proprietários de suas oficinas ou estabelecimentos, na medida em que são detentores das ferramentas de trabalho e conhecedores de algum ofício, enquanto a maioria nada sabe fazer que fosse próprio da vida manufatureira e comercial dos burgos e pequenas vilas em volta. Esses mestres de ofícios, proprietários, agrupam-se mais tarde em guildas e corporações[14], e podem admitir em suas oficinas e estabelecimentos, aprendizes e braçais que executam todo tipo de serviço sob o comando do mestre. Assim, nasce um "sistema urbano medieval" (MARX, 2011, p. 408).

Estes aprendizes, braçais, bem como a grande parte dos indivíduos que se integram voluntária ou forçadamente[15] à horda desqualificada de novos moradores das urbes, são indivíduos com duas características importantes sem as quais não poderiam ser integrados e aceites pelos proprietários e mestres: 1) são homens

---

[14] No avançar do período renascentista, estas associações vão, de organizadoras da produção e circulação de bens e víveres, tornar-se empecilho ao desenvolvimento do capitalismo, por exemplo, quando em 1791 é publicado o Decreto d'Allarde que suprimia de vez as corporações de ofício, permitindo a liberdade do trabalho, e, ainda no mesmo ano, a Lei Le Chapelier proibia o restabelecimento das corporações. (MARTINS, Sérgio Pinto. *Breve histórico a respeito do trabalho.* Revista da Faculdade de Direito da USP, 2000. Disponível em: <http://www.revistas.usp.br/rfdusp/article/viewFile/67461/70071>. Acesso em: 10 de janeiro de 2018). A propósito do caso brasileiro, citamos Mônica de Souza N. Martins (2007, p. 12): "Neste contexto de transformações no mundo do trabalho, as corporações de ofício foram questionadas. As críticas ao aprendizado nas oficinas e ao controle sobre a produção, exercido pelas corporações de ofício, relacionavam-se às transformações de ordem política e ideológica desde o século XVIII. [...] as corporações de ofício, aos poucos, se transformavam e adquiriam novas funções no mundo do trabalho. Algumas foram extintas, mas é importante verificar que nas mais variadas regiões elas exerceram uma função importante no estabelecimento nos elos de sociabilidade entre os trabalhadores, fornecendo os elementos para a elaboração de novas formas de organização que se moldaram ao longo do século XIX e no século XX".

[15] Conhecidas em seu conjunto como *Bills for Inclosures of Commons* (leis para o cercamento da terra comunal), os atos que expropriavam as terras comunais dos camponeses na Inglaterra datam de 1235 – Provisões de Merton -, assinado pelo rei Henrique III. Em 1489, segundo *O Capital*, de Marx (2015, p. 791), já não existiam servos na Inglaterra.

livres, descompromissados com os laços antigos de vassalagem, desvinculados dos laços estreitos com a terra e com as relações da gleba, com o castelo ou igreja; 2) são homens despossuídos das formas e dos meios de trabalho manufatureiro, mas com capacidade mínima para se estabelecerem no novo ambiente fabril e comercial.

Resumidamente, este momento histórico da passagem do Feudalismo ao Renascimento, quanto às relações de produção, é caracterizado por:

1. Dissolução do comportamento em relação à terra-território, tanto o trabalhador braçal, como o futuro produtor;
2. Dissolução das relações em que o trabalhador figura como proprietário do instrumento;
3. A necessidade que o produtor tenha antes da produção os meios e as ferramentas de produção;
4. A necessidade que o produtor tenha o conhecimento total do seu trabalho que produz determinado bem, e que o trabalhador, mesmo que aprendiz, ainda possa ser detentor (para ele) desse conhecimento produtivo total do bem a ser produzido.

Conforme Marx (2011, p. 415):

> [...] a formação do capital não parte da propriedade de terra (quando muito, parte do *arrendatário*, desde que ele seja comerciante de produtos agrícolas); tampouco parte da corporação (ainda que no último caso haja uma possibilidade); mas da fortuna mercantil e usurária. Mas essa fortuna só encontra as condições para comprar trabalho livre quando este foi separado de suas condições objetivas de existência pelo processo histórico. [...] O que capacita a fortuna em dinheiro a devir capital é encontrar, por um lado, os trabalhadores livres; por outro, encontrar também os meios de subsistência e materiais etc. *livres* e vendáveis, os quais, de resto, 'de uma maneira ou de outra', eram *proprie-*

dade das massas, agora tornadas privadas de objetividade. No entanto, a outra condição do trabalho – certa habilidade, o instrumento como meio do trabalho etc. –, nesse seu período preliminar ou primeiro período, o capital já a *encontra* dada, em parte como resultado do sistema corporativo urbano, em parte como resultado da indústria doméstica ou que desempenhava papel acessório na agricultura.

1.3 O MODO DE PRODUÇÃO CAPITALISTA

O que caracteriza o modo de produção capitalista não é, nem a ideia de valor, de valor utilidade ou valor de troca, não é o mercado nem as operações comerciais e financeiras, nem a propriedade individual, pois caso contrário todas as grandes civilizações antigas como o Egito, a Assíria, a Grécia, Roma e o Império de Chin teriam sido capitalistas, ainda que todos estes elementos sejam fundamentais para a produção industrial com vistas ao mercado.

Existe algo muito especial, que se torna evidente só após a Revolução Francesa (1789) e a 1ª. Revolução Industrial (1798), qual seja o aparecimento do *trabalho assalariado*. Contudo, deve-se entender o fenômeno do assalariamento nas relações sociais de produção, e as idealizações que ele provoca nas demais relações sociais totais, como um fenômeno acompanhado de consequências derivadas e complementares, *dissociadas*, que em um todo caracteriza a organização social moderna.

O trabalho assalariado "livre", moderno, depende de *contrato jurídico* – relação entre sujeitos de direito livres, com autonomia de vontade –, em que por uma quantidade determinada de trabalho, o trabalhador vende sua força de trabalho e recebe um salário, um valor pré-estabelecido por um tempo estipulado, normalmente em horas ou dias. Mas para que este trabalhador esteja "livre" para negociar e adentrar no mercado de trabalho fabril, precisa estar despossuído dos meios e das formas de trabalho, do conhecimento e das ferramentas necessárias a produzir.

Despossuído dos meios e das formas de produção, e devido à extrema *especialização* do trabalho fabril, devido à sua divisão e *miniaturização*, exigida pela introdução das primeiras tecnologias de fabrico e da gestão industrial (Taylor, Fayol e Ford[16]), o trabalhador não precisa mais conhecer todo o processo de produção; não necessita ter o conhecimento global da utilidade e finalidade daquilo que se faz, apenas da parte que compõe o produto final. Assim, os salários podem ser reduzidos ao mínimo existencial seu e de sua família.

Ao mesmo tempo, o trabalho efetivado pelo trabalhador não exige mais a *unidade* do saber e do fazer, do saber-fazer com o poder-fazer, uma vez que a produção fica submetida a uma divisão do trabalho fortemente segmentada, particionada. Se de um lado reduz o assalariado a um reprodutor sem consciência do que

---

[16] Frederick W. Taylor (1856-1915) é considerado o "pai" da administração científica. Seus estudos visaram a otimização do tempo de trabalho e produtividade industrial. Medindo o tempo que cada trabalhador levava para executar uma unidade de sua atividade, pode calcular o tempo médio de cada atividade e assim orientar a gerência da fábrica para que fosse exigido sempre um *tempo menor* a essa média, bem como possibilitou a contratação de operários que conseguiam, com uma habilidade maior, baixar sempre o tempo de fabricação de cada peça ou unidade, aumentando a produtividade dos trabalhadores. Na verdade o taylorismo, sua especificação e classificação de "tempos e métodos", foi a forma de ampliar a produção em unidades de tempo sempre menores, sem alteração de salário, portanto uma busca por *mais valor relativo*. Jules Henri Fayol (1841-1925) publicou a *Teoria Clássica da Administração*, obra lançada em 1916. Fayol desenvolveu nessa obra 14 princípios para a administração industrial, que logo se tornou obra acadêmica básica para os cursos de administração, formação de profissionais dedicados à gerência, obra ainda hoje estudada. Henry Ford (1863-1947), empresário estadunidense, modernizou as suas fábricas automotivas elevando a produtividade e a produção em série de carros nos anos de 1910 a 1950, tornando-se o maior produtor mundial de carros produzidos com base em peças e componentes montados de forma *standard* pelos operários. Este período – seus métodos industriais viraram paradigma de gestão e produção fabril –, que se estende até o pós-Segunda Guerra Mundial, ficou conhecido como a "época do fordismo". O período seguinte, cujos métodos de produção automotiva se tronaram paradigmáticos a partir de novas organizações do trabalho japoneses, é chamado de pós-fordismo, muitas vezes usado também como sinônimo de pós-industrial, que coincide para alguns autores com o período histórico da pós-Modernidade, basicamente de 1980 aos nossos dias.

faz, por outro lado, exige que uns poucos planejem e exerçam o poder de ordenar, distribuir, organizar – por aqui, a divisão simples do trabalho se transforma em uma propositada *divisão social do trabalho*: por classes (patrões e operários), em suas frações (trabalhadores de chão de fábrica e de escritório (*white collar*)[17], por sexo (homens e mulheres), por raça (negros e brancos) e etnia (estrangeiros e nacionais).

Marx chama a atenção (2011, p. 417) que na verdade a própria fortuna, em terras, títulos nobiliárquicos, ou ouro e prata (mesmo sendo em moeda), já existem nos períodos anteriores da história, mas não significa que exista a presença de um modelo sob a prevalência do capital, porque fortuna e riqueza *não são* ainda capital, mas são necessárias nas formações econômicas pré-capitalistas, que preparam o capitalismo:

> O próprio dinheiro, à medida que exerce um papel ativo na história, só o faz porquanto ele próprio intervém nesse processo como um meio de separação extremamente enérgico e colabora para a produção dos *trabalhadores livres espoliados*, sem objetivo; certamente, contudo, não pelo fato de que ele *cria* para os trabalhadores as condições objetivas de sua existência; mas porque ajuda a acelerar a sua separação delas – sua condição de privados da propriedade.

Em seguida, afirma Marx (2011, p. 419):

> [...] a fortuna em dinheiro em parte contribui para despojar dessas condições (*as condições objetivas da produção*: meios de subsistência, matéria-prima, instrumentos) as forças de trabalho dos indivíduos aptos ao trabalho; em par-

---

17 Segundo dados oficiais (BUREAU OF THE SENSNUS, 1990, p. 330), "A proporção de colarinhos brancos usando como referência os Estados Unidos da América, passou de 17% de empregados no ano de 1900 para 59,4% de trabalhadores em 1998. Isso se deve ao avanço tecnológico e às mudanças ocorridas na estrutura econômica, além da ascensão da globalização.".

> te, esse processo de separação avançou sem ela. Quando essa separação havia atingido certo nível, a fortuna em dinheiro pôde se pôr como intermediária entre as condições objetivas da vida assim liberadas e as forças de trabalho vivas liberadas, mas liberadas também de todo vínculo e obrigação, e como as primeiras, comprar as últimas. Todavia, no que se refere à formação da fortuna em dinheiro propriamente dita, antes de sua transformação em capital, ela faz parte da pré-história da economia burguesa.

O que melhor distingue o modo capitalista de produção é que as suas formas, aliadas dos meios de conhecimento científico e técnico a partir de meados do século XVIII, estabelecem relações sociais de produção nunca antes experimentados pela sociedade ocidental, relações que pressupõem uma troca especial, em condições de desigualdade, entre patrões e trabalhadores assalariados. É de fato esta troca pelo contrato de trabalho, que pressupõe a desigualdade sustentada pela normatividade jurídica, quer dizer, sob os auspícios do Estado, que transforma o amealhar do período comercial e usurário pré-capitalista[18], transforma as fortu-

---

[18] O grande comércio a partir de 1500, quando do encilhamento provocado pelos turcos após a tomada de Constantinopla em 1458, fechando a fronteira comercial entre Europa e Oriente, será promovido pelas grandes navegações rumo ao Atlântico Sul, a procura pelo caminho marítimo para as Índias, cuja escola de Sagres em Portugal foi um ícone na época para a formação dos marinheiros e técnicas de navegação, bem como a construção de naus capazes de fazer tais travessias. Com a descoberta de novos Continentes, como as Antilhas e Caribe, a costa da África e o Brasil, além do comércio de especiarias e matérias-primas, o tráfico negreiro constitui-se como uma grande forma de acumulação prévia de capital. De fato, foi a colonização que possibilitou tal acumulação do dinheiro, pedras e metais preciosos no velho continente. "Em menos de um século, Portugal construíra um monopólio das especiarias. O conselho Municipal de Nuremberg se queixou: 'O rei de Portugal, Senhor das Especiarias, estabeleceu (...) preços, como quis, para a pimenta que, a qualquer custo, não importando qual, não demorará a ser vendida para os alemães.' O fascínio por especiarias, ouro e escravos transformara a corrida para descobrir novas rotas marítimas em uma disputa que ameaçava a frágil harmonia entre potencias cristãs da Europa." (CHANDA, 2011, p. 239).

nas monetárias em capital, isto é, quando esse dinheiro é aplicado – diretamente ou através de empréstimos e financiamentos – nas fábricas, nas ciências e tecnologias produtivas, mas é sob a condição de exploração da força de trabalho que ele se transforma em *capital*. Portanto, sem a relação de trabalho de exploração contratual, assalariada, não existe a possibilidade de transformar dinheiro em capital.

1.3.1 TEORIA DO MAIS VALOR E SEUS CONCEITOS

Esta contratação especial da força de trabalho e específica do modo de produção capitalista tem duas consequências *arquetípicas*: 1. A produção de riqueza social total pelos trabalhadores, na medida em que eles recebem um salário muito inferior à riqueza total produzida para a sociedade, e apropriada de forma privada pelo capitalista (*mais valor*); 2. A expropriação dos instrumentos e do saber produtivo, e com isso, a fragmentação radical do processo de trabalho, fazendo com que o trabalhador, como homem total, se divida tanto quanto a fragmentação de seu trabalho, destruindo a objetividade da relação entre o saber e o fazer (*trabalho abstrato*).

Daqui derivam alguns conceitos-chave para a compreensão da teoria do valor, e consequências quanto ao tempo de trabalho disponível com níveis persistentes de desemprego. Deles decorrem igualmente resultados reais na produção capitalista e sua globalização com vistas a uma *superação* na fragmentação do trabalho, tornando promissora a realização dos estratos culturais como totalidade do existir humano e não como "performance" dos sentidos.

Marx utiliza a categoria *valor* para identificar a diferença entre *valor de uso*, que é a utilidade social dos produtos, e *valor de troca*, que é a quantidade de trabalho que o produto contém e que possibilita a sua troca por outros produtos equivalentes. Neste caso, para efeito de troca mercantil, o valor de cada mercadoria é calculado com base na média do tempo do trabalho que cada trabalhador introduziu nos diversos objetos com seu conhecimento e destreza específicos dadas as condições técnicas concretas disponíveis em seu produzir; portanto, o valor de troca, ou simplesmente o "valor", não é efetivo para cada mercadoria mas atribuído de forma "abstrata", por um *trabalho abstrato* médio, (o) de muitos trabalhadores.

O valor do trabalho é o verdadeiro "valor" na troca de equivalentes, no mercado as mercadorias o contêm, embora não se perceba. Assim, o *valor* de uma mercadoria é composto pelo seu valor de uso e o valor de troca – todo o valor de troca, ou mercadoria, possui um valor de uso, mas nem todo o valor de uso se transforma, necessariamente, em valor de troca. Um valor de uso pode permanecer como tal, apenas existe para suprir uma necessidade humana (como produto), sem ser produzido para mercado ou transacionado nele.

Este mecanismo identifica e desvela o caráter de formação de "valor", quer dizer, de riqueza social geral, mas identifica e desvela mais: o caráter de apropriação de grande parte deste "valor" e dessa riqueza na forma de mais valor não pago e nunca distribuído aos trabalhadores assalariados.

A teoria do *mais valor* refere-se à forma como o sistema capitalista usa o trabalho assalariado, não remunerando o valor excedente, ou *sobretrabalho*, do trabalhador (relação entre salário pago e valor produzido). Existem duas possibilidades de extrair mais valor dos trabalhadores: *mais valor absoluto* e *mais valor relativo*.

O *mais valor absoluto* diz respeito à extensão da jornada de trabalho, ou seja, quando se estende as horas de trabalho, conseguindo com isso um aumento de valor, mantendo-se o nível de salários pagos. Por exemplo, a redução da jornada de trabalho vai contra a possibilidade de produzir mais valor em quantidade maior, pressupondo-se a manutenção dos salários. Outra forma de insistir no aumento das horas trabalhadas, à luz da própria legislação, é insistir na produção de horas extras: ainda que pareça desfavorável pagar mais caro a hora/salário extra (majoradas em 25%, 50% ou 100%), ainda é vantajoso para o capital, pois permite que máquinas, cuja vida é cada vez mais curta por conta dos rápidos progressos da tecnologia, funcionem 24 horas ininterruptas.

O *mais valor relativo* diz respeito ao aumento de produtividade – ou quantidade maior de mercadorias produzidas – na mesma quantidade ou menor número de horas trabalhadas, mantendo-se o mesmo nível de salários pagos. Este é o processo contemporâneo de intensificação do capital em tecnologias de automação[19], para produzir o máximo de mercadorias pelo custo mais baixo, o que inclui a manutenção ou mesmo a tendência crescente de diminuição de salários, aceleração de ritmo de trabalho, supressão de empregos e postos de trabalho. Ou seja, à aceleração da automação e da revolução tecnológica corresponde a desqualificação permanente do trabalhador e desemprego.

Como a mão de obra e sua força de trabalho entram no processo de produção apenas como uma ferramenta produtiva, a composição orgânica do capital muda alternando *capital constante* (matéria-prima, edifícios, máquinas, instrumentos) com *capital variável* (força de trabalho), possibilitando a *regulação* do capital conforme os períodos de crise e as necessidades de circulação e reprodução financeira. O capital constante permanece constante no processo de trabalho e não produz novo valor (a não ser em uma determinada composição e nova regulação com a força de trabalho), enquanto o capital variável produz um novo valor no processo de trabalho (mesmo em uma determinada composição regulatória com as demais forças produtivas), valor superior ao seu valor anterior porque a nova composição orgânica do capital exige permanente competitividade e produtividade maior.

---

19 Hoje se fala de "indústria 4.0", para designar a intensa robotização das fábricas, programação à distância de robôs, e, principalmente, a possibilidade de extrema flexibilização e variação das mercadorias produzidas, os modelos "quase" totalmente personalizados (*on demand*), portanto, integrando a produção à circulação, através da criação de poderosos bancos de dados (*big data*), do cruzamento de milhares de informações, bem como a própria "autonomia" que esses robôs informatizados podem alcançar.

É o conceito de valor-trabalho que se esclarece pela teoria do mais valor. É inadequada a identificação do *mais trabalho* como mais valor, quando na verdade este (mais valor) é apenas uma forma determinada historicamente do sistema capitalista, uma especificação do mais trabalho que existe em toda formação social anterior. Nas sociedades sem classes, diz Louis Althusser (2015), uma parte da riqueza produzida pelo trabalho humano é utilizada na reprodução das forças de trabalho, e o excedente *repartido* entre os membros da comunidade (por exemplo, as sociedades tribais); já nas sociedades de classes, esse excedente é *apropriado* pela classe dominante.

Quanto aos salários, fica claro que a luta contra a sua diminuição é uma *luta defensiva* (Althusser, 2015), porque ela não muda a desigualdade imperiosa nas relações sociais de produção para o capital. Os mecanismos de desigualdade e a apropriação do excedente produzido, com base no salário, não se resolvem por si mesmos, através da "distribuição" de "benefícios" do desenvolvimento, ainda que espetacular, da produtividade social total.

Se as relações entre capital e trabalho fossem éticas e harmoniosas não haveria necessidade de Leis Trabalhistas no ordenamento jurídico. Como os demais dispositivos regulatórios nas relações mercantis, as Leis Trabalhistas inserem-se na necessidade inexorável do capital não ultrapassar os seus limites, quer dizer, que as contradições insolúveis que lhe são próprias e o constituem não destrua sua reprodução. O modo de produção capitalista é antes de tudo uma *forma social* de produzir mercadorias, uma forma cuja essência é a desigualdade nas relações de trabalho entre trabalhadores e seus contratantes.

A *forma social* como as mercadorias são produzidas é composta pelo capital produtivo (conhecimento científico, ferramentas de trabalho, mão de obra) e pelas relações sociais de produção (as relações entre trabalhadores assalariados e seus contratantes). Já aqui, no nível da produção, as relações entre trabalho e capital *são desiguais*, demandam condições específicas de produção e, neste caso, do trabalho assalariado. É precisamente por conta dessas relações desiguais na produção de mercadorias, antes de tudo, que deriva a necessidade das Leis Trabalhistas no âmbito da produção, ou dos Códigos de Defesa do Consumidor no âmbito da circulação de mercadorias, e Leis e Decretos no âmbito da circulação monetária mundo afora.

A função de tais dispositivos nas sociedades de livre mercado é prevenir o seu colapso evitando que as contradições e conflitos se agudizem a ponto de inviabilizar o sistema do capital, por exemplo, o fim da força de trabalho assalariado.

No capitalismo as relações de produção de mercadorias geram mais valor: ao vender a força de trabalho em forma de salário, o trabalhador gera valor em forma de mercadorias, mas recebe em forma de salário apenas uma parte desse valor gerado. A diferença entre o salário recebido e o valor gerado como mercadorias é o mais valor, a verdadeira essência da riqueza e do lucro do capital. O mais valor fica em posse do capitalista, o contratante da força-de-trabalho, que é o dono das forças produtivas (o capital produtivo: instrumentos e formas do processo de trabalho). Esta relação *antitética* no trabalho se verifica sob a legalidade, quer dizer, é organizada e tutelada pela *forma jurídica* liberal burguesa.

1.4 A LEI GERAL DO VALOR

O processo de acumulação do capital é central na análise *materialista histórica* da sociedade. Marx explica que a tendência de acumulação do capital como tentativa inexorável de transformar continuamente a produção de *mais valor* em *mais capital*, faz com que a produtividade do trabalhador assalariado se agigante e retorne em forma de mais valor sempre maior. Existe, então, a reprodução do mais valor pela regulação da composição orgânica do capital, quer dizer, aumento de mais valor pela automação, com aumento de produtividade, mas junto, achatamento de salários, precarização do trabalho e desemprego.

Contemporaneamente esta realidade não é local, mas como mecanismo intrínseco à reprodução global do capital, em sua lógica de acumulação, ela se estende por toda a parte em que o sistema capitalista se faz presente, como tendência mesma de expansão de sua lógica de desenvolvimento, que Lenin (1982, p. 593) chamou de *imperialismo* (*Imperialismo, fase superior do capitalismo,* (1917)): "A concorrência transforma-se em monopólio. Daí resulta um gigantesco progresso na socialização da produção. Socializa-se também, em particular, o processo dos inventos e aperfeiçoamentos técnicos".

Um dos trabalhos mais sérios elaborados sobre o desenvolvimento dos monopólios e suas consequências para a nova regulação da composição orgânica do capital, foi realizada por Harry Braverman em 1974 (*Trabalho e Capital Monopolista*).

Elucida o autor que (1981, p. 215-216):

> Concorda-se geralmente que o capital monopolista teve início nas últimas duas ou três décadas do século XIX. Foi então que a concentração e centralização do capital, sob a forma dos primeiros trustes, cartéis e outras formas de combinação, começaram a firmar-se; foi então, consequentemente, que a estrutura moderna da indústria e das finanças capitalistas começou a tomar forma. Ao mesmo tempo, a rápida consumação da colonização do mundo, as rivalidades internacionais e os conflitos armados pela divisão do globo em esferas de influência econômica ou hegemonia inauguraram a moderna era imperialista. Desse modo, o capitalismo monopolista abrange o aumento de organizações monopolistas no seio de cada país capitalista, a internacionalização do capital, a divisão internacional do trabalho, o imperialismo, o mercado mundial e o movimento mundial do capital, bem como as mudanças na estrutura do poder estatal.

A lei geral do valor foi desenvolvida por Marx no livro III d'*O Capital*[20] como queda tendencial das taxas de lucro, e do lucro to-

---

[20] A obra *O Capital*, de Karl Marx é composta por quatro livros, sendo o Livro I publicado em 1867 por Marx, o livro II em 1885 por Engels, após a morte de Marx em 1883 (este livro foi deixado por Marx praticamente acabado).

tal. Aliás, muito antes, esta mesma conclusão da tendência à própria entropia na reprodução do capital, já havia sido apontada por Marx e Engels quando da redação do *Manifesto do Partido Comunista* ([1847-1848], s/d, p. 26), onde os autores esclarecem:

> Cada crise destrói regularmente não só uma grande massa de produtos já fabricados, mas também uma grande parte das próprias forças produtivas já desenvolvidas. Uma epidemia, que em qualquer outra época teria parecido um paradoxo, desaba sobre a sociedade – a epidemia da superprodução. Subitamente, a sociedade vê-se reduzida a um estado de barbaria momentânea; dir-se-ia que a fome e a guerra de extermínio cortaram-lhe todos os meios de subsistência; a indústria e o comércio parecem aniquilados. E por quê? Porque a sociedade possui demasiada civilização, demasiados meios de subsistência, demasiada indústria, demasiado comércio. As forças produtivas de que dispõe não mais favorecem o desenvolvimento das relações de propriedade burguesa; pelo contrário, tornaram-se por demais poderosas para essas condições, que passaram a entravá-las; e todas as vezes que as forças produtivas sociais se libertam desses entraves, precipitam na desordem a sociedade inteira e ameaçam a existência da propriedade burguesa. O sistema burguês tornou-se demasiado estreito para conter as riquezas criadas em seu seio. De que maneira consegue a burguesia vencer essas crises? De um lado, pela destruição violenta de grande quantidade de forças produtivas; de outro lado, pela conquista de novos mercados e pela exploração intensa dos antigos. A que leva isso?

O livro III d'*O Capital*, de Marx, foi editado em 1894 por Friedrich Engels, e contém muitas das observações que Engels adotou para poder terminar o livro, uma vez que o mesmo ficou inacabado após a morte de Marx em 1883. Existe o livro IV d'*O Capital*, que foi publicado por Karl Kautsky em 1905, após a morte de Engels em 1895 e que tem o nome de *Teorias do Mais Valor*.

Ao preparo de crises mais extensas e mais destruidoras e à diminuição dos meios de evitá-las.

De forma condensada, pode-se formular assim a conclusão a que Marx chegou sobre o contínuo desenvolvimento do regime de livre concorrência de mercado, e a irrecusável queda tendencial da taxa de lucro:

1) O empenho e a motivação do regime de livre mercado é a a*cumulação* de capitais, capitais, e estes quando se transformam em espécie, dinheiro ou títulos de câmbio, moeda e ativos que têm a característica de portabilidade e liquidez imediata;
2) Estabelecida a riqueza pessoal pela *propriedade privada*, e consagrada sua acumulação e a usura como "filosofia" moderna dessa riqueza material, assim como o poder, igualmente "material" pela acumulação monetária, a necessidade de acumular é irrefreável e inexorável nas sociedades comerciais e industriais de concorrência;
3) Dado que a produção e a circulação nessas sociedades são regidas pela *concorrência*, a acumulação monetária de uns proprietários privados, depende da não acumulação proporcional de outros, tendo como fundamento a riqueza social (total) produzida pelos trabalhadores;
4) Assim, os empreendimentos industriais, comerciais e financeiros entram em concorrência, porque seus proprietários privados precisam acumular, mas o fazem através das mercadorias (e a força de trabalho do trabalhador é igualmente uma mercadoria disputando mercado), através do que se produz, como se produz e como se consegue consumir essas mercadorias;
5) A concorrência privada dos empreendimentos, e de seus proprietários e acionistas, tende inevitavelmente a "destruir" um ou vários concorrentes, porque a "filosofia" da acumulação privada não permite a *repartição* equidistante da riqueza produzida pelos "guardiões" dela; menos

ainda, claro, pelos trabalhadores, cuja remuneração é sempre o mínimo estabelecido pela cesta básica de subsistência sua e de sua família, da concorrência de sua força de trabalho e modernamente pelo estabelecido em lei (salário mínimo);

6) Daqui decorre que não é pela livre concorrência de mercado que os proprietários privados conseguem seu *lucro final*, porque quando um pretende aumentar a sua taxa de lucro imediatamente os seus concorrentes acompanham os preços, para cima ou para baixo, e se algum proprietário em condições especiais o consegue fazer é por pouco tempo, porque os produtores de outras mercadorias acompanham os preços gerais de todas as mercadorias, cujo resultado será "lucro-zero" – se aumenta, por exemplo, o preço do pão acima do esperado, imediatamente aumenta o preço da farinha de trigo, ou o preço da manteiga, já que é mais comum comer pão com manteiga;
7) Portanto, o *lucro final*, ou a parte da riqueza social total que cada proprietário acumula para si, deve sair de outro lugar e não da disputa "livre" dos preços de mercado; essa riqueza social total é gerada pela exploração da força de trabalho do trabalhador, que por contrato salarial (jurídico), e como sujeito "livre" e com "autonomia plena", pode estabelecer, nos termos da lei (mais lei, menos lei), um acordo entre partes, com seu patrão, que lhe pagará um salário (fixo ou variável, ou ambos) por uma quantidade de horas trabalhadas em um período pré-estabelecido – toda a força de trabalho humana dedicada a produzir mercadorias como atividade transformadora sobre a natureza ou outros insumos, produz riqueza real, porque o *quantum* de valores úteis, ou de uso, que essa força de trabalho produz em um tempo determinado é superior ao *quantum* de salário pago ao trabalhador: a diferença (*mais valor ou mais valia*) é a riqueza real produzida cuja propriedade pertence ao empreendedor capitalista, proprietário privado;

8) A "guerra" de mercado de livre concorrência não gera, pois, riqueza, mas apenas a distribui de uma forma ou de outra, como taxa de lucro redistribuída entre os proprietários privados, onde uns ganham e outros perdem, porque a riqueza social total gerada não se altera na circulação de mercadorias; mas esta "guerra", este anacronismo de mercado gera crises infinitas e leva sempre à concentração dos investimentos e empreendimentos onde o capital obtenha juros e lucros especulativos (neste sentido são sempre especulativos, mesmo quando investidos na produtividade), gera monopólios e clama por uma intensa e gradativa participação de investimentos públicos, devido aos montantes sempre crescentes que as fusões exigem;

Vejamos o que se disse até aqui nas palavras do próprio Marx (1984a, p. 168, *grifos nossos*):

> Da natureza do processo capitalista de acumulação – que é apenas um momento do processo de produção capitalista – segue, portanto, por si, que a massa aumentada de meios de produção destinada a ser transformada em capital encontra sempre à mão uma população trabalhadora, correspondentemente elevada e mesmo excedente, explorável. Com o progresso do processo de produção e de acumulação a massa de mais-trabalho apropriável e apropriado tem de crescer, e portanto a massa absoluta de lucro apropriado pelo capital social. Mas as mesmas leis da produção e da acumulação elevam, com a massa, *o valor do capital constante em progressão crescente de modo mais rápido do que o valor do capital variável convertida em trabalho vivo*. As mesmas leis produzem, portanto, para o capital social uma massa absoluta crescente de lucro e uma taxa decrescente de lucro.

9) É possível que um capitalista, ou um conjunto deles, estejam dispostos a "perder" dinheiro, quer dizer, a dispor de

parte de sua acumulação altíssima, para adquirir estrategicamente (por exemplo, destruir um concorrente potencial) um concorrente ou uma atividade de futuro que precisa de recursos para se desenvolver tecnologicamente, e isto implica em "prejuízos" pelo menos imediatos, mas isso não é de fato o maior volume de recursos reinvestidos retirados da riqueza acumulada privadamente, pois *a maior parte dos investimentos produtivos volta para a própria indústria* em forma de novas tecnologias e máquinas, porque a concorrência assim o exige, digamos, porque os consumidores estão sempre definindo novas necessidades e preferindo novas facilidades;

10) Então, uma parte significativa "deve" voltar para a fábrica, para a loja, para o escritório, ficar no banco, porque esse capital, que saiu verdadeiramente da riqueza gerada pela exploração da força de trabalho (mais valor) possibilita a modernização do empreendimento, a aplicação de novas ciências e tecnologias, maior produtividade e menos custo (a médio e longo prazo) – maior produtividade e menos custo (mais valor absoluto e mais valor relativo) para produzir e fazer circular geram maior competitividade e, portanto, maior possibilidade de "erradicar" da concorrência outros competidores; quando voltar no circuito o tempo de distribuição e redistribuição da riqueza social total, havendo menos concorrentes, haverá maior acumulação para os que sobreviveram, e assim infinitamente: o monopólio é a tendência necessária para acumular privadamente mais;

11) Acontece, no entanto, que aquela parte de capital geral, ou riqueza social total nas mãos de capitalistas, volta ao circuito produtivo e de circulação alterando a composição orgânica do capital, quer dizer, substituindo mão de obra por máquinas, robôs, tecnologias de informação integradas, novas ferramentas de trabalho, e neste processo se esgota, paradoxalmente, a produção de mais valor uma vez que os trabalhadores vão sendo substituídos;

12) Como a taxa de lucro efetiva é o volume de mais valor dividido pela riqueza social total, descontadas reincorporações de atualização e modernização produtiva e de distribuição, ela é tendencialmente sempre menor: mesmo que no curto prazo os custos possam diminuir com a dispensa de mão de obra, levando-se em consideração os investimentos efetuados com a atualização tecnológica, principalmente porque o não crescimento de trabalho assalariado diminui significativamente o consumo (ao reduzir os salários pela sua própria concorrência, mais indivíduos sem emprego baixa o salário e o poder de compra), vê-se que a luta pelo desenvolvimento concorrencial, e a luta pelo monopólio, só pode diminuir os lucros dos empreendimentos particulares e a acumulação privada se restringe fortemente.

De forma resumida, assim se expressa Marx (1984a, p. 172-173):

> Cada mercadoria individual contém, portanto, uma soma menor de trabalho objetivado nos meios de produção e de trabalho novo agregado durante a produção. Por isso cai o preço da mercadoria individual. A massa de lucro que está contida na mercadoria individual pode, apesar disso, aumentar, se a taxa de mais-valia absoluta ou relativa cresce. Ela contém, menos trabalho novo agregado, mas a parte não-paga do mesmo cresce em relação à parte paga. Esse é, porém, o caso apenas dentro de determinados limites. Com a diminuição absoluta enormemente incrementada no curso do desenvolvimento da produção, da soma de trabalho vivo, recém-agregado à mercadoria individual, também diminuirá absolutamente a massa de trabalho não-pago nela contido, por mais que tenha crescido relativamente, a saber, em proporção à parte paga. A massa de lucro sobre cada mercadoria individual irá diminuir muito com o desenvolvimento da força produtiva de trabalho, apesar do crescimento da taxa de mais-valia; e essa diminuição, exatamente como a queda da taxa de lucro, só é retida pelo

> barateamento dos elementos do capital constante e pelas demais circunstâncias apresentadas na Seção I deste livro, que elevam a taxa de lucro com a taxa de mais-valia dada e mesmo em queda.

Tais circunstâncias de crise e *nonsense* para o sistema do capital só é momentaneamente contornado: a) pelo aumento da produtividade voltada para o mercado de massa sempre maior; b) pelo acoplamento de novos mercados no processo de globalização territorial e geopolítico; c) pelo favorecimento e incentivo ao consumo desenfreado e desnecessário que prejudica o meio-ambiente, a natureza e ameaça a nossa própria sobrevivência; d) pelo oferecimento maciço de crédito e financiamento, endividamento de empresas e das famílias; e) pelo investimento especulativo de ativos, papeis que podem ser trocados e alienados a taxas progressivas de desconto sempre mais especulativas, fazendo parte do montante de capitais que circulam cada vez mais sem rastro real em moeda; f) pelo socorro cada vez mais assíduo do poder público ao mercado; e g) pelos recursos financeiros privados disponibilizados e concentrados em maior escala nas instituições financeiras.

2. CRISE, DESEMPREGO E PRECARIZAÇÃO

Nenhuma sociedade na história ocidental até o século XIX havia experimentado antes uma organização coletiva de produção material onde prevalecesse de forma sistêmica e por tanto tempo a desocupação humana, a deterioração da força de trabalho social e sua obsolescência, constitutiva de sua própria organização – como crise, a crise, por sua vez, como constitutiva da reprodução e acumulação de riquezas produzidas socialmente.

Em 1995 Jeremy Rifkin escreveu *O Fim dos Empregos*, um livro importante sobre as crises de emprego do sistema capitalista de produção. A sua leitura levava à reflexão sobre o futuro do sistema produtivo contemporâneo, intitulado pelo autor de "pós-mercado"[21]. Conquanto sua análise seja um marco nas condições do trabalho humano hoje, não se pode deixar de reconhecer que muito do que se escreve sobre o fenômeno do desemprego, gerado pela evolução da tecnologia moderna, não constitui exatamente uma constatação nova[22].

Na verdade, há pelo menos dois séculos que tal fenômeno, e suas consequências, era estudado e descrito na obra dos pensadores de meados do século XIX, como em Friedrich Engels (*A Situação da Classe Trabalhadora na Inglaterra* [1845]) e Karl Marx (*Salário, Preço e Lucro* [1865]). Para tais autores, socialis-

---

[21] Corresponde ao período produtivo capitalista do pós-fordismo, ou pós-Modernidade se se considerar o período histórico.

[22] Muitas das observações e teses de Rifkin estavam em 1995 há frente de seu tempo para a maioria dos países no cenário do trabalho e aproveitamento global de mão de obra transnacional, mesmo no contexto dos países industrial e tecnologicamente mais desenvolvidos como é o caso dos EUA, cenário basilar das considerações do autor.

tas científicos, e para os pós-estruturalistas[23], a solução definitiva para o problema do desemprego global, motivado pelo desenvolvimento irrefreável das forças produtivas, está numa mudança radical da forma de distribuir riqueza, o que só é possível no Estado moderno, produto das novas relações sociais de trabalho atualmente existentes.

Por aqui, será possível aferir os desdobramentos da falta de empregos e precarização nas formas hodiernas de empregabilidade rumo a um certo tipo de consciência e possível desalienação, conquanto esteja presente o *afastamento* (pela precarização, pela temporalidade, pelo desemprego) dos trabalhadores capitalistas das condições concretas do *trabalho abstrato* orientado para a produção de mercadorias.

2.1 O PROCESSO GERAL DO CAPITAL E DESEMPREGO

O fenômeno moderno persistente quanto aos níveis de desemprego – cujas proporções alarmantes estão presentes em escala mundial –, diz respeito às tendências do capitalismo moderno, nomeadamente em relação às mudanças no emprego com a substituição do capital variável (mão de obra) por capital constante (maquinário e tecnologia), e as suas formas de gerar mais valor.

O aumento do excedente de riqueza ou mais valor, como se viu, pode ser efetuado de duas formas básicas: 1. Aumentando a jornada de trabalho *(mais valor absoluto*); 2. Diminuindo o tempo necessário de trabalho para produzir uma determinada mercadoria, bem ou serviço (*mais valor relativo*). *Em ambas as*

---

[23] Veja-se, por exemplo, Aaron Benavav: *Automation and the Future of Work* (2020); Como fazer um lápis: se a gente quiser, o capitalismo acaba (digilabour.com.br; 07/03/2021); Nike Srnicek: *Inverting the Future: Postcapitalism and a Worl Whithout Work* (2015); Michael Heinrich: *Crisis Theory, the Law of the Tendency of Profit Rate to Fall,* and Marx's Studies in the 1870s (monthlyreview.org; 01/04/2013); Alexis Moiratis; Jack Copley: *Capitalism in declive: automation in a stagnant economy* (roarmag.org; 14/05/2021); Robert Kurz: *A Honra Perdida do Trabalho* (2018).

situações mais unidades se produzirão. A primeira forma data do início da indústria manufatureira (a partir de meados do século XVIII), onde o interesse era produzir mais unidades alongando-se o tempo trabalhado dos operários, mantendo-se baixo o valor pago por esse trabalho. A segunda forma já é decorrência do desenvolvimento das forças produtivas. Meios e formas de produção mais avançadas, levam a uma capacidade produtiva maior, diminuindo o tempo unitário de produção de cada mercadoria. Neste caso, mantendo-se estável os salários, produzindo-se mais mercadorias, o excedente tem que ser maior, se todas as mercadorias produzidas forem vendidas. Como neste caso o valor do trabalho pago em salários é dividido por um número maior de itens, o valor de cada mercadoria diminui (ganhos de escala), possibilitando a realização desses produtos em milhões de unidades.

Mas nem todo o valor residual, social total, isto é, após a venda das mercadorias no mercado, é apropriado diretamente pelos donos do capital: devido à concorrência e à necessidade de acumulação, é necessária a *inversão*, o retorno de parte do capital excedente aos meios e formas de produção, a criar, então, *o desemprego estrutural.* Ao inverter parte do capital geral – do valor ou riqueza social total – em capital constante – mecanização da produção –, não só assistimos à diminuição do tempo necessário de produção, mas à eliminação gradual, constante e irrefreável, do capital variável necessário, a mão de obra.

Este fenômeno diminui o valor do trabalho necessário à produção de mercadorias: primeiro, porque baixa o tempo necessário para produzir, portanto o valor do trabalho incorporado à mercadoria é menor; segundo, porque o valor do trabalho humano é regulado pelas mercadorias que o trabalhador necessita para se reproduzir como força de trabalho – se essas mercadorias baixaram de valor, porque o tempo de produzi-las baixou, o salário pago também baixará, e o valor do tempo de trabalho incorporado nos produtos necessários à sua subsistência baixará igualmente, isto é, precisa de menos valor para se reproduzir as mercadorias; em terceiro lugar, porque a inversão desordenada e anárquica de capital geral em capital constante libera mais e mais trabalho assalariado, e cria um excedente de mão de obra, cuja oferta superior à procura baixa o valor da mesma.

O modo de produção capitalista não é apenas gerador de desemprego, mas antes é responsável pela diminuição dos salários de todos aqueles que possuem apenas sua força de trabalho como mercadoria. E isto se dá em todas as esferas do trabalho e conhecimento humanos, não de forma *uniforme*, claro, mesmo em profissões não manufatureiras, como as profissões ligadas diretamente ao conhecimento humano, trabalho imaterial, característica das sociedades contemporâneas. É que, o exército de reserva, as centenas de milhares de desempregados acabam pressionando os salários para baixo indistintamente, pela simples comparação de salários entre assalariados. Além disso, a procura por essas profissões das áreas de conhecimento cresce em índices geométricos, elevando a disponibilidade de mão de obra adequada a estas novas necessidades, aumentando assim a concorrência, e a diminuição decorrente de salários. Por fim, o próprio desemprego se instala mesmo em áreas ditas de conhecimento tecnológico avançado e atividades do tipo cultural enquanto estas ainda não forem adequadamente e de forma abrangente incentivadas. Nenhuma atividade humana será suficiente para abrigar o contingente de desempregados dos setores primário, secundário e terciário.

Nesta espiral, o sistema sofre pela *diminuição de demanda*, inevitável quando o exército de capital variável se agiganta: *onde há desemprego não há demanda;* sem demanda os preços das mercadorias decrescem, e finalmente a produção sofre fortes retrações (recessão). Portanto, a realização do capital fica comprometida, impossibilitando a sua reprodução e acumulação, pelo menos nos mesmos moldes que estamos habituados a ver nas economias mais saudáveis de livre concorrência.

O avanço determinado e histórico das forças produtivas, meios e formas avançadas de produção de mercadorias, cria um potencial de riqueza fantástico, mas destrói concomitantemente seu fundamento primeiro de geração de valor, o trabalho humano assalariado, de um lado não o usando como fonte de valor, e de outro, não possibilitando o consumo por esta mesma força de trabalho. Em seguida veremos quais os motivos deste verdadeiro paradoxo.

2.1.1 TECNOLOGIA, REENGENHARIA E DESEMPREGO

No passado, quando novas tecnologias substituíam trabalhadores em um determinado setor, novos setores sempre surgiam para absorver os trabalhadores demitidos. Hoje, os três setores tradicionais da economia - agricultura, indústria e serviços - estão vivenciando deslocamento tecnológico, forçando milhões de trabalhadores para as filas do desemprego, principalmente os jovens qualificados para adentrarem ao mercado de trabalho.

Para demonstração consideramos, em seguida, os dados referentes ao bloco da União Europeia (UE), que representa o conjunto de 28 países. Todos os países da UE comportam sistemas de liberdade econômica e mercado.

Considere-se o conjunto de 28 países que constituem a União Europeia:

Gráfico 1 - Taxa de Desemprego Geral - União Europeia (jan/2020)

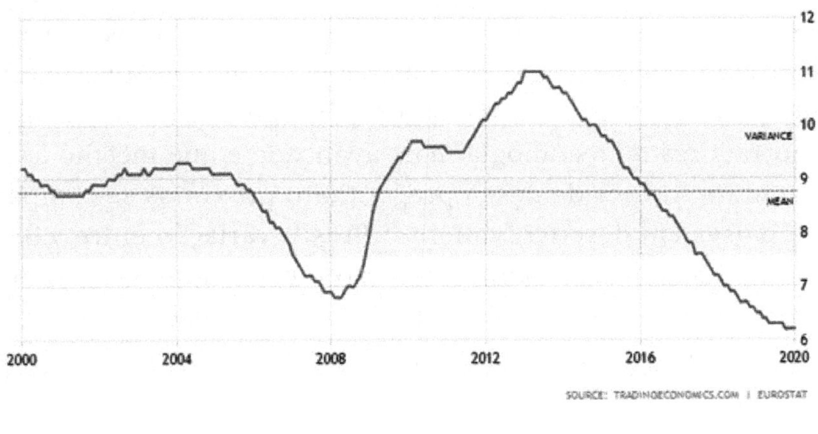

Fonte: Trading Economics
(https://pt.tradingeconomics.com/european-union/unemployment-rate)

O crescimento da População da UE foi de 440 milhões em 1969 para 513 milhões em 2018 – crescimento de 16,6%; o PIB/Per Capita de US$15.000/ano para US$36.593/ano no mesmo período - portanto crescimento de 143,95%. Enquanto a taxa de desemprego geral média é de 8,9% (2000-2020) chegando, no pior momento, a 11% em 2013, e o menor índice de aproximadamente 6,2% de out/2019 a jan/2020.

Dois pontos chamam a atenção: 1. Um crescimento demográfico "controlado" na região de 16,6%, ao mesmo tempo em que o crescimento do PIB por pessoa foi de 143,95%, que confirma a máxima rentabilidade da região através do desenvolvimento tecnológico que como capital produtivo cria uma produtividade maior; 2. Com esse mesmo crescimento de 143,95% no PIB/Per Capita no período de 50 anos, a taxa de desemprego geral média nos últimos 20 anos em torno de 8,9% não diminuiu significativamente, subindo e descendo conforme os momentos de crise ou reinvestimento do capital.

No mesmo período a taxa de desemprego nos últimos 25 anos de outros países varia conforme a sua centralidade comercial e geopolítica no mercado global, sendo que as taxas de desemprego se mantêm muito próximas umas das outras, mesmo entre aqueles mais desenvolvidos tecnologicamente: EUA: variação entre 4% e 7,8% (média 5,9%); Japão: variação entre 3,2% e 4,8% (média 4%); Alemanha: variação entre 5% e 9,8% (média 7,4%); China: variação entre 3,9% e 4,8% (média 4,35%); Austrália: variação entre 4,9% e 7,1% (média 6%). Existem, porém, países na UE portadores de tecnologia mais avançada e que mesmo assim apresentam índices de desemprego muito próximos se comparados a países em desenvolvimento: Brasil: variação entre 7,8% e 12,1% (média 9,95%); Itália: variação entre 8% e 11,9% (média 9,95%); França: variação entre 8,4% e 10,1% (média 9,25%); Espanha: variação entre 10,5% e 22,5% (média 16,5%)[24].

---

[24] TRADING ECONOMICS. *Indicadores.* Disponível em: <https://tradingeconomics.com/country-list/unemployment-rate>. Acesso em: 17 de maio de 2020.

A variação da taxa média de desemprego entre países capitalistas deve-se a vários fatores, entre eles, principalmente, as modalidades da jornada de trabalho (como se verá em seguida) e o grau em que seu desenvolvimento técnico-científico se aplica à produção. Por exemplo, a Itália é mais desenvolvida em tecnologia automotiva, enquanto a Austrália em automação de serviços, e ainda assim a Itália tem uma taxa de desemprego maior do que a Austrália (9,95% contra 6% de média respectivamente).

Contudo, os sintomas mais perversos da inversão de parte do capital geral em capital constante (capital produtivo/ tecnologia e reengenharia de processos), verificam-se quando se considera a população mais jovem, entrando no mercado de trabalho ou tentando permanecer nele – muitas vezes abdicando da profissão em que possui especialidade técnica ou diploma acadêmico. A migração de profissão é um marco atual da nova empregabilidade oferecida pelo mercado de trabalho, principalmente quando a jovem trabalhadora ou trabalhador encontra a possibilidade de obter um contrato de trabalho duradouro (popularmente cunhado de "emprego fixo").

Gráfico 2 – Taxa de Desemprego de Jovens (15-35 anos) – União Europeia (jan/2020)

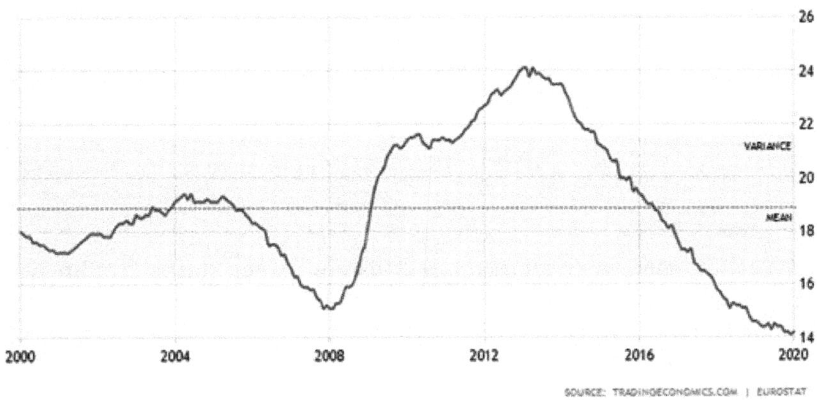

Fonte: Trading Economics
(https://pt.tradingeconomics.com/european-union/youth-unemployment-rate)

Para o mesmo conjunto de países da UE, quando se observam os números, chama a atenção o "salto" que dão as taxas de desemprego entre os jovens em comparação com a mesma taxa geral. Assim, enquanto a variação na taxa de desemprego geral fica entre 7,8% e 10% (Gráfico 1), entre os jovens desempregados a variação fica entre 16,1% e 21,9%, isto é, mais que dobra a taxa de desemprego entre os jovens de 15 anos a 35 anos na UE – na média o "salto" vai de 8,9% para 19% aproximadamente (Gráfico 2).

Com relação à taxa de desemprego entre os jovens para outros países, para o mesmo período de 25 anos, observam-se índices semelhantes dentro e fora da UE, confirmando o "salto" mais que o dobro em relação à taxa geral: EUA: variação entre 9,5% e 15%; Japão: variação entre 5,8% e 9,8%; Austrália: variação entre 10,3% e 14%; Alemanha: variação entre 7,3% e 12%; Itália: variação entre 23,5% e 35%; França: variação entre 19% e 24%; Espanha: variação entre 21% e 45% [25].

Grosso modo, estes dados demonstram que a taxa de desemprego geral mantida mais baixa na UE se deve a uma empregabilidade bem maior entre os assalariados de maior idade, com mais experiência; se de um lado isto representa um investimento maior de requalificação, de outro, a extensão de tempo de trabalho, retardando a idade de aposentadoria e pagamento de seguridade ao trabalhador (a idade média de aposentadoria de homens e mulheres na UE-28 é 64,28 anos e 63,44 anos (*Trading Economics*) respectivamente, em dezembro de 2018).

Como o bloco da UE apresenta uma população envelhecida[26], mantê-la economicamente ativa reduz os gastos públicos de segu-

---

[25] TRADING ECONOMICS. *Indicadores*. Disponível em: <https://tradingeconomics.com/european-union/indicators>. Acesso em: 17 mai. 2020.

[26] População da EU-28 em 01 de janeiro de 2017: jovens de 0 a 14 anos constituíam 15,6%; pessoas em idade ativa (15 a 64 anos) representavam 64,9% da população; idosos (65 anos ou mais) representavam uma percentagem de 19,4% (EUROSTAT STATISTICS EXPLAINED: *A percentagem de idosos continua a aumentar*. Disponível em: <https://ec.europa.eu/eurostat/statistics-explained/index.php/Population_stucture_and_ageing/pt>. Acesso em: 20 mai. 2019).

ridade social. Isto impede a empregabilidade dos jovens[27], mesmo que pudessem oferecer sua força de trabalho a salários menores, mas não tão menores que compensem os custos de troca de mão de obra (incluindo-se os custos de treinamento), a aposentadoria e seguridade social. Mais tarde, quando o jovem "em tese" puder entrar na vaga do mais idoso, também terá dificuldade de fazê-lo uma vez que aquele tempo "expandido" que o idoso permaneceu trabalhando serviu a um maior desenvolvimento técnico onde, possivelmente, postos de trabalho serão eliminados.

Como as modalidades de contratação do trabalho assalariado têm mudado significativamente, como é o caso do Trabalho em Tempo Parcial, pode-se concluir que mesmo os trabalhadores assalariados de maior idade veem-se obrigados a trocar de modalidade de trabalho, e/ou de empresa, para não ficarem desempregados.

Neste caso, pode-se considerar que o *tempo de trabalho disponível* esteja se concentrando entre as camadas mais jovens da população nos países capitalistas, mesmo entre os mais desenvolvidos tecnologicamente, onde as taxas de desemprego são mais que o dobro do que a taxa geral. Fica claro, portanto, que certa "ociosidade" concentra-se nas camadas mais jovens da população, um exército excedente de mão de obra "qualificada", que se de um lado pressiona os salários e o consumo para baixo, por outro lado, pode maximizar no futuro as ocupações da produção imaterial, em atividades culturais e solidárias.

Desde a década de 1980 o setor emergente tem sido o *setor do conhecimento*, formado por um contingente de empreendedores, cientistas, técnicos, programadores, pesquisadores, educadores e consultores. Enquanto este setor está crescendo, criando rapidamente um volume de profissionais acima da real necessidade de

---

27 Isto pode explicar em parte o fenômeno de descontentamento e protestos na Europa, como também em outros países, por parte de jovens que parecem estar bastante desiludidos e com baixas expectativas ao que os países concorrenciais, sociedades de livre mercado, podem oferecer neste momento, promovendo facilmente o "escapismo" que pode levar a práticas de enfrentamento com o Estado (Coletes Amarelos na França), repúdio a trabalhadores estrangeiros (Knackers na Irlanda) ou a adesão a movimentos extremistas como o ISIS (Estado Islâmico).

mercado, reproduzindo-se em velocidade astronômica um contingente de trabalhadores de *reserva* para a área, não se pode esperar que o mercado tradicional absorva mais do que uma fração de milhões de profissionais que ficarão "obsoletos" nas próximas décadas, pelo menos não em sua capacidade produtiva integral e constante.

A Terceira e Quarta Revoluções Industriais[28] são uma poderosa força para o bem e para o mal. As novas tecnologias da informação e telecomunicações têm potenciais tanto para libertar quanto para desequilibrar em breve a civilização. Se as novas tecnologias vão nos libertar para uma vida de mais dedicação à cultura e ao lazer ou resultarão em desemprego maciço e depressão global, dependerá em grande parte de como cada nação enfrentará a questão dos avanços de produtividade, e como o capital global reagirá para regular seu próprio ímpeto de acumulação. A propósito afirmam Moraitis e Copley:

> A quarta revolução industrial (ou Indústria 4.0) está sobre nós. De inteligência artificial a carnes cultivadas e impressão 3D, novas inovações parecem estar prestes a inaugurar um mundo de abundância material impressionante e lazer humano. Essa é a previsão do Fórum Econômico Mundial, que dá as boas - vindas a essa transformação tecnológica iminente como uma "oportunidade ... de criar um futuro

[28] Primeira Revolução Industrial corresponde à introdução da máquina a vapor; Segunda Revolução Industrial corresponde ao uso da eletricidade na produção fabril; Terceira Revolução industrial corresponde ao desenvolvimento de sistemas de informação, computadores e internet, que permitem a integração da produção e gestão mesmo a longas distâncias; A Quarta Revolução Industrial diz respeito ao desenvolvimento de robôs e Inteligência Artificial (IA) baseada em algoritmos "interativos", tendo por trás poderosos bancos de dados globais (Big Data) - seu desenvolvimento pode ser visto em grandes indústrias, como a automobilística (Indústria 4.0), mas também no setor de serviços com a utilização de aplicativos (APP) "interativos", desde automação bancária que usa IA até mecanismos de busca e orientação geoespacial. No cenário atual muitas atividades econômicas apresentam características da Terceira Revolução Industrial enquanto outras já avançaram e avançam rapidamente para as tecnologias da Quarta Revolução Industrial.

> inclusivo e centrado no ser humano. No entanto, por trás desse brilho positivo está uma profunda ansiedade de que a Indústria 4.0 realmente resulte em um futuro distópico de desemprego tecnológico maciço." (MORATIS, Alexis; COPLEY, Jack, 2021, trad. nossa).

A produção da existência humana é geradora de novas formas e tecnologias de trabalho. A cada nova necessidade o homem produz novos processos e novas ferramentas de produção. Às necessidades crescentes correspondem formas e mecanismos produtivos mais avançados. Assim, de forma inexorável, destarte o conservadorismo de alguns, e destarte as crises socioeconômicas e políticas que o avanço dessas forças produtivas acaba provocando, a humanidade, e o sistema capitalista em especial, produzem uma constante revolução na base produtiva material, cujas consequências deverão acabar por mudar mais ou menos radicalmente as relações sociais de produção, e consequentemente as formas jurídicas e políticas instituídas. Os estratos da cultura e suas realizações não estão imunes a estas profundas transformações.

Portanto, devemos perceber de que forma o capitalismo é especial neste desenvolvimento, e como ele mesmo acaba sofrendo as consequências mais rapidamente que os sistemas produtivos anteriores. Além disso, é importante entender como o nível da superestrutura social moderna precisa mudar para se adequar às transformações estruturais produtivas e às novas relações sociais da totalidade social daí derivadas.

O modo capitalista de produção é uma "onda" gigantesca rumo à produção, à produtividade global e ao consumo. Na esteira desta capacidade, investidores e empreendedores se confrontam ferozmente na procura da máxima lucratividade, da mesma forma que milhões de consumidores, hoje globalizados, se digladiam para efetivarem um consumo maior de produtos e bens que, teoricamente[29], lhes darão um padrão melhor de vida. Como o

[29] Dizemos "teoricamente" porque a humanidade consome hoje muita coisa supérflua, com impactos palpáveis nocivos ao meio ambiente, comprometendo

fundamento impregnado na mente das pessoas é a propriedade privada, como a força gigantesca que se esconde por detrás dessa "onda" é a acumulação privada de dinheiro e bens, na arena do mercado os capitalistas procuram maximizar seus lucros, remunerando "adequadamente" seus investimentos, e os consumidores procuram usufruir da máxima capacidade de comprar bens e serviços que elevem seu padrão de vida, e seu patrimônio.

Assim, a geração de riqueza no modelo produtivo que tem como mola propulsora a *acumulação*, cujo palco é um ambiente onde as regras incentivam drasticamente a concorrência, a geração de riqueza é sempre crescente. E é essa geração descomunal de capital que possibilita que as forças produtivas se desenvolvam mais fortemente e mais rapidamente.

Por outro lado, o avanço das forças produtivas nas sociedades contemporâneas se verifica através de ações premeditadas em duas frentes, 1) nos meios (ferramentas) de trabalho, e 2) nas formas (conhecimento) de trabalho. De um lado substituímos o trabalho humano por máquinas, num ritmo fantástico de substituição de mão de obra, mesmo a mais especializada. Quem imaginou e imagina que em funções mais intelectuais – como aquelas ligadas à administração dos negócios e circulação de mercadorias, ou em funções do moderno setor do conhecimento, bem como as de informática e *reengenharia* organizacional – a substituição do trabalho humano por maquinário não seria efetivado, apostou na realidade errada para os conhecidos "colarinhos brancos", trabalhadores administrativos, dos escritórios, e praticamente todo o setor de serviços.

Harry Braverman (1981, p. 287-288), dá o exemplo dos caixas de banco e de sua substituição iminente pelos caixas automáticos, quanto suas habilidades foram reduzidas com a introdução dos cartões eletrônicos e a banalização de seus atributos e salários[30]:

---

de forma quase irreversível as próprias condições de vida humana e das demais espécies no planeta. De qualquer forma, não podemos duvidar das melhorias que o projeto burguês do modernismo trouxe ao ser humano: a expectativa de vida no início do século XX não passava de 45 anos.

30 Note-se que Braverman publicou sua obra, *Trabalho e Capital Monopolista,* em 1974: suas afirmações só não são proféticas porque derivam das constatações da

> Como importante exemplo disso, podemos observar as transformações no trabalho de caixa de banco, antigamente considerado funcionário importante, pelo que se exigia dele em questão de honestidade, raciocínio e personalidade que eram essenciais para os contatos com o público e ralações de banco. Ligados a equipamento mecânico e eletrônico, esses empregados, outrora categorizados, foram transformados em funcionários de balcão de supermercados encarregados de conferir artigos, com seus salários tendo baixado a níveis mínimos no mercado de trabalho, suas atividades prescritas, conferidas e controladas de tal modo que eles se converteram em peças intercambiáveis. [...] A máquina de dinheiro que, acionada pelo cartão individualizado do cliente, fornece-lhe o dinheiro, nada mais é que o primeiro passo experimental nesse sentido. [...] Tais equipamentos exigem não apenas uma revolução na tecnologia bancária como também a modificação do equipamento existente de modo que possa ser usado diretamente pelo consumidor, com oportunidade mínima para erro ou fraude. O fato que isso se vem tornando cada vez mais comum no comércio e no setor de serviços indica que a maior pare do equipamento é tão fácil de operar que *não exige qualquer instrução*; com isso é fácil prever o enfraquecimento da demanda de trabalho em setores de emprego que se expandem rapidamente.

Máquinas cada vez mais especializadas, combinação da mecânica com o processamento eletrônico (mecatrônica), operando através de softwares mais inteligentes, acabam substituindo o trabalho humano em todas as esferas produtivas.

---

realidade nos EUA na década de 70; de lá para cá a substituição e a precarização das atividades dos trabalhadores de escritório só aumentaram vertiginosamente por toda a parte, citadamente a chamada "automação bancária" bastante desenvolvida no plano global.

Este investimento em tecnologia acabou levando à maximização do segundo elemento: a revolução nas formas de trabalho. As empresas, ao apostarem na capacidade e potencialidade das máquinas computadorizadas, acabaram verificando que funções e setores inteiros de suas empresas não são mais necessários. Assim, o investimento em instrumentos produtivos mais avançados leva à reorganização maciça e radical do organograma da empresa. O avanço das forças produtivas se dá pela substituição da mão de obra em todos os setores da organização, e atividades até então fundamentais simplesmente perdem seu sentido. Quando a empresa passa por um processo de investimentos em tecnologia e executa reengenharia de seus sistemas e procedimentos, são despejados centenas de trabalhadores, alimentando os altos índices do desemprego mundial.

As empresas têm substituído o trabalho humano por máquinas a um ritmo acelerado, e as corporações reestruturaram o ambiente de trabalho para torná-lo compatível com a nova cultura das máquinas de alta tecnologia. "A Reengenharia resulta na perda de mais de 40% dos empregos numa empresa e pode levar a uma redução de até 75% dos funcionários. A gerência média está especialmente vulnerável e a estimativa é que 80% das pessoas envolvidas em funções de gerência intermediária são suscetíveis à demissão." (RIFKIN, 1995, p. 7). Os processos de reengenharia nas formas de trabalho iniciaram-se no Brasil na segunda metade da década de 1980, intensificaram-se ao longo dos anos 1990, principalmente pelo advento do "bug do milênio", e não pararam mais. De fato, uma máxima comum entre analistas e engenheiros de sistemas, é a de que "não há nada que esteja sendo feito, que não possa ser melhorado". Evidentemente que as causas estruturais, e, principalmente, as consequências sociais de tais "melhorias" raramente são levadas em consideração.

A sociedade sem trabalhadores evoca a ideia de um futuro sombrio de precarização do trabalho assalariado, desemprego e pobreza generalizada, acentuada por tumultos sociais e manifestações em todos os lugares do globo. Trabalhadores com anos de estudo, habilidades e experiência enfrentam a perspectiva muito real de serem declarados *excedentes* pelas novas forças da automação e da informação. Os capitalistas privados têm que continuar invertendo parte dos lucros em novas tecnologias, como forma de criar um diferencial de competitividade, que em última análise, será a garantia desses mesmos lucros e de sua sobrevivência diante dos concorrentes. Ao mesmo tempo em que a produtividade aumenta, aumenta igualmente o exército de desempregados e os índices de miséria e abstinência ao mercado de consumo.

2.1.2 JORNADA DE TRABALHO E CONSUMO

O paradoxo incontrolável resume-se assim: ao trocar trabalhadores por tecnologias economizadoras de mão de obra, as empresas aumentaram a produtividade, mas à custa de números cada vez maiores de trabalhadores desempregados e subempregados[31], a quem falta o poder aquisitivo para comprar seus produtos.

Uma tendência mundial atual é a *redução da jornada de trabalho.* Todos os países atingidos pelos altos índices de desemprego têm adotado medidas para reduzir o número de horas diárias dos trabalhadores[32], medidas essas defendidas até enfaticamente

---

[31] Exemplo disto é o contingente de pessoas que estão hoje na chamada economia informal. No Brasil, sem trabalho, milhares de trabalhadores se aglutinam nos grandes centros urbanos vendendo e comprando nas calçadas e espaços públicos de grande movimentação. Fazem concorrência direta ao comércio oficialmente estabelecido, sem terem o compromisso de impostos. O IBGE (em 31 de dezembro de 2019) apontou na média de 2019 (PNAD) um contingente de 12,6 milhão de desempregados no Brasil (11,9%), 27,6 milhão de trabalhadores subutilizados e 38,4 milhões na informalidade. Segundo o IBGE, em março de 2021 a taxa de desemprego era de 14,7%; o total de desocupados subiu para 33,2 milhões de indivíduos; os jovens entre 18 e 24 anos representavam 31% da desocupação.

[32] Como exemplo pode-se citar os EUA com 40hs de trabalho semanais, a Austrália com 40hs semanais. Existem casos que se destacam quanto às horas de jornada de trabalho semanal como a Alemanha que acaba de aprovar 35hs semanais, existindo a flexibilização para 28hs/s, como também podendo aumentar acima de 35hs/s (NEHER, Clarissa. Como vai funcionar a jornada de trabalho de 28hs por semana que será implantada na Alemanha. *BBC Brasil.* 2018. Disponível em: <https://www.bbc.com/portuguese/internacional-43145376>. Acesso em: 18

pela classe trabalhadora organizada, sem diminuição significativa dos salários[33]. Medidas anteriores, e que vão neste sentido, quer dizer, tentar manter o maior número de pessoas empregadas, foram aquelas que possibilitam a contratação de *trabalho temporário*, jornada *intermitente* de trabalho, além de legislação específica para a *terceirização* de atividades consideradas essenciais, em condições que fogem em muito às conquistas históricas por melhores salários, maiores benefícios e uma relação mais justa e democrática entre capital e trabalho.

Os países têm procurado adotar recentemente medidas neste sentido[34], já envolvido no turbilhão da recessão mundial e na onda da falta de emprego global. Na verdade, a promulgação de tais medidas tem a ver com a exigência das novas modalidades de trabalho[35] e assalariamento produtivo dentro do desen-

---

mai. 2019). Outro caso, no limite oposto, é a China, que especificamente para a indústria de Tecnologia, pratica uma jornada de trabalho conhecida por "9.9-6", onde existe uma jornada de 12hs diárias (das 9hs da manhã às 9hs da noite) seis dias por semana, o que tem proporcionado muitas reclamações dos trabalhadores chineses com forte repercussão em outros países (MACARENA, Vidal Liy. Na china, a 'rebelião' contra os "9.9-6": trabalho das 9h às 21h, seis dias por semana. *El País*, 22 abr. 2019. Disponível em: <https://brasil.elpais.com/brasil/2019/04/19/internacional/1555672848 _021656.html>. Acesso em: 18 mai. 2019).

33 LÚCIO, Clemente Ganz. Avançar é reduzir a jornada de trabalho para 40hs. *Pragmatismo Político*, Brasil debate, 2016. Disponível em: <https://www.pragmatismopolitico.com.br/2016/08/avancar-e-reduzir-a-jornada-de-trabalho-para-40-horas.html>. Acesso em: 18 mai. 2019.

34 No Brasil a Lei 13.429/17 dispõe de forma unificada sobre trabalho temporário, intermitente, terceirizado e revoga inúmeros artigos da Consolidação das Leis do Trabalho – CLT.

35 As modalidades de trabalho assalariado podem ser divididas da seguinte forma: Contrato de duração indeterminada (CDI) – modalidade tradicional onde não existe tempo prefixado para o contrato de trabalho se extinguir; Contrato de duração determinada (CDD) – modalidade onde o tempo do contrato de trabalho é prefixado em dias ou mesmo horas. Os CDD são a modalidade "alternativa" de adaptação do tempo de trabalho assalariado à dinâmica do capital; podem ser considerados tipos de flexibilização do tempo de trabalho contratado com duração determinada (CDD), o trabalho temporário (jornada contínua por tempo prefixado) e o de tempo parcial (jornada fracionada acumulativa, intermitente, este adotado recentemente no caso brasileiro) (GUIMARÃES, Nadya A.,

volvimento "autofágico" do capital, obedecendo à sua dinâmica "natural".

Entre as novas modalidades de trabalho encontra-se o Trabalho em Tempo Parcial, que é especialmente importante quanto à dispensa do trabalho assalariado.

Mantendo-se o exemplo UE (28 países), temos:

Gráfico 3 – Trabalho em Tempo Parcial (Quantidade Pessoas) – União Europeia (outubro/2019)

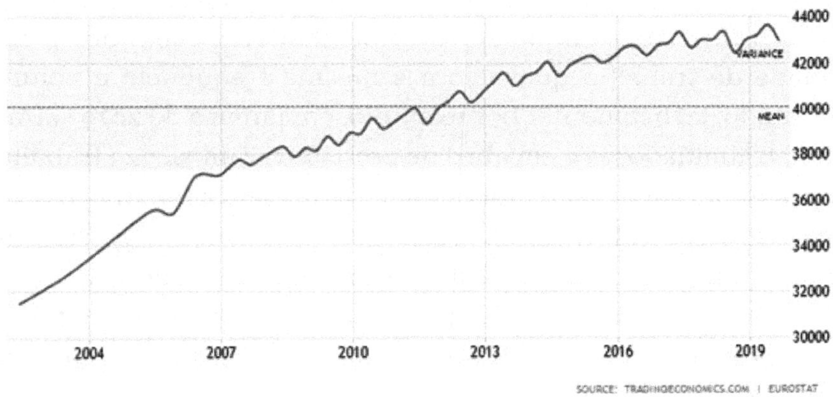

Fonte: Trading Economics
(https://pt.tradingeconomics.com/european-union/part-time-employment)

No caso da modalidade de Trabalho em Tempo Parcial, nos últimos 25 anos, para o exemplo dos 28 países que compõem a UE, tem-se um crescimento quantitativo de trabalhadores assalariados na ordem de 36,2% considerando-se a série histórica de contratação para a modalidade (de 31,5 milhões em 2002 para 42,9 milhões em outubro de 2019). Entre estes países encontra-se a França com uma taxa de crescimento das mais baixas, em torno de 24,1% (de 1998 a dezembro de 2019), o Reino Unido, fora da "zona do euro", com um crescimento de 43,75% (entre 1990 e ja-

HIRATA, Helena, SUGITA, Kurumi. *Trabalho Flexível, empregos precários?* Editora: Edusp, 2009).

neiro de 2020), e a Itália com uma taxa de crescimento de 89,95% (de 2004 a dezembro de 2019). Destaca-se ainda a Espanha que em 33 anos cresceu 397% na adoção de contratos de trabalho em tempo parcial.

O mesmo crescimento apresentado no conjunto de países da UE se repete em outros países pesquisados, sempre com taxas elevadas: assim, por exemplo, nos EUA o crescimento foi de 272,9% em pouco mais de 50 anos, no Japão de 382,5% de 1990 a jan/2020[36].

A destacar a Austrália que ao que tudo indica contrata e descontrata na mesma proporção quanto ao Trabalho em Tempo Parcial desde a década de 80. Os trabalhadores saem dessa modalidade de trabalho quase com a mesma frequência e volume contratado, ciclicamente: por exemplo, em janeiro de 2019 saíram 30.488 trabalhadores e em abril de 2019 entraram 34.723 trabalhadores assalariados nesta modalidade - a diferença positiva a favor de assalariados entrantes na modalidade faz com que exista sempre uma tendência a que a taxa média cresça lentamente.

Não existem mais dúvidas que o capital em seu movimento de expansão exige que a força de trabalho assalariada se readéque a condições contratuais em que o tempo disponível, em relação ao ocupado no trabalho produtor de mercadorias, tende sempre a aumentar, acompanhado de diminuição da massa de salários.

As modalidades de trabalho por tempo determinado, onde se encaixa o trabalho de tempo parcial, têm por finalidade adequar os salários – por seu barateamento em relação à diminuição de horas trabalhadas –, e a empregabilidade, à *superprodução*, isto é, equilibrar a oferta e o consumo, ao mesmo tempo em que certa disponibilidade de trabalho assalariado se coloca à disposição dos gerentes do capital, como instrumento de seu próprio controle.

---

[36] TRADING ECONOMICS. *Indicadores*. Disponível em: <https://tradingeconomics.com/european-union/indicators>. Acesso em: 17 mai. 2020.

Estas medidas, no entanto, além de serem extremamente impopulares, podem minimizar só circunstancialmente o problema, porque reduzem o padrão de vida dos trabalhadores braçais e da classe média que exerce atividades nos escritórios e no setor de serviços, uma vez que levará à redução do poder de compra generalizada. Se as novas tecnologias aumentam a produtividade, a diminuição do consumo, motivada pela diminuição dos salários, agrava exponencialmente o problema.

O exército de reserva, a quantidade de excedente de força de trabalho, já demonstra a migração de assalariados para setores e atividades que têm pouco a ver com as profissões de origem.[37] Por isso a diminuição dos salários médios oferecidos tem se *generalizado* cada vez mais independente da formação dos trabalhadores, e sua qualificação tem menos peso na negociação de salários, medidos de forma bastante genérica devido aos altos índices de desemprego principalmente entre os mais jovens.

Para o comportamento do consumidor, mantendo-se o exemplo para o conjunto dos 28 países da UE, temos:

[37] "Com oportunidades ainda escassas, em um país que fechou o ano passado com uma taxa de desemprego média de 2017 de 12,7% - a maior da série história que começou em 2012 -, não são poucos os brasileiros que assim como Leilane e Cláudia precisaram aceitar esse desafio: trabalhar em posições para as quais são mais qualificados do que o exigido ou que tiveram que aceitar salários bem menores do que recebiam em empregos anteriores. É o que os especialistas chamam de *downgrade* de carreira." (MENDONÇA, Heloísa. *Topa tudo por trabalho*: brasileiros aceitam salários menores e postos sem carteira para driblar desemprego. El País Brasil, 05 fev. 2018. Disponível em: <https://brasil.elpais.com/brasil/2018/02/02/politica/1517580002_384940.html>. Acesso em: 20 jan. 2019).

Gráfico 4 – Vendas no Varejo (variação mensal %) – União Europeia (jan/ 2020)

Fonte: Trading Economics
(https://pt.tradingeconomics.com/european-union/retail-sales-yoy)

Os índices de desemprego podem crescer, em alguns momentos, numa velocidade menor, manterem-se estáveis, mas não haverá aumento do consumo em níveis anteriores devido ao achatamento generalizado dos salários. Mais do que trabalho, o sistema precisa de rendimento e poder aquisitivo suficiente para absorver o aumento da *superprodução*. Esta é a questão de fundo, essencial para a sobrevivência do capital e de sua lógica acumulativa.

Neste caso o gráfico mostra que as vendas aos consumidores finais para o conjunto dos países da UE, nos últimos vinte anos, subiram a uma taxa média de 1,95% ao mês, mas caiu de 3,9% em janeiro de 2001 para 2,2% em março de 2020. Como entre o segundo semestre de 2007 e final de 2014, portanto durante sete anos, as taxas de vendas ao consumidor foram negativas (chegando a 4 pontos % negativos (-4%) no final de 2009), a linha média mostra uma ligeira queda no consumo geral, apesar de alguma recuperação nos últimos 10 anos. A tendência de consumo no varejo, contudo, nos 28 países da UE, não passa de 2% na média de crescimento ao mês, como é o caso dos últimos 4 meses apurados de Outubro de 2019 a janeiro de 2020 (2,2%, 2%, 2,2%, 2,2%), ou seja o consumo na Europa não cresce, mantendo-se praticamente estável.

Parece significativo que para a Europa, o berço do mercantilismo para as sociedades ocidentais, onde a hegemonia é a lógica do livre mercado concorrencial, as vendas a varejo para as famílias não consigam crescer na série histórica de vinte anos mais do que 1,95% na média mensal.

Se se considerar os países isoladamente, com exceções bem características, dentro e fora da "zona do euro", o panorama mantém-se bem próximo dessa realidade de baixo crescimento relativo de consumo anual. Por exemplo, considerando-se a variação dos últimos vinte anos (% aproximado, jan/2001 – jan/2020), as taxas médias de consumo no varejo são: EUA: estável em 3,5% (tendência estável em 3,5%); Japão: queda de 2% para –2% (na média, estável em 0%; tendência de alta de -1% para 1%); Brasil: estável em 4% (tendência de queda de 5% para 3%); China: queda de 13,5% para 8% (tendência de queda de 13,5% para 11,5%); Austrália: queda de 7% para 2,25% (tendência de queda de 7% para 2%); Reino Unido: queda de 2,5% para 0,5% (tendência de queda de 3,5% para 2%); Alemanha: queda de 5,5% para 2% (tendência de alta de -1% para 3%); Itália: queda de 3,5% para 0% (tendência de queda de 1% para 0%); França: queda de 8% para 2,5% (tendência de queda 3% para 2,5%); Espanha: queda de 4,5% para 3,5% (tendência de queda de 1% para -1%); Rússia: queda de 5,5% para 2,5% (tendência de queda de 14% para -0,3%)[38].

Nos últimos 50 anos observou-se uma mudança paralela nas atitudes e comportamentos das pessoas em todo mundo industrializado. Menos visível para as centenas de milhões de consumidores das economias de mercado na face da terra, uma sutil mudança se processou em seus hábitos e princípios: *o valor da poupança deu lugar ao valor das mercadorias.* Na primeira metade do século XX, a poupança ainda era o patrimônio maior que uma nação e as pessoas poderiam ter. Mas o decréscimo nos níveis de consumo, quando relacionados com a capacidade

---

[38] TRADING ECONOMICS. *Indicadores.* Disponível em: <https://tradingeconomics.com/european-union/indicators>. Acesso em: 17 mai. 2020.

produtiva crescente, fez com que empresas e governos incentivassem a construção do patrimônio baseado em bens há época do estádio do fordismo.

Na tentativa de aumentar os índices de demanda foram criadas poderosas ciências de comunicação de massa para o convencimento, o *marketing*, que com suas ferramentas de incentivo (propaganda) e auxílio (crédito) ao consumo, ajudaram e ajudam a manter este espírito consumista vivo. Não só o patrimônio, mas a própria referência social para o que seja um cidadão de sucesso, mudou. O paradigma de sucesso se confundiu com o de *status*, e a felicidade passou a estar direcionada para um padrão de vida onde as mercadorias valem mais do que qualquer outra coisa, inclusive mais que a poupança[39].

Atualmente, grande parte das crises econômicas do sistema capitalista provém deste fato. Muitos países, sem terem sequer uma economia capaz de suprir as necessidades básicas de seu povo, entraram inadvertidamente neste processo de consumo sem dar o devido valor à capitalização interna, e estão hoje à mercê do sistema financeiro internacional, que se mostra insensível e incapaz de suprir as deficiências e os "desmandos" dos países ditos emergentes. Temos assistido diariamente nos meios de comunicação as consequências deste fenômeno para a economia mundial

---

39 Desde o final da década de 80, o governo japonês lançou um programa de ajuste econômico, onde, entre outras coisas, colocou à disposição da população bônus com descontos significativos, que podem ser trocados por mercadorias genuinamente nacionais, e taxas de financiamento de bens duráveis negativas (começa-se a pagar mais a juros zero, e termina-se pagando menos a prestação), para incentivar o consumo em detrimento da poupança. O Japão parece querer fugir à regra: depois de anos consumindo alto, após a 2ª. Grande Guerra, o seu povo passou a consumir pouco, e continua poupando muito. Com isso o consumo interno é insuficiente para manter funcionando a produção maximizada pela fantástica automação existente naquele país. Pelos vistos a propaganda e a ciência mercadológica tem sido ineficiente no estímulo *desenfreado* ao consumo. Mas o Japão tem uma cultura peculiar, e, além disso, não podemos esquecer que em pouco mais de 50 anos passou da economia agrícola para a Era da tecnologia de Informação. Não foi possível a população absorver totalmente o *fetiche* do consumo, parte devido à sua cultura, parte devido ao esgotamento de consumo dos mercados mundiais.

globalizada, embora não nos demos conta das causas efetivas do desemprego, do achatamento dos salários, da troca das profissões, da pobreza, da violência, da degradação do meio ambiente e da ineficiência generalizada das políticas públicas, e a falência econômica dos Estados[40].

> A comunidade empresarial americana decidiu modificar radicalmente a psicologia que havia construído uma nação – transformar os trabalhadores americanos de investidores no futuro em consumidores do presente [...] A chave para a prosperidade econômica é a criação organizada da insatisfação [...] Assim, da noite para o dia, a cultura do produtor transformava-se na cultura do consumidor, com apelos emocionais por status e diferenciação social, no sentido de que a classe trabalhadora fosse conscientizada para o "consumo dinâmico do supérfluo" [...] O principal alvo eram os jovens, que eram influenciados com a questão de ser "moderno" ou "antiquado" [...] O receio de ficar para trás mostrou-se uma poderosa força motivadora para estimular o poder de compra. (RIFKIN, 1995, p. 20 a 24).

As novas realidades econômicas do século XXI ainda parecem divorciadas daqueles que acreditam que o mercado será capaz novamente de resgatar a economia do desemprego tecnológico e do enfraquecimento da demanda do consumidor. Esta crença está ligada inclusive à capacidade de o *setor público* absorver grandes contingentes de trabalhadores expulsos da iniciativa

---

[40] Para ilustrar, tomamos exemplos de dois países, um Europeu e outro na América Latina, que recorreram ao Fundo Monetário Internacional (FMI): CHADE, Jamil. Na Grécia pobreza e mortalidade aumentam. *Economia e Negócios - O Estado de S. Paulo*, 09 set. 2018. Disponível em: <https://economia.estadao.com.br/noticias/geral,na-grecia-pobreza-e-mortalidade-aumentam,70002493584>. Acesso em: 12 dez. 2018; AGÊNCIAS INTERNACIONAIS. *Orçamento argentino é aprovado com exigências do FMI. Economia - Jornal O Globo*, 15 nov. 2018. Disponível em: <https://oglobo.globo.com/economia/orcamento-argentino-para-2019-aprovado-com-exigencias-do-fmi-23236593>. Acesso em: 12 dez. 2018.

privada. Infelizmente, esta não será uma alternativa absolutamente viável. Todos os países com desenvolvimento econômico praticamente abandonaram a fórmula do Estado-empresa, privatizando todas as suas autarquias que não estavam diretamente ligadas a atividades sociais básicas, a partir dos anos 1980, e ainda não voltaram atrás em seu crescente neoliberalismo.

Este fenômeno privatizante do neoliberalismo foi concretizado praticamente em todos os países desenvolvidos e serve de modelo para os países em desenvolvimento. É verdade que agora esse modelo neoliberal está começando, paralelamente, a demonstrar seu fracasso em alguns setores e países, como no caso do Reino Unido, onde existe uma tendência à volta da estatização[41].

---

[41] "O Reino Unido foi considerado a Meca das privatizações nos anos 80, mas em 2018 os britânicos quiseram de volta o controle estatal de serviços essenciais. Segundo levantamento feito no Reino Unido, 83% são a favor da nacionalização dos serviços de abastecimento e tratamento de água, 77% de eletricidade e gás e 76% a favor da nacionalização das linhas de transporte ferroviário. O "estado mínimo" se mostrou uma bomba-relógio social." (MILENA, Lilian. Britânicos querem reestatizar empresas. *Jornal GGN*, 18 jan. 2018. Disponível em: <https://jornalggn.com.br/direitos/britanicos-querem-reestatizar-empresas/>. Acesso em: 12 abr. 2019). Outra notícia deveras importante diz que: "No dia 16 de agosto, Clarke ordenou ao estado que assumisse a direção da prisão, que era administrada desde 2011 pela empresa privada G4S. O caso foi explorado pela oposição. Sem admitir o fracasso das privatizações, o governo britânico nacionalizou diversas companhias privatizadas, como a companhia ferroviária East Coast Main Line, que operava trens em uma linha que ligava Londres a Edimburgo. Tão influente que era tratada pela oposição como "a empresa que administra o Reino Unido", a Carillion faliu. Ela operava centenas de cantinas escolares, limpava hospitais, fazia a manutenção de quartéis." (NASSIF, Luis. Fim de uma era: o Reino Unido volta a nacionalizar estatais privatizadas. *Jornal GGN*, 10 set. 2018. Disponível em: <https://jornalggn.com.br/coluna-economica/fim-de-uma-era-o-reino-unido-volta-a-nacionalizar-estatais-privatizadas-por-luis-nassif/>. Acesso em: 12 abr. 2019). Juliana Elias, do UOL, resume: "Entre 2000 e 2017, 884 serviços foram reestatizados no mundo, sendo 83% deles de 2009 em diante; Preços altos e falta de investimentos estão entre reclamações mais comuns; Tendência é especialmente forte na Europa, mas acontece em países de todo o mundo; Prestação de contas e controle são essenciais para que gestão pública também seja boa." (ELIAS, Juliana. Reestatização cresce porque empresa privada tem serviço ruim. *UOL*, 07 mar. 2019. Disponível em: <https://economia.uol.com.br/noticias/redacao/2019/03/07/reestatizacoes-tendencia-crescendo-tni-entrevista.htm>. Acesso em: 12 abr. 2019).

Uma vez privatizadas, as empresas passam pela mesma inversão de tecnologia avançada e consequente reengenharia de processos, engordando o contingente de desempregados mundiais, inclusive naqueles lugares onde sequer a revolução industrial se consolidou perfeitamente, como é o caso da América Latina, Ásia, Oceania e Leste Europeu[42].

Mesmo nos casos de modelos estatizantes, ainda pontuais, a dinâmica de atualização tecnológica e científica não é menos significativa na participação das empresas estatais (como no caso dos Tribunais de Justiça), pouco tem de fato alterado o fenômeno de achatamento de salários, desemprego e diminuição de consumo – não é de esperar que o Estado deixe de usar as tecnologias mais avançadas já usadas pelas empresas privadas e disponíveis no mercado. Nestas condições seria excessivamente otimista acreditar que a nova tecnologia disponibilizará produtos e serviços que gerarão *novos empregos*.

A favor dos argumentos otimistas, porém, está a própria revolução industrial, que "aboliu" enormemente o trabalho no campo e direcionou a mão de obra para a produção fabril; outro exemplo é o automóvel que no início do século XX tornou obsoletos o cavalo e a charrete, mas criou centenas de milhares de empregos diretos e indiretos em todos os países industrializados.

No entanto, deixa-se escapar que o problema que a revolução tecnológica atual cria é *qualitativamente* diferente. Governos e empresários em todo mundo aceitam que a Terceira e Quarta Revoluções Industriais, impressas nas sociedades industrializadas, têm um componente que não esteve presente em nenhuma etapa precedente do desenvolvimento humano: *elas eliminam* a necessidade do trabalho humano na produção dos bens e serviços

---

[42] REVISTA EXAME. GM ameaça deixar o Brasil caso não volte a ter lucro. *Estadão Conteúdo*, 19 jan. 2019. Disponível em: <http://exame.abril.com.br/negocios/gm>. Acesso em: 19 jan. 2019; MOREIRA, René. Após demissões, funcionários da Ford Taubaté completam dois dias de greve. *O Estado de S. Paulo*, 22 jan. 2019. Disponível em: <http://www.em.com.br/app/noticia/economia/2019/01/22/internas_economia,1023531>. Acesso em: 24 jan. 2019. Em 11 de janeiro de 2021, a Ford finalmente anunciou encerrar a produção de veículos no Brasil.

necessários à produção e reprodução humana. A Era da Tecnologia de Informação, embora possa tornar obsoletos produtos e serviços antigos, não precisa do mesmo número de trabalhadores para produzir suas novas mercadorias. As máquinas estão se reproduzindo a si mesmas, os softwares de Inteligência Artificial (IA) se autonomizam[43].

Por outro lado, acredita-se que os níveis médios de desemprego global podem refluir na medida do incremento do comércio internacional, tanto pela demanda que historicamente países menos desenvolvidos acrescentam ao consumo global, como à própria abertura para investimentos nesses novos mercados. Não podemos negar que novas frentes de mercado global surgem todos os dias: alguns países da América Latina, Ásia, Oceania, Oriente Médio e principalmente todo o potencial dos países do Leste Europeu, ingressos na economia de mercado. Neste sentido, observamos atualmente uma luta feroz entre governos e empresas privadas que lutam por facilidades comerciais transnacionais, a permitir o fluxo de capitais e mercadorias em condições vantajosas para os investidores e produtores, como, por exemplo, a "guerra" comercial aduaneira e de taxas de importação entre os EUA e a República Popular da China.

Mas seria ingênuo imaginar que o capital não levará para os países menos desenvolvidos as mesmas tecnologias de automação e processos minimizados já postos em prática nos países de origem. Em países semi-industrializados, como o Brasil, as mais modernas tecnologias robotizadas e de gestão industrial automo-

---

43 "A Inteligência Artificial já está mudando o mundo das finanças. Isso é o que mostra o relatório do fórum econômico mundial com uma extensa análise sobre os avanços trazidos pelas novas tecnologias ao setor financeiro, com algoritmos inteligentes capazes de tomar decisões que reduzem custos e oferecem novas possibilidades a consumidores e investidores." (FAUSTINO, Rafael. Como inteligência artificial está mudando o sistema financeiro. *Revista Época Negócios*, 2018. Disponível em: <https://epocanegocios.globo.com/Dinheiro/noticia/2018/08/como-inteligencia-artificial-esta-mudando-o-sistema-financeiro.html>. Acesso em: 29 fev. 2019).

tiva estão presentes, desde o início do funcionamento de novas montadoras, como no caso da Mercedes-Benz (alemã)[44].

Assim, nos países desenvolvidos este incremento no comércio internacional muito pouco fará para aumentar o emprego, e nas novas fronteiras comerciais, o número de empregos criados será muito abaixo daquilo que seria necessário para fazer diferença nas estatísticas de desemprego global. No caso dos países emergentes, isto é, com potencial de desenvolvimento econômico, aonde a tecnologia de informação já chegou, pouco ou nada tem adiantado esta abertura de mercado, pois, apesar do investimento internacional em novos empreendimentos (indústrias) ou aquisição de outros já existentes (privatização), o número de desempregados e trabalhadores informais não decresceu, ao contrário.

2.1.3 ECONOMIA SOLIDÁRIA E TERCEIRO SETOR

A globalização dos setores econômicos, estendendo a automação, a reengenharia de processos e a tecnologia de informação por toda a face da Terra, e a diminuição do papel do setor governamental no neoliberalismo, levam as pessoas a se organizarem em comunidades de interesses próprios para garantirem seu futuro. A construção de comunidades locais fortes, que possam se ajudar mutuamente, podem garantir a sobrevivência de grande parte delas. Essas comunidades podem ser a única alternativa viável para milhões de indivíduos ao esmagador processo a alimentar o desemprego mundial e ao retrocesso inevitável nos índices de consumo.

---

[44] "Mercedes-Benz dá mais um passo na indústria 4.0" (COSTA, Decio. Mercedes-Benz da mais um passo na indústria 4.0. *O Estado de S. Paulo*, 01 mar. 2019. Disponível em: <https://estradao.estadao.com.br/caminhoes/mercedes-benz-da-mais-um-passo-na-industria-4-0/>. Acesso em: 15 mar. 2019). Ver também, por exemplo, sobre indústria 4.0 e trabalho: EVANGELISTA, Ana Paula. Seremos livres ou escravos da indústria 4.0?. *EPSJV/Fiocruz*. Disponível em: <http://www.epsjv.fiocruz.br/noticias/reportagem/seremos-lideres-ou-escravos-da-industria-40>. Acesso em: 15 mar. 2019.

Esta visão aponta para a espontaneidade das comunidades marginais dos centros urbanos em países economicamente menos desenvolvidos, mas também nos países centrais. Não se vendo atendidos pelo poder público, como trabalho, saúde e educação, ou expulsos e preteridos pelas políticas de "saneamento" governamentais, as comunidades locais desatendidas procuram soluções que partem de sua organização solidária. É o caso, no Brasil, do Movimento dos Trabalhadores Sem Teto (MTST)[45] ou do Movimento Nacional dos Catadores de Materiais Recicláveis (MNCR), que são associações colaborativas organizadas nas cidades brasileiras. Existem movimentos similares em todo o Mundo, como o movimento por moradia em Portugal, o Rés do Chão – Associação pelo direito à habitação, ou na França, o APEIS – *Association pour l'emploi, l'information et la solidarieté des chômeurs et des travailleurs précaires*, movimentos sociais urbanos que desenvolvem ações a favor dos desempregados, dos excluídos e trabalhadores em situação de trabalho precarizado.

Existe outro grupo de associações colaborativas que se prendem à produção no meio rural, principalmente no Nordeste e Norte do Brasil, ligadas à agricultura familiar. Neste caso prevalece a associação do tipo cooperativa, capazes de oportunizar movimentos significativos de cunho nacional, como é o caso do Movimento dos Sem Terra (MST), ou outros movimentos sindicalistas rurais ou urbanos. A Via Campesina é um movimento social internacional, presente em diversos países, composto por pequenos e médios agricultores, trabalhadores agrícolas, mulheres camponesas e comunidades indígenas.

---

[45] Em novembro de 2018, o jornal *Habitação no Centro* (SP, Ano1, Nº 1), no artigo "Ferida Aberta", Luis Octavio de Faria e Silva, afirma: "(...) os movimentos por mordia têm sido, assim, um importantíssimo agente na definição do futuro das áreas centrais – por meio deles, a perspectiva de uma cidade mais sustentável, plural, não homogênea e na qual não haja simplesmente uma expulsão sistemática dos pobres tem sido vislumbrada e defendida" (distribuição gratuita, p.7).

O Instituto de Pesquisa Econômica Aplicada (IPEA)[46] tem pesquisado essas associações denominando-as de Empreendimento Econômico Solidário (EES), registrando grande parte dos movimentos sociais no Brasil que estão organizados de forma colaborativa:

Tabela 1 – Principais movimentos sociais (sindicais/populares) com participação de EES

RESPOSTAS	TOTAL DE EES	% (em relação ao total de EES mapeados: 19.708)
Movimento sindical urbano ou rural	6.550	33,2
Movimento de luta pela terra e agricultura familiar	4.042	20,5
Movimento popular e comunitário	3.194	16,2
Movimento religioso ou pastoral	2.619	13,3
Movimento ambientalista/ de agroecologia	1.992	10,1
Movimento de mulheres/ gênero	1.990	10,1
Movimento cultural	1.607	8,2
Movimento de luta por moradia	1.549	7,9

46 *"Os novos dados do mapeamento de economia solidária no Brasil*: nota metodológica e análise das dimensões socioestruturais dos empreendimentos". (Os novos dados do mapeamento de economia solidária no Brasil: nota metodológica e análise das dimensões socioestruturais dos empreendimentos. IPEA, 2016. Disponível em: <http://www.ipea.gov.br/portal/index.php?option=com_content&view=article&id=28818%3Arelatorio-de-pesquisa-os-novos-dados-do-mapeamento-de-economia-solidaria-no-brasil-notas-metodologicas-e-analise-das-dimensoes-socioestruturais-dos-empreendimentos&catid=224%3Adisoc&directory=1&Itemid=1>. Acesso em: 23 jun. 2019).

Movimento de jovens/ da juventude	1.268	6,4
Movimento de combate à fome	1.024	5,2
Movimento étnico/ racial	818	4,2
Movimento dos catadores	603	3,1
Movimento de ameaçados ou atingidos por barragens	299	2,6
Outros movimentos	955	4,8

Fonte: Banco de dados do Sies

De forma geral, estas associações e movimentos, tanto urbanos ou rurais, podem ser separados em dois grandes grupos: 1) os que têm como objetivo enfrentar necessidades e demandas dos seus membros frente a condições de trabalho e produção precarizadas ou sem apoio oficial como financiamento, manejo técnico, escoamento da produção, formação de preços, qualificação, e 2) os que almejam condições existenciais básicas inoperantes ou preteridas pelo Estado como moradia, saúde, educação, mobilidade, seguridade, meio ambiente, cultura e lazer, que se prendem mais às garantias fundamentais dos direitos e dignidade humana. A cooperação entre os associados ou adeptos dos movimentos do primeiro grupo, se prende diretamente ao mundo do trabalho, da produção e circulação de mercadorias e procuram a melhoria de seus rendimentos. Já a cooperação entre os que lutam pelas garantias constitucionais e de direitos humanos, se prende diretamente ao homem, e neste sentido oportunizam organização política e social que não diz respeito tanto ao mundo do trabalho propriamente dito, mas ao *aproveitamento* do tempo de trabalho disponível com qualidade de vida.

Em alguns casos, principalmente nos países centrais ao sistema capitalista, as iniciativas *colaborativas* são uma alternativa ao próprio consumismo, uma alternativa ao sistema industrial e até à própria sociedade mercantilista na luta contra agrotóxicos, contra depósitos de lixo tóxico/ radioativo, aproveitamento de alimentos que seriam descartados, troca espontânea de bens e víveres. Paira aqui no ar um sentimento nostálgico que procura capturar romanticamente valores e formas de vida bastante simples, mais naturalistas, mais ecológicas, em alguns casos, mais religiosas.

Evidentemente a história não anda para trás. Uma vez em movimento a genialidade do ser humano, e uma vez que as necessidades são o próprio porvir da humanidade, o desenvolvimento das formas e ferramentas de produção não pode ser refreado porque este movimento é parte da própria essência da reprodução do capital[47]. É claro que pessoas isoladamente, ou pequenos grupos "laterais", podem tentar alternativas de vida de relativo isolacionismo, de não aderência ao sistema econômico e político vigente. Mas estas pessoas estão, contudo, inseridas profundamente em concepções de trabalho e articuladas conforme seu dinamismo capitalista.

Elas podem se opor a políticas de governo que as deslocam, que agravam a educação dos filhos, que piora o atendimento médico, ou podem se mobilizar para colaborarem com limpeza de ruas e praças, manutenção de brinquedos em parques públicos, coletarem alimentos para os oferecer em feiras públicas, proteção de animais, acolhimento de mulheres e crianças em situação de violência[48]. Mas tais situações melhoram pouco os problemas

---

47 "Esse fenômeno total (necessidade, trabalho, gozo sensível do objeto sensível) se encontra em todos os níveis. O trabalho é produtor de novas necessidades; necessidades na produção e necessidades da produção. As necessidades novas em quantidade e qualidade reagem sobre aqueles que lhe deram origem... Em certo sentido, a História inteira pode caracterizar-se pelo crescimento e desenvolvimento das necessidades... A finalidade é a supressão do trabalho pela técnica, porém esse termo do desenvolvimento previsível supõe uma mediação: o trabalho como necessidade primeira. A contradição entre o trabalho e o não-trabalho (entre o esforço humano e os meios que visam diminuir e suprimir esse esforço, inclusive as técnicas e as máquinas) é uma das mais estimulantes." (LEFEBVRE, Henri. A "praxis": a relação social como processo. In: *Sociologia e Sociedade*. Marialice Foracchi e José Souza Martins (Orgs.). São Paulo: Livros Técnicos e Científicos Editora, 1980, p. 182-183).

48 G1 CAMPINAS E REGIÃO. Projeto promove troca de lixo reciclável por frutas, verduras e legumes em Amparo. *G1*, 14 jul. 2018. Disponível em: <https://g1.globo.com/sp/campinas-regiao/noticia/

globais da humanidade. Como afetar de forma promissora o problema de desocupação e consumo e de dinheiro como valor fictício ou virtual? Como gerar em tais condições, no meio destas comunidades, renda suficiente para continuar mantendo a demanda em níveis compatíveis com o incremento estonteante da *superprodução* da indústria atual?

Atividades comunitárias costumam ser alicerçadas e caminharem em paralelo às Organizações Não Governamentais (ONG), ligadas às atividades de solidariedade e filantropia de interesse social, que o Estado não tem recursos especializados ou não lhe interessa ter e atender à população em geral; neste tipo de empreendimento o trabalho voluntário é bastante frequente. O campo econômico em que se exercem as atividades deste tipo de empreendimento é conhecido por Terceiro Setor. Nas ONG's existem profissionais que são remunerados, são trabalhadores assalariados e neste sentido sentem os impactos produtivos de sua força de trabalho contratada, igual aos demais fazedores capitalistas. Já o trabalho em regime de voluntariado não é remunerado por salário nem diretamente por algum tipo de compensação econômica.

Rifkin (1995, p. 310, *grifos nossos*)[49] refere-se ao terceiro setor da seguinte forma:

> O serviço do terceiro setor e os grupos de defesa são as hastes dos pára-raios para redirecionar a crescente frustração de um grande número de desempregados. Seus esforços para reascender o espírito de participação democrática, bem como para forjar um senso comunitário renovado, determinarão em grande parte o sucesso do setor independente como agente transformador para a era pós-mercado.

---

projeto-promove-troca-de-lixo-reciclavel-por-frutas-verduras-e-legumes-em--amparo.ghtml>. Acesso em: 15 mar. 2019.

[49] Como também em NASBITT, John. *Megatendências*: as dez grandes transformações ocorrendo na sociedade moderna. São Paulo: Nova Cultural, 1987; TOFFLER, Alvin. *A Terceira Onda*. 21ª ed. São Paulo: Editora Record, 1993.

> Se o terceiro setor será capaz de crescer e diversificar com rapidez suficiente para acompanhar as crescentes reivindicações que lhe são impostas por uma força de trabalho deserdada é uma pergunta em aberto. Ainda assim, com o enxugamento do trabalho do mercado formal e a diminuição do papel dos governos centrais nos assuntos cotidianos do povo, a economia social torna-se a última esperança viável para o *restabelecimento de uma estrutura institucional alternativa para uma civilização em transição.*

Podemos perceber, portanto, que todos estes grupos associados conquanto possam ser uma tendência na sociedade moderna, não são uma solução propriamente dita ao excedente de força de trabalho, à diminuição dos salários e à falta de consumo. Podem ser, no máximo, uma alternativa econômica temporária à subsistência de uma parcela da população precarizada ou desempregada. Muitas destas associações são firmes no propósito de práticas disruptivas de recusa a participar da sociedade de consumo nos moldes do capital. Ainda é preciso entender melhor como estruturar, organizar e concretizar este tipo de alternativa, tanto do ponto de vista econômico como político, para ser uma alternativa viável, não para pequenos grupos contestatários, mas para a maioria da população mundial.

De qualquer forma, isso não constitui exatamente uma novidade. Sempre a sociedade humana em situações de precarização se une de forma alternativa na procura de sua própria sobrevivência. Mas não é disto que estamos tratando. Que alternativas temos para não colapsar o modelo produtivo vigente sobre a égide do modo de produção capitalista?

As pessoas, deixadas à margem dos atuais avanços tecnológicos, questionam-se de onde os empregos virão. Não há por que acreditar que as forças tecnológicas de mercado já acionadas serão eficazmente retardadas ou contidas por qualquer movimento de resistência organizado nos próximos anos. *Os empregos não virão!*

Mas esta não é uma posição pessimista, pelo contrário. O entendimento do processo de liberação do trabalho humano não passa pelas *mesmas* relações de trabalho contraditórias entre patrões e trabalhadores, do tipo contratual burguês; esse tipo não é uma condição absolutamente necessária à produção de bens e serviços essenciais à existência humana.

Desde o início, o homem colocou forças fantásticas em movimento, cujo objetivo é exatamente a emancipação do trabalho como necessidade de sobrevivência material. Mesmo fazendo-o mais ou menos inconscientemente através de necessidades econômicas determinadas pelo modo de produção específico, e nenhum pode ser comparado neste detalhe ao capitalismo, o fato é que uma nova era de relacionamento entre trabalho e sobrevivência humana se coloca de forma contundente e revolucionária. Nunca a espécie humana esteve tão perto de conquistar, quiçá, o seu maior sonho.

Marx (1984b, p. 214-215) escreveu:

> Na fase superior da sociedade comunista, quando houver desaparecido a subordinação escravizadora dos indivíduos à divisão do trabalho e, com ela, o contraste entre o trabalho intelectual e o trabalho manual; quando o trabalho não for somente um meio de vida, mas a primeira necessidade vital; quando, com o desenvolvimento dos indivíduos em todos os seus aspectos, crescerem também as forças produtivas e jorrarem em caudais os mananciais da riqueza coletiva, só então será possível ultrapassar-se totalmente o estreito horizonte do direito burguês e a sociedade poderá inscrever em suas bandeiras: De cada qual, segundo sua capacidade; a cada qual, segundo suas necessidades.

Estamos entrando em um novo período da História em que as máquinas, cada vez mais, substituirão o trabalho humano na produção de bens e serviços. Estamos caminhando sistematicamente para um futuro automatizado e provavelmente chegaremos a uma situação de *tempo de trabalho disponível* abundante. O emergente setor ligado ao conhecimento e criatividade será capaz de absorver uma pequena porcentagem da mão de obra deslocada, mas não em número suficiente para fazer uma substancial diferença nos índices globais do desemprego. Centenas de milhões de trabalhadores serão feitos permanentemente ociosos pelas forças da automação e robotização à distância. Outros, ainda empregados, trabalharão muitas horas a menos, para distribuir mais equitativamente o trabalho restante e proporcionar poder aquisitivo adequado para se absorver os aumentos na produção. Mão de obra não aproveitada é a principal realidade, a mais próxima, e a questão que precisará ser enfrentada e administrada por cada país, para que a civilização sobreviva ao impacto decisivo e ainda em curso da Quarta Revolução Industrial.

O modo capitalista de produção, a propriedade privada, o consumo de massa, o mercado concorrencial e a geração fantástica de riqueza, são os causadores desta ociosidade prevista. A pobreza e o pauperismo que nos assusta atualmente, e a visualização de que o fim dos empregos arrastará o sistema para o colapso, ao provocar um distanciamento entre renda e produção, são legítimos, mas embutem em si ainda uma visão tradicional e restrita da situação. Daí o pessimismo de muitos. Estamos angustiados porque nossa análise está restrita aos mesmos paradigmas socioeconômicos e políticos que nos orientam há cerca de dois séculos e meio. As mudanças tecnológicas e organizacionais atuais, e a consequente subtração do humano da produção, vão provocar uma mudança estrutural que revolucionará definitivamente toda a superestrutura social (política, jurídica, cultural).

Neste sentido, a alternativa de comunidades solidárias ou iniciativas de economia colaborativa são apenas os primeiros sinais de que a sociedade humana, na medida exata em que se desenvolve, torna-se mais associativa. Já não é possível esconder o fato de que a comunidade se estabelecerá de forma mais equidistante, onde o sonho da distribuição comum dos produtos sociais, porque toda a produção é social, se verificará sem a égide restrita da propriedade privada, pelo menos não nos moldes que conhecemos. O que os autores omitem, o que a sociedade como um todo, governos, empresários e trabalhadores organizados parecem "temer", é exatamente admitir que o capitalismo se transforma lenta, mas inexoravelmente, em um modo de distribuição socializado, condição última para não colapsar. Mas tinha de ser ele a libertar a humanidade do julgo do trabalho como meio de vida!

Com a mesma nitidez com que destaca a perversidade da produção capitalista, Marx ressalta que essa formação social era necessária para desenvolver as forças produtivas sociais até um nível que torne possível um desenvolvimento igual e humanamente digno para todos os membros da sociedade. Todas as formações sociais anteriores eram demasiado pobres para isso. Somente a produção capitalista cria as riquezas e as forças produtivas necessárias para atingir esse objetivo; mas cria também, ao mesmo tempo, com a massa dos trabalhadores oprimidos, uma classe social mais e mais obrigada a tomar em suas mãos essas riquezas e forças produtivas, para fazer com que sejam aproveitadas no interesse de toda a sociedade e não, como sucede hoje, no interesse de uma classe monopolista. (ENGELS, 1984, p. 31).

Formas novas de reorganização social urgem com um dinamismo precursor de uma nova realidade econômica e política. A situação do exército mundial de desempregados, sujeitados à previdência pública para poderem sobreviver, pressiona os governos a tomarem medidas urgentes na reorganização econômica dos países desenvolvidos e de seus satélites. As oportunidades do terceiro setor podem ser capazes de absorver parte da "enchente" de trabalhadores deslocados, demitidos pelo regime de livre mercado, mas qualquer setor ou associação não pode, nem teria sentido, constituir-se *como um plano independente* capaz de resistir ao avanço tecnológico e científico. A verdadeira força e utilidade, de qualquer movimento em direção a uma economia solidária/ colaborativa, residem na possibilidade de constituir-se numa forma organizada, *integrada nas forças produtoras de riqueza*, capaz de transferir uma parcela crescente dos ganhos de produtividade do mercado para o terceiro setor.

Neste sentido, Rifkin tem algo a contribuir com sua preposição da importância do *terceiro setor*, a economia centralizada em comunidades "independentes". Essa pode ser uma alternativa importante, e por muitos lugares nos últimos anos os coletivos e os grupos de ajuda mútua têm demonstrado as possibilidades de ocupação para tempo de trabalho disponível e organização criativa e solidária da vida coletiva.

De qualquer forma, a sobrevivência do terceiro setor, no limite, só poderá se consignar se houver distribuição de riqueza, por exemplo, através de uma política de renda mínima e salário indireto, medidas já implantadas em alguns países, mesmo em países emergentes[50]. Esses salários indiretos, como bônus de troca por mercadorias, e algumas outras remunerações, podem estar diretamente ligadas a atividades culturais, de ensino e pesquisa, e atividades sociais de ajuda comunitária, de acordo com o tempo voluntário dedicado por cada um.

2.2 A PRECARIZAÇÃO DO TRABALHO

Deve-se considerar neste ponto, antes de continuarmos, um problema fundamental e correlato, ainda que a nosso ver como *transição*, no processo de desenvolvimento técnico-científico da produção: a *precarização* do trabalho assalariado capitalista nas atividades econômicas imediatas geradoras de valor.

Com o desenvolvimento do capital fixo hoje, das máquinas e das demais ciências naturais (química, física, biologia, neurociências etc.), da mecatrônica, das infociências e das redes de comunicação assíncronas (não localizadas e não presenciais), o primeiro sintoma para as trabalhadoras e trabalhadores é a precarização de

50 No Canadá já há alguns anos que foi implantada uma política de renda mínima, onde famílias são subsidiadas pelo Estado quando sua renda não atinge um determinado valor mínimo. O Programa Bolsa Família (PBF), programa do governo federal desde 2003, convertido em lei em 9 de janeiro de 2004 é, neste sentido, um forte aliado de distributividade e fomentador de consumo, principalmente entre as camadas mais necessitadas da população brasileira (BRASIL. Lei n. 10.836, de 9 de janeiro de 2004. Cria o programa bolsa família e dá outras providencias. *Diário Oficial da União*, Brasília, DF, 09 jan. 2004).

suas atividades: baixa de salários, devido ao aumento da massa de assalariados disponíveis, incremento da velocidade de produção, produtividade exigida pela adaptação desses trabalhadores às máquinas em menos horas de trabalho, intensa exploração do trabalhador nas atividades econômicas ainda menos intensivas em tecnologia, como no setor de atendimento e vendas e serviços ligados à circulação de mercadorias, depreciado todo o trabalho gerador de valor pela iminência de ser a qualquer tempo substituído pelo capital fixo e engordar as massas de desempregados e subempregados[51].

Esta dimensão da precarização do trabalho assalariado é irrefutável, os países mais avançados de liberdade econômica sofreram seus efeitos e os localizados na periferia do sistema capitalista sentem agora o pior deles, principalmente nos momentos mais medonhos de crises cíclicas do capital. Na atualidade, os autores[52] têm repetidamente chamado a atenção para os efeitos visíveis de precarização do trabalho assalariado mais evidente e desastroso nas atividades nas quais as relações contratuais são dispensáveis ou praticamente inexistentes.

Mas não poderia ser de outra forma: no período de hegemonia do capital financeiro, o trabalho humano como produtor de valor é sempre dispensável, cuja velocidade limite do capital é não socializar de vez a distribuição de riqueza geral (ver-se obrigado a distribuir riqueza social para incentivar o consumo por formas diversas daquelas do trabalho assalariado), enquanto a distribuição dessa mesma riqueza permanece atrelada à forma jurídica do contrato de trabalho entre particulares, qual seja a venda de força de trabalho em troca de *salários*. Se se distribuísse a riqueza social geral – gerada anteriormente e reproduzida, ainda em muitos casos e lugares, como mais valor subtraído do tempo excedente

---

[51] No século XIX, vários autores já haviam detectado as mesmas consequências de precarização para os trabalhadores quanto ao desenvolvimento das forças de produção mecanizadas. Marx cita Thomas Hodgskin, Charles Babbage, Andrew Ure, Robert Owen (2011, p. 578-596).

[52] Ricardo Antunes (*Os Sentidos do Trabalho*, 2011); Ruy Braga (*A política do precarizado*: do populismo à hegemonia lulista, 2012).

de trabalho – de forma equidistante e justa ao menos para prover a vida material dos indivíduos com dignidade, cessaria toda a sobre-exploração, como a exploração do sobretrabalho não pago se extingue naquele que se *despede* do processo imediato de trabalho mercantil, toda vez que a máquina, o autômato, o algoritmo tomam seu lugar.

A contradição do sistema de livre mercado coloca-se por aquilo que chamamos de *lei geral do valor*: os capitalistas não investem *aleatoriamente* em máquinas e ciência parte sempre crescente da riqueza social extraída do mais valor, nem o fazem por causa da simples demanda social por mais víveres e bens. Na verdade as pessoas atualmente consomem muito além de suas necessidades. O sistema "empurra" para o mercado toda a sorte de mercadorias degradando de fato a natureza e o ambiente social. A concorrência é a força motriz da irracionalidade produtiva e de todas estas mazelas.

Graças à concorrência, o desenvolvimento e aquisição de capital fixo *diminuem* de fato a acumulação do excedente gerado de riqueza, e contrariamente ao que se coloca pelo pensamento da economia liberal, a máquina e os demais aspectos desse capital apenas podem "produzir" valor, transferir valor de troca aos produtos, na medida, e só na medida em que ele próprio (capital fixo) é resultado de conhecimento social coletivo anterior e produto do trabalho vivo (mão de obra assalariada não paga pelo excedente de valor produzido) que se incorporou nele. A máquina não produz valor e dela não se pode obter mais valor!

Quanto ao aumento de demanda social por víveres e bens, ela é geradora de mais valor excedente na medida em que se compele o trabalho assalariado a produzir sempre mais em menos tempo – aqui a primeira atitude da gerência a serviço do capital é extrair maior quantidade de mais valor dos trabalhadores até que exista riqueza gerada suficiente ao ponto do capital ver a possibilidade de investimento a partir dos excedentes obtidos, pois em caso contrário, o que acontece frequentemente, os preços sobem e a demanda social volta a diminuir.

O mesmo processo se verifica quando existe uma superprodução, pois então "o trabalho necessário é interrompido porque não há *trabalho excedente para ser valorizado pelo capital*" (MARX, 2011, p. 590). O que vem a ser isto? Quando o capital sofre de uma superprodução significa, em termos gerais, que a indústria e o mercado estão "esgotando" em seu seio a *população excedente* destinada à produção direta de produtos, portanto, que a extração de mais valor diminui, chegou ao limite de sua apropriação, ou o que é o mesmo, que o tempo de *trabalho excedente não pode ser apropriado pelo capitalista investidor*, voltando esse *tempo disponível* para a massa de trabalhadores.

Como se vê, a lógica "natural" seria a *suspensão* do reinvestimento de parte do mais valor em máquinas e processos de transformação científicos na indústria e circulação, pois a superprodução está acorrentada ao excesso de máquinas e equipamentos avançados. Mas o mercado de livre concorrência é muito pouco "natural", ele se atém de fato a uma correlação de forças produtivas e relações sociais em desenvolvimento, cuja inevitabilidade é uma contradição irresolvível em seus próprios termos. Como Marx (2011, p. 590) o afirmou ainda diante do precário desenvolvimento técnico-científico do século XIX: "Todavia, sua tendência é sempre, por um lado, *de criar tempo disponível, por outro lado, de convertê-lo em trabalho excedente*".

Quanto mais o capital se dirige para o desenvolvimento e emprego das maquinarias e ciências naturais aplicadas, bem como as de gestão, mais a superprodução se agiganta, com maior dispensa de trabalho assalariado, trabalho vivo (capital circulante). Daí maior o tempo de trabalho disponível concentrado de volta nas mãos da população excedente de trabalhadores colocados no "não trabalho", sem que existam mais as mesmas possibilidades de lhes extrair a riqueza social na apropriação do mais valor, a contragosto, claro.

Um ou outro ou mesmo um pequeno grupo de investidores produtivos poderiam suspender suas atividades na velocidade e no *quantum* de produtos a serem entregues ao mercado. Isto implicaria, por um tempo apenas, a diminuição da superprodução e uma retração de reinvestimento em maquinaria e automação. Mas o que fazem os concorrentes neste momento, aqueles que estão desejosos de monopolizar o mercado ou o modernizar com novos produtos e serviços? A concorrência os impele a serem eles os investidores, a derrubarem os entraves colocados pelos que se abstêm de enfrentar novas demandas e novas tecnologias em nome de regulação da produção relativamente ao consumo.

A contradição troca de mãos, mas a concorrência tendencial ao monopólio para *ganhos de escala* e *aprimoramento dos produtos* não para por aí: a lei geral da produção do valor e a motivação da acumulação privada derruba a inércia de uns eliminando-os do mercado. Logo, é necessário manter-se de algum modo na esfera do monopólio *para* o domínio da inversão de parte do valor geral social em capital fixo, sobre o qual se passa a exigir direitos como proprietário e apoderar-se da economia e da política como classe dominante. Mas isto implica, ao mesmo tempo, "descartar" sucessivamente o trabalho vivo das atividades diretamente produtivas, engrossando as fileiras da população ativa na ociosidade, no mundo do "não trabalho", da produção criativa, ou ociosidade estética.

É real a percepção e afirmação que o mundo do trabalho hoje é precarizado e que os trabalhadores assalariados estão sujeitos às mais aviltantes e desumanas condições em suas atividades. Um exemplo contundente pode ser o dos trabalhadores precarizados nas atividades de telemarketing, bem como aquelas em que os serviços exigem rapidez de confecção e entrega (*delivery*). O processo industrial de produtividade, estandardização e especialização também chegam às atividades de serviços, como, por exemplo, os de vendas e entregas por aplicativos (*app*) instalados em *smartphones*. A precarização do trabalho vista nestas atividades é fato, mas isto não nos autoriza a imaginar que este seja uma simples "troca de endereço", simples deslocamento, da exploração de mais valor em condições degradantes análogas ao efetuado na indústria nos últimos 200 anos, e que veio para permanecer assim.

De fato, não nos parece satisfatório apregoar a precarização do trabalho assalariado apenas para localizar em atividades diferentes as mesmas condições de exploração dos trabalhadores do capital. O modo de produção capitalista obriga a sucessivas transformações produtivas, portanto, nas relações de trabalho e nas relações pessoais, sociais e gerais. Existem deslocamentos de trabalho industrial para o de serviços, e já agora o de serviços para as atividades ligadas à filantropia, ao voluntarismo, à economia solidária e à cultura e lazer. Por isso o capital sempre necessitará de mão de obra *transitória* e sempre terá que reduzir os benefícios desses trabalhadores para que a acumulação se prolongue – esta é a lógica do sistema de livre mercado. Nada de novo aqui: isto implica a continuidade, por outras formas, dos mesmos termos da especulação do capital como aviltamento dos trabalhadores e precarização de suas condições gerais de trabalho, em alguns setores mais, outros menos.

Os que veem a precarização ressaltam que "[...] por meio desse processo [do emprego da máquina], o *quantum* de trabalho necessário para a produção de certo objeto é reduzido a um mínimo, mas só para que, com isso, um máximo trabalho seja valorizado em um máximo de tais objetos." (MARX, 2011, p. 585). Mas nós podemos ver como Marx logo em seguida, e nem sempre convenientemente frisado, sabia e esclareceu que essas mesmas condições eram as condições necessárias à emancipação da classe trabalhadora e do homem genérico da necessidade premente do trabalho econômico: "O primeiro aspecto é importante, porque o capital aqui – de forma inteiramente involuntária – reduz o trabalho humano, o dispêndio de energia, a um mínimo. Isso beneficiará o trabalho emancipado e é a condição de sua emancipação." (MARX, 2011, p. 585).

Toda a construção que se segue no texto de Marx (*Capital fixo e desenvolvimento das forças produtivas da sociedade*) é soberba. Muitas vezes se afirma, empobrecendo sua obra monumental, que o sistema de livre mercado estabelece em si uma relação *derivacionista* entre a produção e as formas imateriais como a cultura, cuja análise tendencialmente *estática* da economia não alcança a superação do sistema por seus termos, como Marx o escreveu. A dinâmica da totalidade social é, sem dúvida, potencialidade efetiva da formação social produtiva, do desenvolvimento das forças produtivas e das relações estabelecidas pelos agentes para este fim.

A produção material, onde se insere todo o trabalho econômico, em todas as épocas, entra em processo de transformação inevitável quando as forças produtivas, como as máquinas, os autômatos e as ciências da natureza e de comunicação, exigem em sua produtividade novas relações entre os fazedores (igualmente entre si) e os gestores, entre eles e os donos do capital. Estas novas relações e dinâmicas entre trabalhadores, planejadores e possuidores acabam por exigir às demais formas culturais e ideológicas outros arranjos de poder e de comando disputadas como novos espaços a serem "tomados" nos circuitos do movimento social total.

As análises *derivacionistas*[53] parecem insuficientes por vezes, se quedam tangencialmente diante do que julgam ser a impossi-

---

53 Pode-se dizer que os grupos de autores pós-estruturalistas marxianos se dividem em dois grandes grupos. As concepções à direita de Joachim Hirsch e Bob Jessop resgatam uma certa ideia de "luta de classes" como determinante das relações sociais, como se por conta dessa luta seja possível ir "modulando" essas relações sociais a ponto de modificar as demais formas sociais política e jurídica. Na impossibilidade de contar com os grandes movimentos revolucionários de massas, este derivacionismo desloca a luta de classes para a "guerrilha" de grupos, aqui e ali, minorias e marcadores de desigualdade, contestações mais ou menos acintosas dentro das possibilidades do modo de regulação estatal pós-fordista. Mais ou menos neste sentido se enquadram autores contemporâneos como Antonio Negri (as "multidões" paupérrimas, desassistidas, estrangeiras), ou John Holloway (as "massas" excluídas, desprezadas, indígenas). As concepções derivacionistas à esquerda, são derivações via "crítica do valor" que alimentaram mais fortemente a ideia de "lei geral do valor" na teoria marxiana deste trabalho. Autores como Robert Kurz e Anselm Jappe vão partir da forma mercadoria, e, portanto, afirmar que a luta de classes não leva à superação do capitalismo nas sociedades de livre mercado. Baseando-se na experiência do "socialismo real" e nas modernas modulações do neocapitalismo global, estes autores afirmam que as posições com relação ao papel das lutas dos trabalhadores e minorias levam, no limite, à formação de capitalismos de Estado, e não à superação das leis do valor e de mercado.

bilidade de transformação dos sistemas de livre mercado, tanto do ponto de vista da *dialética social* como do ponto de vista da *dinâmica da economia*, em si mesma submetida às leis de mercado, que revolucionam junto todas as demais formas sociais. Ou dito de outra forma, a crítica do sistema capitalista deve avançar como crítica do valor, como Marx (2011, p. 587) o explicitou objetivamente: "A troca de trabalho vivo por trabalho objetivado [trabalho morto; máquinas e ciência aplicada à produção], i.e., o pôr do trabalho social na forma de oposição entre capital e trabalho assalariado, é o último desenvolvimento da *relação de valor* e da produção baseada no valor".

Nessa transformação, o que aparece como sustentação da produção e da riqueza não é mais o trabalho humano imediato e nem o tempo de trabalho excedente não remunerado, mas a apropriação da sua força produtiva através da construção e utilização social da ciência e tecnologia *corporificadas* em avançados métodos e equipamentos produtivos: as máquinas, a química industrial e os modernos mecanismos de comunicação à distância, *são como a transformação do corpo do trabalhador em um corpo social*, por conseguinte, o ápice do desenvolvimento do indivíduo social.

Quanto mais se desenvolvem o estado da arte e a ciência, e se cristalizam nas máquinas e nos autômatos, nos sistemas automatizados e na apropriação industrial dos processos químicos e físicos da natureza, *mais o homem é um homem genérico livre da economia*, ainda que mais dependente dela tal liberdade. Quanto mais desenvolvida a produção automatizada e cientifica, mais o indivíduo é um indivíduo social, produto do conhecimento de muitas gerações anteriores, e, igualmente, portanto, mais a produção da riqueza se socializa e mais contraditoriamente se encarna a sua apropriação de forma privada[54].

---

[54] Marx chega a afirmar em uma intuição excepcional que "Do ponto de vista do processo de produção imediato, a poupança de tempo de trabalho pode ser considerada como produção de *capital fixo*; este capital fixo sendo o próprio ser humano" (2011, p. 594), isto é, que todo o trabalho humano material imediato e

A partir daqui mais o problema social de distributividade é um problema de economia política, quer dizer, da determinação e planejamento de como essa riqueza crescente e libertadora será benéfica para toda a sociedade. "O *trabalho excedente da massa* deixa de ser condição para o desenvolvimento da riqueza geral, assim como o não *trabalho dos poucos* deixa de ser condição do desenvolvimento das forças gerais do cérebro humana" (MARX, 2011, p.588). Nesse momento, esvai-se a produção de valores de troca (a não ser pelo fato que a ciência ainda comporta, *nitidamente*, por um período, trabalho humano expropriado anteriormente), e de forma acelerada a produção material mais imediata se despe da brutalidade e precariedade anteriores.

Está-se no limiar do fim da contradição entre o *fazer* e o *poder-sobre ele*, e da contradição mercantil entre sua necessidade de reinvestimento em capital fixo e extração de mais valor do capital circulante (variável ou mão de obra). E agora, o tempo excedente, o tempo de trabalho disponível, que deixa de ser apenas condensado nas atividades de muitos poucos, passa a orientar o *sabe*r para o *fazer* de grandes contingentes de indivíduos, em grupos ou individualmente como já acontece hoje: "Dá-se o livre desenvolvimento das individualidades e, em consequência, a redução do tempo de trabalho necessário não para pôr trabalho excedente, mas para a redução do trabalho necessário da sociedade como um todo a um mínimo, que corresponde então à forma artística, científica etc. dos indivíduos por meio do tempo liberado e dos meios criados por todos eles." (MARX, 2011, p. 588).

Eis que da luta incessante pela sobrevivência material imediata desde sempre, a humanidade se aproxima, afinal, do grande objetivo de trabalhar, acabar, por assim dizer, com o próprio trabalho compulsório. E, então, cessa a autarquia dos que sempre usaram o poder e fizeram da política não o bem viver da sociedade, mas forma de "não trabalho", explorando, por decorrência,

---

necessário à produção, está contido, pelo aporte histórico e contínuo do conhecimento social das artes e das ciências, nas tecnociências usadas pela produção no atual estágio de desenvolvimento civilizatório.

e outras vilidades, a força de trabalho das massas populares, dos escravos, dos servos, dos aprendizes, das assalariadas e assalariados. Cessa, pois, a oposição, do ponto de vista da economia burguesa, entre o trabalho imediato e o tempo livre, e as demais oposições abstratas para o saber e o fazer, o *fazer* e o *poder-sobre ele*. Daí que o que está em jogo não é *simplesmente* uma distribuição superior da riqueza social geral, mas a superação do modo de produção mercantilista nos termos fundados para o regime de acumulação "superprivada" de dinheiro.

Daqui vem a essencial tese que diz respeito ao surgimento de um *outro* sujeito, quer dizer uma outra forma social pelo fazer como ociosidade criativa, o "ócio estético valioso"[55] expresso pela Arte, assim explicado por Marx (2011, p. 594): "O tempo livre, que é tanto tempo de ócio quanto tempo para atividades mais elevadas, naturalmente transformou o seu possuidor em outro sujeito, e é inclusive como este outro sujeito que ele então ingressa no processo de produção imediato".

[55] Título do livro da professora espanhola Maria Luisa Amigo Fernandéz de Arroyabe, edições SESC, 2018.

3. TRABALHO E PENSAMENTO

Pelo materialismo filosófico (histórico-dialético) que nos orienta, percebe-se que no trabalho o homem se "aliena", e pela ociosidade estética o homem alcança a possibilidade criativa e a autonomia condizentes para a produção da cultura. Não é possível afirmar, ainda, que integralmente, os artistas e agentes culturais *já* tenham à sua disposição o tempo e a autonomia desvinculada das formas tradicionais dos sistemas de produção mercantil. Mas é possível observar que no estádio atual de desenvolvimento técnico-científico das sociedades capitalistas, o tempo de trabalho disponível aumenta sistematicamente, que uma quantidade maior de indivíduos sobrevive economicamente em atividades criativas, culturais e de lazer, que o trabalho imediatamente material deixa de ser porto seguro para a subsistência dos trabalhadores assalariados e que as novas gerações estão se dirigindo cada vez mais constantemente para o trabalho estético, compelidos a isso pelos altos níveis de desemprego para o emprego tradicional.

Seja como for o mundo da empregabilidade de trabalhadoras e trabalhadores nos moldes do trabalho assalariado, o fato irrecusável a compor a centralidade do trabalho, é que o tempo de trabalho disponível tende sempre a aumentar.

À medida que o sistema de livre concorrência avança, avança o desenvolvimento das forças produtivas e muda necessariamente a composição orgânica do capital: a *inversão* sempre constante de parte da riqueza social total em capital fixo (máquinas e tecnologias) evita a obsolescência do capital anterior investido, possibilita a conquista de produtividade e a conquista de novos mercados, mas estrangula sistemicamente o mercado com os altos índices de desemprego, achatamento de salários e diminuição persistente das taxas de lucro. Por consequência mantém viva a ação mais ou menos aguerrida da classe trabalhadora e suas frações[56].

Define-se *luta de classe* como a oposição entre os interesses dos trabalhadores assalariados e os interesses dos patrões capitalistas – enquanto os capitalistas são os proprietários dos meios e das formas de produção, os trabalhadores apenas possuem a sua força de trabalho como propriedade. Esta destinação específica e desigual da propriedade das forças produtivas estabelece, por fundamento, o modo de produção capitalista como antagonismo desde a produção material, e desde logo a relação social destinada a uma sociabilidade de desigualdade contra a qual a luta dos trabalhadores contra seus patrões se intensifica.

Podem-se distinguir dois tipos de luta de classe: *luta de classe econômica* e *luta de classe política*. A primeira é *defensiva* (normalmente sindical), pois visa enfrentar os mecanismos de enfraquecimento do trabalho assalariado; a segunda é *ofensiva*, pois visa ao domínio do poder de Estado pela classe trabalhadora, enquanto movimento operário e sua internacionalização[57].

---

[56] As classes sociais não são homogêneas nas sociedades "liberais", existindo a possibilidade (pelo menos formal) de movimentação social dos agentes, para cima e para baixo: as várias divisões de classes, tanto dos proprietários como dos trabalhadores, são frações de classes, que embora possuam os mesmos interesses gerais – considerando a sua posição ou não de proprietários –, apresentam, dentro de certa "estabilidade econômica", interesses diferentes por categoria e lutam pela hegemonia política governamental, p. ex., burgueses comerciantes, industriais ou financistas; trabalhadores fabris, de escritórios ou do comércio e serviços (POULANTZAS, 1978).

[57] "A luta de classe econômica (sindical) é defensiva porque é econômica (contra as duas grandes tendências do capitalismo [mais-valor absoluto e mais-valor relativo]). A luta de classe política é ofensiva porque é política (para a tomada do poder pela classe operária e seus aliados)." (ALTHUSSER, 2013, p. 49). Com relação à "internacionalização" da luta dos trabalhadores, p. ex.: "Em relação a todas essas tendências e contradições do capital, as demandas de mudança só podem ser formuladas em termos de uma alternativa socialista global." (MÉSZÁROS, 2010, p. 116).

A propósito da ação enquanto luta de classes hoje, István Mészáros (2010, p. 127) reflete o pouco espaço que existe hoje tanto para a conquista de novos benefícios *negociados* em direção ao "estado de bem-estar social", como pelo artifício da ocupação de poderes por dentro do sistema político formal dos regimes democráticos:

> O estreitamento da margem de lucro da acumulação do capital afetou muitíssimo as perspectivas do movimento dos trabalhadores, mesmo na maioria dos países de capitalismo avançado. Não apenas piorou o padrão de vida da força de trabalho em pleno emprego (para não mencionar as condições de milhões de pessoas desempregadas e subempregadas), mas também reduziu as possibilidades de sua ação autodefensiva como resultado da legislação autoritária imposta às classes trabalhadoras pelos seus parlamentos tidos como democráticos.

De todas as formas, a condição de eternos concorrentes obriga os empreendedores do capital a efetivarem reengenharias e adequações dos processos de trabalho conforme os meios ou forças produtivas empregadas, no caso, devido à maciça e galopante substituição de mão de obra por automatização, robotização, monitorização à distância e produção em séries "pequenas", com estrondosa facilidade de renovação de modelos e acessórios. Se as forças produtivas que estão na produção têm tal dinâmica de mercado, concorrencial, consumista, as relações de trabalho tradicionais já não podem suportar a alta exigência de produtividade e passam a entravar o dinamismo produtivo. Daí surgirem crises sempre maiores, mais densas e complexas na relação entre capital e trabalho[58].

---

58 FOLHA DE SÃO PAULO. Robôs ameaçam 54% dos empregos formais no Brasil. *Folha de S. Paulo*, 28 jan. 2019. Disponível em: <http://www1.folha.uol.com.br/mercado/2019/01/robos-ameacam-54-dos-empregos-formais>. Acesso em: 29 jan. 2019.

A remodelação dos contratos de trabalho e a criação "neoliberal" de novas legislações e leis trabalhistas são constantes e cada vez mais agudizam as tensões entre as novas exigências da organização produtiva e os trabalhadores assalariados. Neste mundo caótico os sindicatos de trabalhadores fazem o que podem para proteger os empregos, manter benefícios, evitar o achatamento de salários e, de alguma forma, retardar a inexorável obsolescência do trabalho e da ocupação dos postos de trabalho já existentes. Daí a tentativa de enfrentar a recolocação dos trabalhadores através de cursos de requalificação, como os levados a cabo por centrais sindicais. Mas sua luta é iminentemente "defensiva", em um mundo em que as tecnologias cibernéticas e telemáticas exigem sempre mais a liberação do homem de seu trabalho produtor de mercadorias.

Contudo, existe algo importante a ser considerado: a "liberação" do trabalhador da produção fabril, não se *extingue* na precariedade de suas condições de vida (desemprego, emprego informal, emprego temporário, intermitente, por demanda), mas lhe oferece um *tempo de trabalho disponível* que ele não utiliza na produção de mercado, mas que pode ser usado como trabalho imaterial, labor dedicado a atividades voluntárias e culturais.

É insofismável o crescente exército de reserva de trabalhadores qualificados – que, entretanto, ficam desqualificados quase imediatamente! –, e desqualificados para a grande indústria, mas não para as realizações culturais subjetivas (pictóricas) e coletivas (representações). Evidente que nem todos os trabalhadores terão as mesmas condições e oportunidades de substituírem suas atividades mercadológicas pelas educativas, artísticas e assistenciais. Não se trata de acalentar esperanças vãs, criar ilusões desmerecedoras das lutas históricas dos trabalhadores assalariados. Tão somente atentar para uma realidade que, por outro lado, tem sido insistentemente preterida pela vanguarda quanto ao *distanciamento* para o capital, o *distanciamento* para o trabalho mercantilizado nos processos de trabalho material, aqueles que dão sustentação à fabricação para mercado. A este distanciamento corresponde a possibilidade de "desalienação" humana do trabalho, como proposto filosoficamente por Marx.

Marx, nos *Manuscritos econômico-filosóficos* (1844), refere-se à alienação em termos abrangentes como aquela que submete o trabalho humano às necessidades de sobrevivência na natureza. É aqui que desde logo Marx autoriza a aproximação entre filosofia e economia, mas de forma diferente da filosofia alemã de então (Hegel), o trabalho humano diante da natureza não lhe parece um ato libertador ou de crescimento, mas *negativo*, como necessidade de produzir incessantemente os meios de sobrevivência material, os instrumentos de trabalho e as coisas úteis para se alimentar, vestir, proteger do clima e dos animais selvagens, e procriar em condições favoráveis à sobrevivência da espécie. Para Marx "é precisamente ao trabalhar o mundo objetivo que o homem primeiro se prova de maneira efetiva como um ser genérico. Esta produção é a sua vida genérica operativa. Por ela a natureza aparece como a sua obra e a sua realidade efetiva. O objeto do trabalho é, portanto, a objetivação da vida genérica do homem." (MARX, 1983, p. 157).

Este fazer e produzir as coisas em sua utilidade para a sobrevivência, coletiva, é a subordinação mais imediata, mas a mais indispensável, do homem à natureza e ao trabalho, econômico, para substituir sua precariedade natural, da qual só poderá sair completamente no dia em que "crescerem também as forças produtivas e jorrarem em caudais os mananciais da riqueza coletiva". (MARX, 1984b, p. 215).

Mais do que isso, contudo, existe o fato que pelo trabalho o homem "põe sua vida no objeto", logo, ela não lhe pertence mais. Quanto mais o homem trabalha produzindo, através da natureza, e frente a ela, os bens necessários à sua sobrevivência, mais ele aliena a si mesmo como gênero. As coisas que produz são exteriorizações de si mesmo, de sua vida, e ele as vê estranhamente enquanto não compreende isto. Então se pode afirmar que quão maior a sua produção econômica, "menos ele mesmo é". A alienação tem aqui um duplo caráter: a) ele se aliena na produção dos objetos, sua objetivação pelo trabalho já é em si mesma uma alienação de si; b) ele se aliena quando os objetos que ele produz, suas realizações frente à natureza, para sua sobrevivência, se agigantam frente a ele, "tão mais poderoso se torna o mundo objetivo alheio que ele cria frente a si" (MARX, 1983, p. 150).

Historicamente, em todos os modos de produção ainda existe alienação, neste sentido, do trabalho humano em relação à natureza. Como não é possível para um único homem sobreviver duradouramente frente à sua necessidade genérica de enfrentar objetivamente a natureza, por mais que ela lhe seja fornecedora dos meios de trabalho e, como resultado deste, os meios de vida, a totalidade coletiva enquanto trabalho genérico é política (é economia-política como disciplina). Dado este fato, o poder – político – deriva da possibilidade de organizar e extrair os produtos do produtor: em todas as épocas quem teve poder sempre comandou e subordinou os produtores subtraindo-lhes o resultado de seu trabalho. Mas em todos os períodos anteriores a apropriação dos bens e víveres, resultado do fazer dos trabalhadores, não é absoluta: porque parte do produto do trabalho ainda ficava com os produtores, e porque os meios de produção, e o conhecimento de produzir, ainda eram de propriedade destes.

Nestas condições a alienação ainda se encontrava na sua forma genérica subordinada "apenas" à condição universal do homem como produtor de coisas – trata-se aqui daquela alienação que deposita energia humana na natureza como meio de vida e forma de sobrevivência. O valor depositado nas realizações materiais confunde-se com o seu valor de uso, é medido pela sua utilidade.

Mas no modo de produção capitalista, o valor se transforma em valor de troca, a produção das mercadorias se eleva acima dos homens, e o capital controla tecnicamente o fazer e o criar. Para isto acontecer existe simultaneamente o expurgo dos meios de produção dos trabalhadores, e a subtração do resultado de seu trabalho, os produtos do fazer metamorfoseados em mercadorias. As mercadorias não representam apenas a alienação da vida criativa e expressão senso-prática do homem, não lhe são estranhas apenas porque captaram em seu fazer a vida espiritual e a força de trabalho social humana, mas também, porque em seu estágio final, foram produzidas por um trabalho debaixo de condições de subtração dos meios e do conhecimento do trabalho dos produtores (*trabalho abstrato*), sob o comando e organização do trabalho industrial.

Agora aquela alienação da vida na produção vital (da própria vida) de sua existência, só se realiza se os trabalhadores aceitarem o trabalho assalariado onde sua força de trabalho e energia criativa passa a ser transacionada como mercadoria. Um trabalho que não lhe pertence (apenas a sua força de trabalho como mercadoria), nem os meios, nem as formas, nem os produtos realizados. Quanto mais os produtores assalariados produzem riqueza, mais a alienação aumenta, e mais pobres eles se tornam:

> O trabalhador se torna tão mais pobre quanto mais riqueza produz, quanto mais a sua produção aumenta em poder e extensão. O trabalhador se torna uma mercadoria tão mais barata quanto mais mercadorias cria. Com a *valorização* do mundo das coisas aumenta em proporção direta a *desvalorização* do mundo dos homens. O trabalho não produz só mercadorias; produz a si mesmo e ao trabalhador como uma *mercadoria*, e isto na proporção em que produz mercadorias em geral (MARX, 1983, p. 148).

Os trabalhadores assalariados do capital sofrem da subtração dos meios de produção, do conhecimento técnico segmentado, estão subordinados a uma especialização, e uma organização produtiva que busca a máxima rentabilidade do capital, sofrem da expropriação dos produtos de seu trabalho. E eles são os únicos que não podem viver sem alienar o seu trabalho! Assim, "como impossibilidade de apropriar-se de seu próprio produto" (apropriar-se de seu trabalho), vendendo a força de trabalho, os trabalhadores não se alienam apenas como homens, como o homem genérico que transfere sua energia vital diante da natureza para as coisas produzidas, mas a si mesmos como qualquer outra mercadoria. Nas sociedades de mercado industriais modernas, a capacidade de alienar-se como força vital é separada do homem e transacionada como valor de troca, e, contudo, essa alienação, essa energia, essa criatividade vital precisa ser comprada: "a propriedade aparece do lado do capitalista, como direito a apropriar-se de trabalho alheio não pago ou de seu produto" (MARX, 2015, p. 659).

O fazer está dado, nas sociedades industriais modernas, nos termos da segmentação e divisão social do trabalho, que aliena as trabalhadoras e trabalhadores: quem faz não pensa, quem pensa não executa, quem compra não sabe quem fez e como o fez, apenas mercadorias produzidas para um mercado genérico – na verdade, relações sociais determinadas e específicas de troca de trabalho humano sob a orientação da acumulação de capital, ou como Marx (1983, p. 156) disse: "A vida mesma aparece só como *meio* de vida".

A alienação não é apenas dos meios e formas de trabalho, mas antes, se se arranca do homem o objeto da sua produção, "o trabalho alienado lhe arranca a sua vida genérica, a sua objetividade genérica efetivamente real" (MARX, 1983, p. 156), lhe retira por assim dizer seu "exoesqueleto", sua distinção dos demais animais que é o trabalho criativo diante da natureza. Da mesma forma que o trabalho produtivo e o consumo se dividiram, a sua *psique* segmentou-se e segmentou a criatividade e análise crítica da realidade, do saber se expressar nas coisas e pelas coisas que faz. Daí a "desalienação" do Ser só pode se apresentar quando o homem se encontra fora da produção e troca de mercadorias ao largo da lógica de reprodução do capital - é isto que pode evitar que o tempo livre não venha a ser consumido como mercadoria e a obra plasmada não represente apenas o valor.

Resumindo, a economia mercantil – a economia capitalista – tende a substituir na consciência dos produtores o valor de uso pelo valor de troca e as relações humanas concretas e significativas por relações abstratas e universais entre vendedores e compradores; desse modo, tende a substituir no conjunto da vida humana o qualitativo pelo quantitativo. (GOLDMANN, 1980, p. 174).

3.1 *PODER*-FAZER E *PODER-SOBRE*

O sistema capitalista de produção, industrial, moderno, é o primeiro sistema cuja organização fabril necessita da separação absoluta dos trabalhadores dos meios de produção necessários ao *poder-fazer*, e da separação do conhecimento que perfaz o *saber-fazer*[59]:

> "Poder", então, é um termo confuso que oculta um antagonismo (e o faz de maneira tal que reflete o poder do poderoso). É utilizado em dois sentidos muito diferentes: como poder-fazer e como poder-sobre. Em inglês, esse problema às vezes se resolve tomando termos de outros idiomas e colocando uma distinção entre *potentia* (poder-fazer) e *potestas* (poder-sobre). [...] O poder-fazer existe como um poder-sobre, mas o poder-fazer está sujeito a uma revolta contra o poder-sobre, e o poder-sobre não é nada mais que a metamorfose do poder-fazer e, portanto, absolutamente dependente dele (HOLLOWAY, 2003, p. 36).

Então, o *poder-fazer* que é, antes de tudo, *uma potência*, uma qualidade do homem adquirida no fluxo histórico da vida social produtiva, está subordinado, no sistema de produção de mercadorias, ao *poder–sobre*, ao "poder" daquele que é o detentor do capital, dos instrumentos de trabalho, do conhecimento científico,

---

[59] Os conceitos de *poder-fazer* e *poder-sobre* aparecem desenvolvidos em John Holloway (2003), de forma surpreendente e poucas vezes vista no pensamento pós-estruturalista: a partir da ideia de "alienação" por Marx, porquanto não se trata apenas da separação simples dos trabalhadores assalariados dos meios (ferramentas de trabalho) e das formas (conhecimento) de produção, mas por meio disso da própria separação da concepção do trabalho como propriedade do trabalhador, da submissão de sua subjetividade ontocriativa a uma repartição e comando exterior a ele e sob a orientação capitalista da produção de mercadorias. É neste sentido que trabalhamos aqui o conceito bastante mais abrangente de "alienação", como forma de separação do pensar e sua ontologia criativa do fazer como ato dirigido a simples necessidades de comercialização de coisas no mercado.

proprietário daquilo que foi despossuído do trabalhador, exceto a sua força de trabalho. O *poder-fazer* submete-se às ordens, ao comando e aos interesses desse *poder-sobre*, tanto mais quanto ele se prende, em contínuo, ao conhecimento, quer dizer, ao *saber-fazer* igualmente despossuído do trabalhador. O *poder-fazer* depende tanto do *saber-fazer* como do *poder-sobre*.

Esta separação *dimensional* das forças de trabalho representa a mais absoluta dissolução das próprias condições de sobrevivência do trabalhador, a não ser pela venda de sua força de trabalho (física, intelectual). A venda dessa força de trabalho implica, porém, em relações específicas, não iguais de fato (não de direito), entre os proprietários das forças produtivas, suas definições dos processos gerenciais e fabris, e os trabalhadores despossuídos dessas mesmas forças e conhecimentos (os fazedores). Neste caso, o *poder-fazer* e o *poder-sobre* o fazer (ainda inicialmente separados) vão continuamente se centralizando em apenas um dos polos da produção, nos capitalistas e um *pequeno número* de burocratas planejadores.

Os trabalhadores parecem ter pouco a oferecer: a simplificação dos processos de trabalho, aliado às novas forças produtivas, e na medida em que estas mesmas forças visam contínua simplificação e produtividade do fazer, desqualificam os trabalhadores dentro do *fazer-em-processo*, ou seja, na medida em que a força de trabalho é substituída por novas tecnologias os trabalhadores já não podem mais do que tentar acompanhar tais inovações que substituem a sua própria força de trabalho, mesmo às custas de mudanças radicais nas modalidades de trabalho. Tais tecnologias, por mais complexas que pareçam, são, na verdade, a *codificação* aplicada à mecânica a partir da particularização e partição do conhecimento *tácito* produtivo anterior, levado ao extremo da divisão técnica do trabalho.

As atividades dos trabalhadores ficam sempre mais segmentadas e dessa forma mais fáceis de serem miniaturizadas e passadas a algoritmos que compõem a inteligência artificial das máquinas. Desde o início os trabalhadores sofrem da mesma procura incessante por barateamento e produtividade de seu trabalho:

e isso se dá sempre pela simplificação e partição do trabalho. A consequência deste processo, movido pela concorrência e levado a extremos pela acumulação do capital, em seu aspecto econômico, barateia a mão de obra, mas, em seu aspecto criativo, *divide a totalidade do trabalho*, do fazer, a totalidade viva do homem em seu *fazer-pensar*, de um lado, como apenas um fazer muito pequeno e simples (do poder-fazer), de outro lado, como o planejar e o poder de ordenar sobre ele (do poder-sobre).

Aquele que faz, *o fazedor*, no processo de fabricação sob os auspícios da concorrência do capital, fica despossuído do *poder-sobre* e tenazmente descaracterizado o seu *saber-fazer* (que é parte do *poder-fazer*). Quem pensa, *o planejador*, também já não pensa com absoluta totalidade nem objetivamente, a não ser sob a égide do lucro e do jogo de mercado. Mas o dono do capital, *o investidor*, o que disputa a concorrência de mercado, esse sempre tem para si o *poder-sobre*.

Os planejadores sociais, os governantes, os altos executivos, precisam de uma concepção (mental) mais totalizadora do *poder-fazer* com relação às atividades que comandam (não necessariamente de um maior grau de criatividade ou maior abrangência da totalidade de todas as atividades, mas do processo ou parte sob sua responsabilidade), e do maior *poder-sobre* possível, uma vez que organizam e comandam a produção e a circulação de mercadorias[60].

---

[60] A exemplificar tem-se a problemática da ex-URSS quanto à formação de seus quadros administrativo-gerenciais, quando o bolchevismo chegou ao poder em 1918, havendo a necessidade de *cooptação* dos antigos quadros da administração estatal czarista. Esses funcionários recrutados fortemente entre os funcionários públicos e elites do antigo regime, tornaram-se gestores especializados no novo governo, *nomemklatura*, apesar deste novo governo privilegiar o planejamento centralizado da produção e circulação de bens e serviços. As novas organizações populares não substituíram de fato esse poder de gestão nem na administração pública, nem nas fábricas ou instituições sociais. Daí derivou uma gestão *tecno-burocrata* estatal que pouco fez para autonomizar a produção pela gestão dos trabalhadores, permanecendo, portanto, as mesmas condições de separação entre o poder-fazer do poder-sobre e do *trabalho abstrato*. "Sob o modo de produção estatal, o fator de diferenciação social se desloca da propriedade para o poder e

O único que "não pode" é o trabalhador, aquele que é remunerado pela sua força de trabalho. Assim, o trabalhador é o que tem maior benefício no afastamento do mundo do trabalho fabril nos moldes da tradicional especialização e extrema estandardização produtiva.

Entretanto, se os salários se achatam para a maioria dos assalariados é porque o *contrato de trabalho* o permite. Este contrato, negócio jurídico que pressupõe *autonomia da vontade entre "iguais"*, poderia existir, mas não geraria mais valor se não houvesse essa particularidade sempre crescente do sistema produtivo capitalista em simplificar, miniaturizar, particionar, especializar, porque é através disso que o achatamento dos salários se dá – pela simplificação do trabalho, pelo barateamento da cesta básica familiar de subsistência, e pelo excesso de oferta de trabalhadores –, e a extração de mais valor pode intensificar-se.

Então, da relação *contratual* desigual que produz mais valor, se tira a seguinte conclusão: a extração de mais valor é indissociável da dinâmica da alteração célere da composição orgânica do capital empregado como força produtiva nos empreendimentos. Logo, da mesma forma que o exército dispensado de assalariados não pode produzir mais valor – e aqui reside o foco da diminuição de taxas de lucro. Todavia, pode, por outro lado, reaver a integração entre trabalho "objetivado" pelo capital, isto é, podem surgir novos protagonistas das realizações imateriais, culturais, lá onde não incide o *trabalho abstrato*, a separação entre o saber e o fazer.

---

para a administração. A distinção entre governantes e governados, entre administradores e administrados, não é apenas uma distinção política; esta distinção política implica numa diferenciação social, cuja raiz não é política, mas econômica. O administrador e o administrado assumem posições diferentes na produção, e esta diferença implica numa forma determinada de participação na distribuição do produto do trabalho social. Não importa que o administrado e o administrador recebam ambos formalmente um salário. Todo o problema está no fato de que o administrador participa da distribuição como administrador, e o administrado participa da distribuição simplesmente como trabalho." (GALVÃO, 1984, p. 294).

Na medida em que a mão de obra se "despede" progressivamente das condições de produção subsumidas pelas modificações na composição orgânica do capital (e parte dela jamais entrará nessa relação por total falta de oportunidades de emprego!), não está mais submetida à *separação* entre o *poder-fazer* e o *poder-sobre*. Agora não se está mais submetido nem ao ordenamento dos donos do capital, nem ao próprio processo incondicional de separação entre o fazer e o pensar, entre o criar e a sua concepção mental, portanto, entre *trabalho abstrato* e *trabalho concreto*. Os proprietários e seus auxiliares para obter uma riqueza maior da massa de trabalhadores, dividem o trabalho, simplificam, maximizam a produtividade, com o benefício sempre crescente do achatamento de salários e benefícios, via desemprego, e da diminuição do valor da cesta familiar para subsistência.

3.2 TRABALHO ABSTRATO E TRABALHO CONCRETO

A separação, miniaturização ou partição do trabalho fabril (fenômeno que se estende às demais atividades econômicas da sociedade, implicando enquanto tal as diretamente ligadas ao trabalho imaterial, intelectual, educacional e artístico) pode ser explicada, em termos de características produtivas subjugadas pelas leis gerais da reprodução capitalista, como *trabalho abstrato*, "objetivado" nas mercadorias ou valores de troca, e não como *trabalho concreto*.

Há que se perceber que o *trabalho abstrato* é "objetivado" porque *retira* do trabalhador a parte sensível do seu fazer, a sua elaboração primeira no pensamento e a sua criação subjetiva; o término da objetivação, portanto, o retorno da objetividade sobre o conhecimento da utilidade do que faz se dá junto com a volta à subjetividade criativa, no pensamento e no fazer. De fato, o "objetivado" como forma de subordinação e apropriação do trabalho humano, daquilo que se faz, pressupõe a separação do *poder-fazer* (incluído aí os meios materiais e o conhecimento) do *poder-sobre* no mesmo indivíduo, que subjaz a dinâmica do capital.

Trabalho abstrato, então, se refere à generalidade da força de trabalho colocada *como igual de forma abstrata*, independente daquilo que o trabalhador efetivamente faz, do ponto de vista da utilidade social, de sua própria utilidade social, do ponto de vista da especificidade do seu trabalho, tanto quanto do *quantum* de riqueza ou mais valor que ele gera para apropriação do capitalista. Esta equivalência geral é uma função direta da necessidade da geração de mais valor e sua apropriação, admitida genericamente na média para o conjunto de todos os fazeres mercantis, salvo algumas especificidades contratuais ligadas à especialização do trabalho. Tais especificidades não alteram em nada os predicados subjacentes a este *estranhamento* para o trabalhador, a começar pela retirada dos instrumentos e conhecimentos de trabalho, e da utilidade concreta do que faz para a sociedade, dada a extrema especialização e mecanização da produção, e a realização complexa das mercadorias no circuito das trocas.

Não por acaso, Marx (2010, p.54) escreveu:

> [...] a emancipação humana só estará plenamente realizada quando o homem individual real tiver recuperado para si o cidadão abstrato e se tornado *ente genérico* na qualidade de homem individual na sua vida empírica, no seu trabalho individual, nas suas relações individuais, quando o homem tiver reconhecido e organizado suas *forces propes* [forças próprias] como forças *sociais* e, em consequência, não mais separar de si mesmo a força social na forma da força *política*.

O *trabalho concreto* não é, contudo, o contrário do abstrato: ele é aquilo que primeiramente produz a utilidade das coisas para a sobrevivência dos homens, e aqui não faz parte da separação entre o fazer e o pensar. O concreto é, antes, a *unidade* da totalidade composta pelo *poder-fazer* e *poder-sobre*. O que caracteriza o *trabalho concreto* é essa unidade que constitui o homem na produção como ser pensante fazedor, criativo e criador, imediatamente identificado o criador na "criatura" (o que ele fez). Decorre daí que *trabalho concreto* e *trabalho abstrato* "Não são dois tipos de trabalho diferentes, mas dois lados do mesmo trabalho." (JAPPE, 2013, p. 138).

Quando, porém, o sistema mercantil moderno estabelece as regras e as formas necessárias à produção de mais valor, ele estabelece a hierarquia do abstrato sobre o concreto (inversão), despossuindo o trabalhador das condições necessárias ao fazer integral e sua relação com aquilo que ele produz, uma relação que passa a ser com aquele que compra a sua força de trabalho, criando a possibilidade da apropriação na forma privada das mercadorias.

Desta forma, o *trabalho concreto* não se distingue do *abstrato* na simples utilidade das coisas criadas pelo homem social, pois as mercadorias produzidas pelo *trabalho abstrato* nos termos da produção industrial mercantil possuem igualmente *alguma* utilidade para os seus consumidores[61], mas pelo fato que o fazer do fazedor é plenamente uma criação humana quando junta a concepção da coisa com o labor que a realiza. Pelo *trabalho concreto* existe a *abstração* mais imediata e próxima das realizações humanas, enquanto pelo *trabalho abstrato* nos moldes da dinâmica e necessidades do capital essa *abstração*, essa criação, está separada dos fazedores, e centralizada nas mãos de muito poucos:

---

[61] É compreensível que muitas das coisas que se consomem hoje no livre mercado global, independente de procedência, distância, relação com as formas de trabalho sem benefícios e proteção, qualidade ou danos ambientais, sejam "menos" úteis do que outras ou absolutamente dispensáveis, mas de um ponto de vista estritamente subjetivo, o consumidor sempre "vê" alguma utilidade que supre uma necessidade, de forma consciente ou não, de forma concreta ou não. Tal fato não muda em nada com relação ao *trabalho concreto*, mas muda muito em relação ao *trabalho abstrato*, pois o consumo desenfreado e não racional só amplifica a produção de mercadorias nas condições mais alienantes ditadas pelo capital. Parte desta explicação está no uso maciço, por parte do sistema, da publicidade: "Em geral, a publicidade exercita sua sedução não tanto em esclarecer os benefícios implícitos ao produto, quanto em criar um mundo no qual o possível comprador sinta-se valorizado e gratificado. Naturalmente, esta diferença capta a orientação geral das estratégias de comunicação publicitária, que ainda deve adaptar-se à variedade de categorias dos produtos e dos contextos midiáticos." (MININNI, 2008, p. 106).

> O que cria o laço social no capitalismo não é a variedade infinita de trabalhos concretos, mas o trabalho em sua qualidade de ser trabalho abstrato, sempre igual e submetido ao mecanismo fetichista de seu crescimento. Nessas condições, a socialização somente se cria *post festum*, como *consequência* da troca de unidades de valor, e não como seu pressuposto. Onde a produção é organizada em torno do trabalho abstrato, pode-se dizer que o laço social se constitui de uma maneira já alienada, despojada do controle humano, enquanto que o trabalho nas outras sociedades está subordinado a um laço social estabelecido de maneira diferente. (JAPPE, 2013, p. 138).

Por consequência, a única forma no sistema capitalista de se ver o trabalho do fazedor é nas mercadorias, *post festum*, que são a síntese *posterior* de todos os trabalhos particionados pela divisão do trabalho industrial moderno, que são, contudo, resultado de determinados laços ou relações de produção específicas criadoras de valores, e que se *reduzem* às horas de trabalho particionado do trabalhador. Pelo *trabalho abstrato* não se vê o trabalho "depositado" nas mercadorias, quer dizer, o total das realizações materiais de todos os trabalhadores que compõem o processo de produção de mercadorias. Por trás das mercadorias (valor de troca) existe utilidade (valor de uso), mas é pelo valor de troca que a mercadoria se apresenta a realizar o mais valor nas trocas de mercado.

Para efeito de compreensão, pode-se imaginar que em um empreendimento organizado na forma de autogestão, ainda que a divisão do trabalho fosse necessária para incrementar a produtividade, cada trabalhador *deveria* saber a utilidade específica de seu fazer e, ainda assim, conseguir "ver" na mercadoria (por assim dizer, produto final) o seu fazer particular, acabando com a *especulação* oculta do trabalho humano na sua forma abstrata, dando ao fazer a dimensão do *trabalho concreto*, cônscio da utilidade e do processo de tê-lo feito.

Isto deveria implicar o fim da reprodução do valor de troca como equivalente *abstrato* do trabalho humano, e da recomposição ou "dobra" ao que é real por trás dessa abstração, os elos e laços sociais estabelecidos concretamente nas relações sociais de produção. E ainda que a composição orgânica do capital se alterasse e as taxas de lucro fossem decrescentes de forma geral, a riqueza social total não precisaria "esconder" o seu lado oculto, os processos jurídicos e de poder para a apropriação do trabalho humano, os mesmos que autorizam e afirmam o fazer como *trabalho abstrato* na produção mercantil.

4. CULTURA NA TEORIA DAS FORMAS E INDÚSTRIA CULTURAL

Uma forma de organização da produção social não se sustenta sem a contribuição das formas culturais, da linguagem, educação, comunicação, tanto quanto das formas política e direito. A divisão outorgada pela especificidade do modo de produção capitalista, entre o saber e o fazer, entre o *poder-fazer* e o *poder-sobre* (poder logístico e de gestão que subordina o fazer), obrigou ao aprimoramento de outras formas sociais que em conjunto possibilitam o funcionamento da sociedade em sua totalidade conforme essa divisão e subordinação. A reprodução social nos termos dados pela extrema divisão e especialização exige, concomitantemente, níveis de *ideologização* (valores, visão de mundo, regime político) adequados a esses termos nas mais variadas esferas da linguagem e cultura, no direito, na religião, na educação e nas artes.

Nesse sentido, pode-se afirmar que as manifestações culturais se exprimem por *metanarrativas*, que tais narrativas, no entanto, não aparecem necessariamente na contemporaneidade como "grandes narrativas", mas também como discursos próprios e pertinentes às coletividades e grupos em busca de reconhecimento e direitos humanos, ou *micronarrativas*.

Tais discursos apresentam dois níveis de relacionamento, dois momentos de movimento em direção às demais dimensões da totalidade social: 1. Nível de "derivação" – relacionamento vertical, diretamente com a forma de produção de mercadorias; 2. Nível de "conformação" – relacionamento lateral, horizontal, com as demais formas superestruturais. Tanto no movimento de "conformação" (entre a forma cultura e formas jurídica e política), como no movimento de "derivação" (na relação com a estrutura da organização produtiva social), os relacionamentos se verificam em graus de intensidade e força variáveis entre si, experimentando sempre determinações e determinando ao mesmo tempo todos os campos e dimensões da totalidade social em movimento; destas relações e movimentos nascem espaços que oportunizam a potencialidade de outras forças, modificando as formas das diversas dimensões existentes, organizando permanentemente uma nova totalidade da vida social tanto no que diz respeito à sua produtividade, como nas mediações e realizações culturais/ artísticas.

Niklas Luhmann (2009) afirma "que a sociedade é composta por vários sistemas sociais comunicativos – um sistema maior (sociedade) possui vários sistemas menores (economia, direito, política, religião, moral, estética), mas um subsistema pode conter outros subsistemas menores e assim sucessivamente." (ROCHA, 2019b, p. 204). Mas não é possível que um subsistema reaja ao que lhe é exterior aniquilando-se ou congelando-se – daí que as ações de reestruturação e adequação de um subsistema só podem ser efetuadas no limite de seus próprios elementos constitutivos, que em Luhmann diz respeito ao conceito de "encerramento operativo".

Por outro lado, esta noção de subsistemas que atuam entre si como ambientes externos explica que não há como garantir o "patrimônio" exclusivo uma vez que "o meio só pode influir causalmente em um sistema no plano da destruição." (LUHMANN, 2009, p. 130).

O conceito de "acoplamento estrutural" leva Luhmann a afirmar que uma forma da totalidade social (como a cultura), e seus estratos (subsistemas, como a educação ou as artes), e demais formas sociais atuam selecionando e restringindo os elementos constitutivos a partir dos quais se reprocessam seus papeis e operações sociais – por exemplo, nos sistemas sociais existem relações inequívocas entre economia e política, política e direito, direito e cultura, cultura e Estado. Esta visão emprestada da *autopoiesis*[62] sistêmica também nos ajuda a entender os mecanismos de metanarrativas próprias e endereçamentos "exclusivos" dos vários estratos, como subsistemas em relação uns aos outros, sem privilegiar necessariamente nenhum deles.

Mais ou menos, todas as manifestações e atividades práticas da cultura (educação, arte, filosofia, religião), bem como as formas jurídica e estatal, que se verificam no nível da superestrutura social, possuem alguma autonomia, promovem intercâmbios entre si, *por "conformação"*, mas não com uma mesma densidade e intensidade. Isso não quer dizer, por outro lado, que não ajam sobre a estrutura econômica da produção, circulação e financiamento mercantil (*sociabilidade mercantil*); e também aqui não agem da mesma forma nem com a mesma intensidade – como é percebível, por exemplo, no agir estatal e jurídico sobre a economia em comparação com o agir filosófico ou da arte sobre essa mesma economia.

Neste diapasão, é preferível usar especificamente o termo "arte" quando nos ativermos à manifestação artística, à realização das artes como uma das materialidades possíveis da cultura. Em alguns casos, cientes que a manifestação artística deve ultrapassar os ícones de seu tempo, e cientes que as obras de arte são consumidas rapidamente como mercadorias na chamada *indústria cultural*, usa-se a opção do termo "Arte" (com letra maiúscula) quando nos referirmos à materialização da cultura que cria rupturas consistentes com o *status quo* em uso. Neste sentido, compreende-se que nem toda manifestação artística é Arte, embora toda a Arte seja uma manifestação artística. Daí a cultura ser um universo maior no qual se inserem vários estratos em suas realizações, como a educação, as artes e o folclore; e em outro nível, de mediação, a filosofia e a religião.

---

62 Os conceitos de "encerramento operativo" e "acoplamento estrutural" fazem parte dos estudos sobre *autopoiesis* dos chilenos Maturana e Varela em sua Teoria de Sistemas. Veja-se: MATURANA, Humberto; VARELA, Francisco. *De máquinas y seres vivos*: autopoiesis, la organización de lo vivo. Buenos Aires, Argentina: Lumen, 2003.

Em sintonia com esta proposição, a distinção entre *cultura erudita* e *cultura popular* ou *Folclore*, ou alta e baixa cultura, não se sustentam a não ser exatamente quando distinguimos o belo artístico – como "suprassumo" da realização espiritual (obra pictórica, dramaturgia ou literatura) –, do simbólico que perpassa a existência concreta dos grupos e suas relações sociais (STOREY, 2015). A própria linguagem é uma realização cultural inventada pelo grupo e perpassada por uma infinidade de relações ora simbólicas, ora materiais, necessárias à sobrevivência. É por isso que se pode falar de várias culturas dentro de uma mesma sociedade, já que cada grupo ou comunidade pode reproduzir tradições e práticas provenientes de seus antepassados, ou desenvolvê-las a partir de novas necessidades de representação e reconhecimento (BOSI, 1992).

Então, as artes – e a própria noção estética (o belo) – se entrelaçam indissoluvelmente com as várias formas da vida social: na medida em que a volição do espírito acompanha as relações sociais estabelecidas em prol da sobrevivência coletiva, a cultura e suas materializações estéticas são históricas.

4.1 FORMAS SOCIAIS E CULTURA

Pode-se entender a *produção social* da cultura, no Ocidente, como a relação unívoca entre a *formação* e a *função* da cultura, de tal forma que a função em si é fundamentalmente a de autorizar e validar a própria formação. Uma vez iniciado um determinado conjunto de relações sociais em prol da sobrevivência material coletiva, já ali se faz presente e necessário que essas mesmas relações e seus protocolos sejam corroborados simbólica e sistemicamente, de onde se desdobra então as diversas formas de intermediação cultural, as instituições educacionais, as artes, a filosofia e as organizações religiosas. Entende-se por *social* a cultura enquanto sua relação histórica com uma época em que se manifestam determinadas formas materiais da existência humana, isto é, formas precisas de trabalho e produção dos víveres, bens e serviços necessários a suprir as necessidades para a sobrevivência humana; este trabalho que produz as coisas necessárias à existência material dos homens é, necessariamente, o produtor também de relações sociais de produção e relações sociais gerais – materiais e imateriais.

Como afirma Renato Ortiz (2008, p. 123):

> Não existe, portanto, sociedade sem cultura, da mesma maneira que linguagem e sociedade são interdependentes. Os universos simbólicos "nomeiam" as coisas, relacionam as pessoas, constituem-se em visões de mundo. Esta dimensão está presente na concepção que os antropólogos têm das sociedades indígenas, assim como entre os sociólogos quando falam da "alta" cultura.

Daí que a cultura é antes de tudo constituída socialmente, uma das formas imanentes das relações sociais de sobrevivência material humana, *social* porque é constituída a partir dessa necessidade de ultrapassar a dimensão da indigência, que se alcança por vastos sistemas relacionais entre os homens, entre os homens e a natureza, entre os homens e seus instrumentos de trabalho. Mas a cultura, ainda que constituída *concomitantemente* pelo mesmo processo de trabalho material, se distingue deste pela representação simbólica, imaterial da existência humana, sem, contudo, jamais se distanciar de sua base social por uma relação dialógica presente e perene, perfazendo uma totalidade com determinada configuração social histórica (LUKÁCS, 1989).

György Lukács (1989, p. 24) usa o conceito de "totalidade" para aproximar metodologicamente as formas reflexivas da superestrutura, da base material, a partir da mediação dialética com as relações de produção, que perfaz no todo o conhecimento histórico das relações sociais; assim também se distingue *aparência* de *essência*:

> Esta concepção dialéctica da "totalidade", que se afasta em aparência da realidade imediata e que constrói esta realidade

> de um modo aparentemente "não-científico" é, de facto, o único método que pode captar e reproduzir a realidade no plano do pensamento. A totalidade concreta é, pois, a categoria fundamental da realidade.

A cultura é, portanto, portadora de elementos protocolares, quer dizer, de elementos que têm por fundamento a reconfiguração e sustentação desse mesmo solo histórico social na produção e nas relações sociais gerais: visa à *hegemonia* cultural[63], e é esta a sua função específica, criar, desenvolver e sustentar um conjunto sistêmico e uma rede complexa que materialize tais protocolos. Não que a cultura não se modifique, mas age como *reforço* dentro de limites confinados pelo *status quo*, concomitante com os aspectos da estrutura produtiva, com *autonomia relativa*.

Contudo, pode-se afirmar que dadas estas condições culturais, os indivíduos quando se afastam do imediatismo abstrato da produção mercantilista – do *trabalho abstrato* (desconhecimento ou alienação do produto de seu trabalho) imposto pela produtividade técnica do capital –, colocam-se diante de *algo* da virtuosidade e criticidade que possibilita a cultura (mais) *autêntica*, pelo menos do ponto de vista da concepção e criação não *restritiva* às relações materiais capitalistas, como é o caso das artes. Virtuosidade e criticidade essas que dependem de um conjunto de fatores e determinações ambientais a serem dadas, e exploradas,

---

[63] Servimo-nos do referencial teórico de Gramsci: *hegemonia* como pensamento majoritário capaz de "exigir" e "obrigar" o corpo social, em sua maioria significativa, mesmo que sua origem, ou benefícios sejam apregoados por uma classe ou grupo em minoria: "Disto se deduz a importância que tem o "momento cultural" também na atividade prática (coletiva): todo ato histórico não pode deixar de ser realizado pelo "homem coletivo", isto é, ele pressupõe a obtenção de uma unidade "cultural-social" pela qual uma multiplicidade de vontades desagregadas, com fins heterogêneos, se solidificam na busca de um mesmo fim, sobre a base de uma idêntica e comum concepção do mundo (geral e particular, atuante transitoriamente – por meio da emoção – ou permanentemente, de modo que a base intelectual esteja tão radicada, assimilada e vivida que possa se transformar em paixão)." (GRAMSCI, 1984, p. 36-37).

conforme a estrutura social e relação com as demais formas da totalidade social.

Pelo fato de os sujeitos serem alvo de *contradições* objetivas no todo da vida social, por exemplo, proprietários e não proprietários, a subjetividade do sujeito real se manifesta com criticidade e liricidade nas obras promovidas pela cultura e suas materializações artísticas. Quer dizer, as contradições objetivas da vida social estendem-se, em última instância, à própria criatividade do Ser que vai além da sua época e de seu grupo social e as realiza em suas práticas culturais, como pesquisador, educador, artista, mediador, e qualquer que seja a sua área de atuação. O afastamento do homem das condições fracionadas e abstratas da produção material imediata de mercadorias cria esta possibilidade de aflorarem as contradições objetivas da sociabilidade capitalista.

O fato de se encontrar uma consciência predominante para cada época não significa que ela seja única, e, essencialmente, que estejam abolidas as contradições da vida social, o que explica que em cada lugar e fora de seu tempo a virtuosidade do *artista* se manifesta contra os ícones de então, como na filosofia (Marx, Nietzsche), na religião (Lutero, Calvino) ou nas artes, relatando (Goya ou Tchekov) e reformando (Van Gogh ou Bukowski) os fatos, os sentidos e as ciências, isto é, mudando as formas em seu *conteúdo* e *caráter*.[64]

Deve-se entender que, dado o conhecimento ser um acúmulo transmitido através de relações sociais específicas históricas, geração após geração, a virtuosidade, e a própria possibilidade crítica do já dado, não é algo como uma pretensa genialidade, ou inteligência espontânea, e sim resultado da experiência coletiva.

---

[64] *Conteúdo* de uma forma são seus conceitos, enunciados, no todo, teses e narrativas próprias; *caráter* é aquilo como se manifesta essa forma, seus expedientes, o que revela a sua função: as mudanças internas ao conteúdo podem "mais ou menos" exprimir-se na função de uma forma social, mas é seu caráter que amolda sempre esse conteúdo à sua função que não pode mudar tão elasticamente a ponto de confundi-la com outra forma ou a extinguir – por isso a hermenêutica que impregna o caráter tem por finalidade manter a forma íntegra quanto à sua função.

As próprias contradições sociais, as desigualdades, as injustiças e os privilégios afloram já agora como produto social também. Dadas as condições mínimas de estudo e observação acurada e crítica dos indivíduos, diante da produção de mercadorias sob o regime de acumulação do capital, o acúmulo de tal criticidade e formação de virtuosidade, também depende da transmissão de conhecimento de forma formal ou informal, explícita ou não, dos agentes sociais e especificamente da tradicionalidade dos grupos culturais.

Assim, a professora Cotrim (2015, p. 90) explica:

> Significa que, pela realização de sua atividade vital, sobre as bases dos desenvolvimentos anteriores do gênero (artístico), os indivíduos criam novos modos de ser, novas qualidades subjetivas, acarretando com isso uma mudança na forma de gênero. Assim, não só a consciência individual é um modo de consciência genérica, como as capacidades imediatamente ativas, conhecimentos práticos, e, no geral, os atributos subjetivos, são formados e formadores do gênero, em seu conjunto de multiplicidades.

Até a Modernidade, contudo, a predominância de uma consciência social, genérica, se objetivava com grande dominação econômica e política e, em consequência, sem forte resistência por parte da cultura, como especificamente no âmbito das artes. Daí que a arte só podia se manifestar de maneira esporádica com o novo, exatamente quando as condições materiais e a consciência geral mais genérica "abriam flancos". De forma geral, a relação entre a expressão subjetiva e a consciência coletiva predominante não se modifica fácil e imediatamente, haja vista que esta oposição construtiva tem sua origem nas próprias contradições observadas nas relações materiais concretas dos agentes sociais, permeadas pelo desenvolvimento objetivo de suas condições de existência, isto é, de forma geral se reproduz a consciência como se vive. E a isto ainda se alia uma porção de agenciamentos protocolares dos hábitos, tradições, valores, que servem à sua ideologização.

Os momentos de maior criação e mais iconoclastas nas manifestações das artes (imateriais), sempre ocorreram em períodos de profunda transformação quanto às tecnologias e ciências e sua aplicabilidade como meios de produção material social, como é o caso do Renascimento. Aquelas realizações de "rebeldia" criativa já eram, na pintura, na escultura e na arquitetura, momentos de *inflexão* atrelados às rupturas sociais, e morais, provocadas pelos avanços técnicos de produção. Para a sociedade essas mudanças são percebidas lentamente, e nessa ruptura, nesse descompasso acompanhado pelos artistas, surgem as obras de arte que só mais tarde serão percebidas como sublimes e monumentais. Mas isso tudo fica mais claro à medida que a vida social já acompanha de perto as mudanças provocadas pelos novos meios e métodos de trabalho material, diretamente produtivos, e com isso, as realizações culturais e o labor imaterial passam a ser melhor compreendido e assimilado.

As artes plásticas em seu início, após a derrubada dos cânones tradicionais das belas-artes, não foram reconhecidas, ainda que as condições materiais de produção já houvessem revolucionado o mundo clássico na segunda metade do século XIX. Cada escola precisou de seu tempo de maturação para que a sociedade, de forma mais abrangente, pudesse assimilar sua tecnicidade e liricidade – de forma concreta é possível verificar a pertinência de cada escola com seu período e lugar, portanto de acordo com o desenvolvimento técnico-científico que envolvia o artista, como o Impressionismo, o Expressionismo, o Dadaísmo e o Abstracionismo. Isso não quer dizer que o papel inventivo e iconoclasta do artista não esteja presente como uma *antecipação sensível* daquilo que ainda será experimentado de forma coletiva, pois é o seu olhar diferenciado que *projeta* na obra de arte a ousadia do futuro.

O que difere substancialmente as realizações culturais hoje, é tanto uma mudança quantitativa quanto qualitativa. Se já agora o mundo do trabalho passa por transformações estruturais profundas (tempo de trabalho disponível), e o uso do homem como mercadoria tende a findar, não como opção, diante da supremacia e incremento da tecnologia e ciência aplicadas à produção, então é possível vislumbrar aquelas condições objetivas mais gerais (genéricas) que fora deste circuito abrem outras dimensões onde se alocam possibilidades autênticas nas práticas e manifestações culturais *doravantes*. Dito de outra forma, a dominação econômica e política, em consequência, já não é capaz de impedir de forma absoluta e consistente a realização da cultura e velar as contradições da vida social, especialmente as constitutivas da sociabilidade capitalista hoje, entre elas o núcleo da contradição trabalho e tempo de trabalho disponível. Não que a cultura, como se viu, não tenha oportunamente realizado sua virtuosidade crítica, mas enquanto antes era mais uma oportunidade não linear, agora sua manifestação tende, nesses termos, a uma constância que se realiza em um tempo artístico em relação ao tempo de trabalho disponível, portanto, *estrutural*.

Neste momento as tecnologias são muito mais avançadas e, por conseguinte, as manifestações culturais e as realizações artísticas se tornam mais ousadas e "abstratas" de acordo com o uso dessas mesmas ferramentas produtivas, e as novas relações de sociabilidade coletiva. Apesar da ousadia e criação dos artistas e curadores culturais estar favorecido qualitativamente, a um tempo pelos meios e materiais de suas realizações, e, fundamentalmente, pelo fato de existir tempo de trabalho disponível, não quer dizer que todas as manifestações neste sentido se realizem como obras artísticas, ou tenham a capacidade de apaixonar nossa sensibilidade. Então, se o desenvolvimento das tecnologias de trabalho avança sobre o trabalho material e a vida social em geral, e se oportunizam novas formas de realizações culturais e artísticas, isso não significa afirmar *per se* que se vá assistir a uma mediação cultural e artística iconoclasta, de crítica social. O desenvolvimento técnico-científico e a ociosidade estética não criam necessariamente Cultura e Arte. Mas sem um e outro não é possível avançar quanto aos símbolos canonizados do fazer cultural em seus diversos estratos.

Na medida da revolução das forças produtivas e da superação das necessidades humanas naturais, pode-se experimentar a subjetividade acima da consciência social média dada, não como exceção ou genialidade, mas como desdobramento da estrutura social do tempo livre do trabalho assalariado. Quanto mais livres os homens estiverem destas dependências para com a reprodução material, mais livres estarão para aprofundarem em campos variados a criticidade e a imaginação. Isto é o que começa a acontecer agora.

Ainda assim, a expressão subjetiva deve ser considerada apenas um caso particular na experiência coletiva, como nos apresenta, por exemplo, Angel Pino Sirgado (2000, p. 51) a propósito do método materialista histórico de Vigotski: "A história pessoal (desenvolvimento cultural), sem deixar de ser obra da pessoa singular, faz parte da história humana. A transformação que ocorre no plano ontogenético é um caso particular da que ocorre no plano filogenético".

O mesmo pode ser afirmado para as emoções humanas, como de forma poética chama a atenção Gisele Toassa (2014, p. 58-59):

> Ao contrário dessa noção, para Vigotski, emoções tão diversas quanto o medo dos animais e o amor de Dante Alighieri por Beatrice Portinari precisavam ter sua gênese esclarecida pela mesma teoria. O autor trata as emoções como processos histórica e culturalmente determinados do organismo humano, tornados funções da personalidade. Ideias teológicas, políticas, estéticas e científicas precisavam ganhar um lugar na formação, na descrição e na explicação da natureza das emoções humanas.

Neste caso é importante considerar, do ponto de vista social, que de forma conjunta mídias e mecanismos culturais gerais "disfarçam" o "real" (introduzindo e alternando conteúdos/ interpretações) pela forma cultural de um modo histórico de produção, e adicionam elementos no inconsciente de maneira a reforçar a dinâmica produtiva em relação com as outras formas sociais que perpassam as subjetividades. O conjunto destas práticas e simbolismos sociais que os indivíduos preconizam e realizam concretamente reproduzindo as relações de produção, distribuição e consumo, são introduzidos e reforçados ideologicamente como se fossem práticas *naturais* humanas e não como formas políticas de reprodução da existência dos indivíduos em coletividade. A *filosofia* se faz presente na medida em que a forma cultural em seus contornos leva as massas de indivíduos, ainda que inconscientemente, a reproduzirem *"uma"* cultura, na conformidade e nos seus limites estruturais aqui representados pelas relações sociais de produção.

Na verdade, a cultura é sempre plural, uma multiplicidade de manifestações e realizações que vão dos valores morais mais basilares às práticas mais genuínas como o folclore e as festas populares. Elas consolidam estruturas próprias do produzir a sobrevivência coletiva material. Portanto, partindo-se de uma concepção antropológica-social, a multiplicidade de tais manifestações culturais não pode se "dispersar" em relação a uma forma específica de produzir a vida material social mais imediata, seja "confirmando" ou "negando" essa mesma realidade produtiva. A "resistência" das práticas culturais, mesmo as mais genuínas e populares em suas ações críticas do poder, ainda precisam dialogar com ele nos limites da *hegemonia* cultural que esse poder ousa alcançar.

Se forem desconsideradas as *relações sociais* basilares específicas da produção, por exemplo, quando se foca apenas os *meios de produção* (STOREY, 2015), passa-se a ver em certas mídias contemporâneas a resistência e confrontação através de coletivos e grupos *periféricos* da cultura dominante. Contudo, pode-se questionar se de forma duradora essas mídias - ainda que possibilitem manifestações *ad hoc* e inusitadas – produzirão modificações *significativas* nas relações sociais da economia vigente. Normalmente, ou essas manifestações se extinguem de forma rápida, ou são incorporadas e deglutidas como *novidades* (AGAMBEN, 2013), por dentro da denominada "indústria cultural". De fato, a questão da penetração de uma filosofia nas vastas camadas da sociedade tem mais a ver com as realizações de mercado, que apenas com as *suas* ideias propostas *per se*. A *hegemonia* nas sociedades de livre mercado funciona e se realiza pela prática das instituições sociais e seus aparelhos – na educação com as escolas, nas artes com seus institutos -, constituindo uma "indústria cultural".

Para ilustrar esta afirmação, citamos Renato Ortiz (2001, p. 146), primeiro quanto à inserção mecanicista da cultura nas sociedades mercadológicas:

> Numa sociedade de consumo a cultura se torna mercadoria, seja para aquele que a fabrica ou consome. Na medida em que a sociedade avançada é caracterizada pela regressão da audição, isto é, pela incapacidade de reconhecer o novo, produtores e consumidores fariam parte de um mesmo polo, reforçando o sistema de dominação racional.

Refletindo em seguida sobre a relação entre cultura popular e indústria cultural, Ortiz (2001, p. 147-148) afirma que além de ser mercadoria a cultura precisa se legitimar dentro da lógica da indústria cultural, apresentando como exemplo, no caso brasileiro, a troca do teleteatro, nas décadas de 1940 e 1950 pela telenovela a partir da década de 1970:

> Essa transformação não se reduz, no entanto, à sua natureza econômica o que significa dizer que a cultura não é simplesmente mercadoria, ela necessita ainda se impor como legítima. A cultura popular de massa é produto da sociedade moderna, mas a lógica da indústria cultural é também um processo de hegemonia. [...] O exemplo do surgimento da telenovela em detrimento do teleteatro é sugestivo. Ele aponta para o fato de que o espaço de criatividade na indústria cultural deve estar circunscrito a limites bem determinados. Não quero dizer com isto que a criatividade não possa se expressar mais, que ela desaparece diante da produtividade do sistema, mas chamar a atenção para o fato de que sua manifestação se torna cada vez mais difícil, encontra menos espaço, e está agora subordinada à lógica comercial.

E o autor conclui: "Nesse sentido se pode dizer que a lógica mercadológica despolitiza a discussão, pois se aceita o consumo como categoria última para se medir a relevância dos produtos culturais". Mais à frente: "Nesse sentido se pode afirmar que o *nacional* se identifica ao mercado; à correspondência que se fazia anteriormente, cultura nacional-popular, substitui-se uma outra, cultura mercado-consumo." (ORTIZ, 2001, p.164-165).

Outro autor, Alfredo Bosi (1992), também tece sua análise da formação da cultura brasileira à luz das imbricações que a mesma mantém com o processo de colonização, sem, contudo, restringir este processo aos modelos vulgares, por simplistas e imediatistas, de aculturação ao modelo dos colonizadores. Afirma o autor que existe a elitização da sociedade brasileira, que seus intelectuais e acadêmicos não escapam das exigências do regime de produção de mercadorias e da sociedade de classes, no âmbito de sua internacionalização (CAIO PRADO JUNIOR, 1969), quando dos movimentos culturais primitivistas do movimento modernista, ou seu resgate pelo tropicalismo, bem como pelos romancistas regionalistas nacionais contemporâneos.

Por exemplo, diz Bosi (1992, p. 332-333):

> De São Paulo, região industrial, capitalista, ponta-de-lança da modernização cultural, saiu a flecha do primitivismo radical, como se a alternativa real fosse a expressa no famoso trocadilho oswaldiano: *tupy or not tupy, that is the question*. Mas essa alternativa era, apenas, uma alternativa estética do modernismo da década de 20: primitivismo puro ou futurismo, eis a questão *desse modernismo*. Deve, provavelmente, haver uma relação estrutural entre momentos históricos ultramodernizantes e programas estéticos irracionalistas ou, como se prefere dizer hoje, contraculturais. O apelo para fundir técnica e irracionalismo se fez ouvir sintomaticamente nos fins da década de 60, período em que o Brasil viveu uma primeira onda de saturação do consumo tecnológico e dos meios de comunicação de massa. Não por acaso é o momento áureo do tropicalismo que

repropõe a volta ao pensamento antropofágico do modernismo.

Entretanto, de um lado, Bosi (1992, p. 329) vê relativa resistência da cultura popular, que no caso brasileiro se verifica no folclore e nos ritos familiares e religiosos:

> No entanto, a dialética é uma verdade mais séria do que supõe a nossa vã filosofia. A exploração, o *uso* abusivo que a cultura de massa faz das manifestações populares, não foi ainda capaz de interromper para todo o sempre o dinamismo lento, mas seguro e poderoso da vida arcaico-popular, que se reproduz quase organicamente em microescalas, no interior da rede familiar e comunitária, apoiada pela socialização do parentesco, do vicinato e dos grupos religiosos.

Por outro lado, o autor conclui que mesmo na *relativa autonomia* das manifestações populares que perpetuam a cultura mais rústica e originária do povo brasileiro, em paralelo são os meios de cultura de massa e sua expansão técnico-econômica que acabam por prevalecer, produzindo a aculturação do popular e determinando sua apropriação mercantil:

> O uso que a indústria de bens simbólicos faz do folclore se parece com a expropriação. Assim como a indústria tira a força de trabalho do despossuído, pagando-lhe um salário-mínimo, a cultura para massas surripia quanto pode da sensibilidade e da imaginação popular para compensa-la com um lazer mínimo, entrecortado de imagens e *slogans* de propaganda. (BOSI, 1992, p. 327-329).

Esta posição ambivalente de Bosi quanto às manifestações culturais deve ser medida e apropriada quando em relação ao *consumo*: na sociedade mercantil e monetarista a cultura é um bem a ser transacionado e destruído, quer dizer, consumido, a sua realização é transitória e destrutiva, como qualquer bem *profanado*

(AGAMBEN, 2007) submetido ao domínio do capital; a intenção na produção de conhecimento e artística, em suas mais variadas formas, entra sempre no circuito das mercadorias, como valor de troca, cujo resultado esperado é que esses *bens* sejam consumidos, a reproduzir o ciclo invencível de produção como souvenir, entretenimento e espetacularização.

Nesse sentido, assevera Newton Cunha (2010, p.74) que:

> Um bem verdadeiramente cultural surge como um fenômeno que transforma e ultrapassa as necessidades vitais e assim instaura uma imortalidade potencial (nas palavras de Hannah Arendt). Por tal motivo, a lógica que dirige a produção e o consumo dos bens corriqueiros de uso – neste último caso, a sua destruição – não pode ser a mesma dos bens artísticos-culturais. E, no entanto, é justamente esse fenômeno igualitário que a cultura de massa ou a indústria cultural persegue em sua voracidade.

Desta forma, a *produção em uso* (STOREY, 2015), isto é, fazer a diferença no próprio processo, como no caso da manifestação artística, tanto por parte do artista como da apropriação do espectador, *pode parecer* sintomático de certa apropriação neoliberal, na medida em que se um sujeito está em *uso* ele *consome* (e a produção para consumo já é igualmente consumo). Deglutir o bem cultural exatamente como a indústria e a sociedade mercantil esperam que se faça, como mercadoria, é uma contradição pelo menos se considerarmos que a cultura e suas realizações tinham antes como característica a permanência do conhecimento e a liricidade. Neste caso a produção (da cultura como *valor estético de uso* – unindo conhecimento e arte) transformou-se no próprio consumo (mercadoria, valor de troca), ou se se quiser, *o consumo é a medida da própria criação cultural*. Em que medida, então, a cultura e seus estratos educacionais e artísticos, podem *ocupar* e se *apropriarem* de um espaço importante e ativo na realidade de subordinação mercantilista?

4.2 A INDÚSTRIA CULTURAL

Existe uma relação entre *hegemonia* e "indústria cultural", na medida em que esta comporta as práticas sociais, mais ou menos institucionais, com vistas a constituir uma unidade cultural-social. Por ela uma "multiplicidade de vontades desagregadas, se solidificam na busca de um mesmo fim, sobre a base de uma idêntica e comum concepção do mundo" (GRAMSCI, 1984, p. 36-37). Mas isto não acontece de forma transparente e imediata no nível da consciência. Por isso John Storey (2015, p. 153) recorre ao conceito de *ideologia*:

> Portanto, como o econômico (o modo de produção historicamente específico) transforma certas matérias-primas em produtos usando determinados meios de produção, envolvendo determinadas relações de produção, também a prática ideológica molda para a formação social relações vividas por um indivíduo. Realiza isso oferecendo resoluções falsas – mas que parecem reais – para problemas reais. Este não é um processo "consciente": em seu modo de operação, a ideologia "é profundamente inconsciente".

Mídias e mecanismos culturais gerais em um modo histórico de produção – portanto, no nível da linguagem e dos discursos –, fornecem considerações filosóficas no inconsciente dos cidadãos de forma a reforçar um dinamismo produtivo próprio. O conjunto de práticas que os indivíduos preconizam e realizam concretamente reproduzindo as relações de produção, distributividade e consumo, é introduzido e reforçado pelos *aparelhos* sociais (ideológico-culturais e repressivo-oficiais) como se fossem práticas *naturais* humanas e não como formas políticas de reprodução da existência dos indivíduos em coletividade. A ideologia se dá na medida em que a forma cultura coopta os indivíduos a reproduzir práticas culturais em conformidade e nos limites da base estrutural fundante. Parece sintomático que nos portais dos campos de extermínio encontrava-se escrito: "O trabalho liberta".

Estas inscrições foram efetuadas por trabalhadores especialistas em metalurgia[65].

Em outro lugar, Storey, ao ler Gramsci (2015, p. 167-168), explica:

> Gramsci usa o conceito de hegemonia para se referir a uma condição em curso, em que uma classe dominante (aliada a outras classes e frações de classe) não simplesmente regula uma sociedade, mas a lidera através do exercício da "liderança intelectual e moral". Hegemonia envolve certo tipo de consenso: um grupo social busca apresentar seus próprios interesses particulares como interesses gerais da sociedade como um todo.

A disseminação massificada visa à *hegemonia*, assim, está ligada ao conjunto de práticas no nível da superestrutura mediática e cultural, preenchendo aquele espaço inerente à separação prático-sensível das atividades concretas da vida social (*práxis*); como tal, dadas as correlações de força e poder dominante da sociedade, pode-se oferecer como coletivo aquilo que é projeto de interesse privado e/ou elitista, o que significa que "As ideias dominantes de uma época sempre foram as ideias da classe dominante." (MARX & ENGELS, s/d, p. 36).

Por exemplo, quando Paulo Freire (2012, p.79) se refere à educação e ao papel da pedagogia como prática da liberdade, em contraposição à prática da dominação, tem por pressuposto que a realidade que serve de base para o educando pode não ter a ver com o desvelamento crítico dessa realidade, em virtude dessa capacidade hegemônica da cultura[66]:

---

[65] Em alemão: *"Arbeit Macht Frei"*. UNITED STATES HOLOCAUST MEMORIAL MUSEUM. Auschwitz. *Enciclopédia do Holocausto*. Disponível em:.<https://encyclopedia.ushmm.org/content/pt-br/article/auschwitz-1>. Acesso em: 20 jun. 2021.

[66] Nunca é demais lembrar sempre a antecipação fantástica de Marx e Engels, no *Manifesto*, quanto à essência nem sempre facilmente identificada no sistema especulativo de mercado; com relação à Cultura afirmavam (1847): "A cultura,

> Enquanto, na concepção "bancária" – permita-nos a repetição insistente –, o educador vai "enchendo" os educandos de falso saber, que são os conteúdos impostos, na prática problematizadora, vão os educandos desenvolvendo o seu poder de captação e de compreensão do mudo que lhes aparece, em suas relações com ele, não mais como realidade estática, mas como uma realidade em transformação, em processo.

Como se vê, Paulo Freire refere-se ao desvelamento da realidade pelo agente educando como uma prática *problematizadora*, capaz de lhe garantir a totalidade enquanto compreensão *crítica* do "real" (aqui o "real" é apenas a aparência invertida da essência), o que por óbvio pressupõe a filosofia mistificadora hegemônica, mas, também, a possibilidade de ver além dela: "A educação problematizadora se faz, assim, um esforço permanente através do qual os homens vão percebendo, criticamente, como *estão sendo* no mundo *com que* e *em que* se acham." (FREIRE, 2012, p. 79).

Partindo dos conceitos de ideologia e hegemonia, podemos compreender a "problemática" (ALTHUSSER, 2015) como aquele texto-discurso (narrado, escrito, pictórico, encenado) que contém um problema a ser decodificado, *problematizado* e inserido, posteriormente, como "verdade" aceite nas percepções e práticas dos agentes sociais, como produtores-consumidores de bens materiais e imateriais. Como tal, a cultura não deixa de ser produzida-consumida, mas não de qualquer forma, não aleatoriamente. Pelo contrário, agora ela adquire os contornos de mercadorias em uma construção planejada e organizada como forma específica, com objetivos específicos e papeis específicos: ser consumida simbolicamente e praticada na afirmação ideológica de *certa* verdade, nos limites de um horizonte de mundo específico e determinado historicamente.

---

cuja perda o burguês deplora, é, para a imensa maioria dos homens, apenas um adestramento que os transforma em máquinas." (MARX & ENGELS, s/d, p.34).

Pierre Macherey (1978), trabalhando sobre literatura, aborda a questão ideológica nas artes. Depois de abordar as várias formas e usos históricos da ideologia, Macherey conclui que a *ruptura* que a ideologia pode provocar no conhecimento científico, não é a mesma que a arte provoca na vida (concreta); a Arte (como a literatura) rompe o véu em busca da reflexão crítica, enquanto a ideologia faz o contrário com o conhecimento: "Esta ruptura não é a mesma diferença que separa arte e vida, nem é essa ruptura real entre ideologia e teoria do conhecimento; antes é essa diferença específica que é definida pelo uso característico dos meios de representação." (MACHEREY, 1978, p. 52, *trad. nossa*). E mais à frente conclui:

> Assim, não se deve pensar que a ideologia, metamorfoseada na arte, torna-se insignificante e desaparece como ideologia: não mais do que podemos isolar a doutrina e julgá-la por si mesma, além disso, devemos privilegiar a arte do escritor e invocar essa arte para o véu que lhe dá substância e significado. (MACHEREY, 1978, p. 265, *trad. nossa*).

É tal afirmação que leva Storey (2015, p. 161) a afirmar, já orientando a discussão para o lado negativo da ideologia, na "indústria cultural", que:

> Toda narrativa contém um projeto ideológico; isto é, promete contar a "verdade" sobre algo. A informação é inicialmente retida sob promessa de que será revelada. A narrativa constitui um movimento em direção à narração. Começa com uma verdade prometida e termina com uma verdade revelada.

Desta forma, as manifestações culturais pelos seus estratos educacionais e artísticos sempre tenderam a *reproduzir* mais do que a *criar*. Contudo, nos estudos pós-estruturalistas contemporâneos tende-se a ver a cultura popular como "maneiras de compreender o mundo subordinadas e criar obstáculos a compreensões dominantes" (STOREY, 2015, p. 185). A ideia de cultura popular como qualitativamente diferente de cultura erudita esbarra, todavia, na premissa que a primeira se afasta potencialmente da ideologia e da hegemonia: fundamentalmente, tende-se a esquecer de que *cultura é sempre a forma cultura* derivada da forma mercadoria e em "conformação" com as demais formas sociais.

Sem dúvida que é fato que as formas da superestrutura (cultura, política, jurídica) exercem suas práticas *sobre a base estrutural da sociedade*, interagindo com ela. Isto significa, *per se*, que a cultura, mesmo a cultura popular possa ir além da sua conformação à organização social *em sua base*? Ou, em termos clássicos, ir contra e modificar na essência as relações estruturais, fenômeno social fundante da vida social real?

Ora, aqui se deve considerar o seguinte: não são apenas os meios produtivos e a organização espacial e temporal dos mesmos que forma a base econômica, mas, fundamentalmente, as relações sociais aí engendradas a partir e através desses meios. Os meios produtivos entram em funcionamento na produção através de *relações* especificas entre seres produtores e não produtores, portanto, a forma econômica é antes de tudo *relações sociais de produção*; daí deriva as demais *relações sociais gerais*. Quando Storey, por exemplo, fala da possibilidade de criar obstáculos a compreensões dominantes, ou de resistir, "dependendo da situação, da intenção, dos meios de produção e da produção em si" (STOREY, 2015, p. 185), não reflete a produção exatamente como já permeada pela hegemonia cultural, quer dizer, permeada também pelos protocolos que reproduzem esse modo de produção nessas relações sociais humanas dadas - neste caso *aparentemente* "por cima". Mas, concomitante e originariamente, essa cultura já aparece como forma cultura derivada e nos limites de sua estrutura produtiva "por baixo", na forma mercadoria.

No mundo da economia de mercado os *significados* são por princípio ocultos, *não problematizados*, porque exatamente aquelas relações sociais produtivas são um *fenômeno* social que precisa ser reproduzido incessantemente *sem* consciência, devido ao seu *nonsense* e distanciamento de uma Vida Boa para os indivíduos, uma vida ecológica mais salutar e promissora (ROCHA, 2006). Partindo-se, entretanto, da premissa que esse *significado* é sempre decodificado pelo indivíduo e apropriado por ele na sua *atividade concreta* – autor e espectador –, existiria a possibilidade de certa *apropriação* que não reproduza as realizações culturais como indústria nos termos mercantilistas?

Autores contemporâneos debruçam-se sobre o tema e indicam várias dificuldades; a dificuldade de sair dos circuitos de *show business* e da espetacularização, a partir das matrizes da Escola de Frankfurt (ADORNO & HORKHEIMER, 1985) e da Sociedade do Espetáculo de Guy Debort (2003), permanece tão atual hoje como ao longo do século XX[67]. Peguemos dois exemplos de autores brasileiros que usam convictamente o conceito de indústria cultural.

Eugênio Bucci (2011, p. 131-132), cujo interesse acadêmico e profissional é a ética no jornalismo, afirma:

---

[67] A Escola de Frankfurt, à qual pertencem Adorno e Horkheimer (*Dialética do Esclarecimento*, 1985), foi pioneira em declarar a radical subordinação do homem às tecnologias da Modernidade, decretando o fim da ilusão do conhecimento e racionalidade preconizados pelo Iluminismo nos séculos XVIII e começo do XIX. Foi Guy Debord (*Sociedade do Espetáculo*, 2003), cuja tradição Situacionista remonta aos movimentos de Maio de 1968, que introduziu mais cabalmente a ideia de dominação pelos meios midiáticos modernos. O debate pode ser visto, por exemplo, em Harada (2018, p. 258), quando este afirma que "a exploração capitalista e (a) famigerada indústria cultural, nada mais é do que uma noção espalhada pelos ares com um fim político, oriundo sobretudo dos marxistas da Escola de Frankfurt". Segundo Rex Dunn (2016), no entanto, o problema da subordinação mais abrangente do homem e de suas criações artísticas, deve-se menos ao desenvolvimento das tecnologias e seus usos, e mais ao domínio midiático da comunicação de massa como preconizado por Debord, quando afirma que "Graças à ascensão dos novos meios de comunicação de massa, a forma mercantil fornece a base para a sociedade do espetáculo, isto é, a realidade irreal da publicidade, das notícias ou da propaganda e da indústria do entretenimento".

> Pois a natureza da indústria cultural (conceito aliás que não considero revogado, nem de longe) é incompatível com o projeto da verdade jornalística. [...] *Acontece que a busca da verdade, virtude ancestral do jornalismo, é simplesmente incompatível com a lógica dos conglomerados comerciais da mídia de nossos dias.* A mídia é aqui entendida como o universo formado pelos meios eletrônicos de prevalência global, cuja linguagem é lastreada na imagem ao vivo ou online, no qual o entretenimento e relato jornalístico se embaralham de forma sistêmica. A busca da verdade era um projeto da razão e os conglomerados há muito se divorciaram da razão. Não porque seus gestores sejam pessoas mentirosas, mas pela própria natureza dos conglomerados e da comunicação tiranizada pela imagem. Onde quer que a notícia esteja a serviço do espetáculo, a busca de verdade é apenas um cadáver. Pode até existir, mas sempre como um cadáver a serviço do "dom de iludir". [...] O negócio do telejornalismo não é o jornalismo. Seu negócio é outro. Seu negócio não é sequer a veiculação de conteúdos. As grandes redes de televisão aberta têm como negócio a atração dos olhares da massa para depois vendê-los aos anunciantes.

Outro autor, pertinente ao tema – se é possível e em que termos podem-se efetivar uma *apropriação* cultural que não reproduza a ideologia de mercado – é Newton Cunha (2010, p. 73-74), que refuta certas visões neoliberais (STRINATI, 1999), que afirmam a *democratização* da cultura, e a *importância* da cultura popular, pela aquisição de bens culturais por dentro da espiral do mercado de consumo:

> Essa forma de democratização, no entanto, aos olhos de seus oponentes significa apenas que nos tornamos consumidores vulgares, isto é, nem soberanos, nem autônomos, e sim testemunhas viciadas de *ofertas de divertimentos e de uma exigência mercantil igualitária*, aquela que torna homogênea a lógica do investimento, indistintamente

> aplicada a sabonetes e a linhas editoriais. Hoje, na prática, quase toda a produção de objetos e de obras simbólicas provém da indústria cultural e passa pelo sistema midiático. Ora, a velocidade muito rápida dessa produção e a substituição inesgotável de seus bens conferem à cultura "modernamente democratizada e mundializada" um estatuto da moda, de epifenômeno, de contingência, de imediatismo e lucratividade.

Destarte a verossimilhança destas posições, sugerimos inicialmente considerar uma *condição* fundamental, que no regime de produção de mercadorias aparece disfarçada como capacidade universal, para todos, ontocriativa, mas desprovida de concreticidade – como *pseudoconcreticidade* (KOSIK, 1976) –, a condição de que o indivíduo esteja, pelo menos no momento da manifestação artística (da intuição à realização, da observação à apropriação), *separado* da subordinação da produção mercantil, ou nos termos marxianos, "na medida em que ele se encontra fora da relação de trabalho", "fantasmas [situado fora de seu domínio]" (MARX, 2008, p. 91-92). Efetivamente este estar *separado* define a condição antinômica de superar a separação entre *prática* e *sensível*, provocada pela relação social especulativa do capital a começar pela produção permeada pela dissociação entre *poder-fazer* e *poder-sobre*.

A segunda condição, correlata àquela fundamental, é que, como se disse com relação à educação e Paulo Freire, os indivíduos devem estar em condições de *problematizarem* a realidade que os envolve, o que demanda, ainda, certas condições concretas mínimas, de vida (tempo, recursos financeiros) e serem possuidores ou terem acesso aos meios (instrumentos de trabalho, instalações) e formas (educação, conhecimento artístico) necessárias à produção-apropriação da cultura. Portanto, não é comum que trabalhadores braçais e outras *figuras* em posições variadas de exclusão social concluam com êxito suas interações culturais – isto nada tem a ver, por evidente, com sensibilidade e intencionalidade, mas com as condições materiais concretas da existência subordinada às necessidades da produção e realização do capital[68].

De fato, enquanto mão de obra assalariada o *indivíduo* é um sujeito de produção determinado na sua condição de mercadoria para o capital, como tal, um *agente* inserido na extrema divisão do trabalho e produção de mercadorias. De *indivíduo*, cuja potencialidade para o *belo* permanece *in natura*, ele se transforma em *sujeito de capital*, um agente social pela relação social especulativa do tipo mercantil, ao invés do *homem* como *totalidade objetiva*. Diferentemente, a realização da cultura exige a *relação social* como *totalidade*, dado que sua atividade ontocriativa define-se *como* e *pela* prática. Podemos ficar aqui com Gramsci (1984, p. 217-218): "Mas as coisas não são tão simples na história como na arte. Na arte, a produção da "liricidade" é perfeitamente individualizada em um mundo cultural personalizado, no qual se pode admitir a identificação de conteúdo e forma, bem como a chamada dialética dos distintos na unidade dos espíritos [...]".

A propósito, Michel Debrun (2001, p. 61) explica:

> Na medida em que a obra estética bem-sucedida representa a fusão final dos dois polos, ela se torna, como a "bela totalidade", hegeliana, um universal concreto, uma individualidade. [...] Sem dúvida, mesmo na arte, não se pode falar de uma simples passagem do implícito ao explícito, ou da potência ao ato. Nem de um "automovimento do conceito" no sentido hegeliano. Há uma distinção real entre o conteúdo e a forma, e sua complementaridade efetiva – "um momento de liricidade" – deve ser conseguida através da "paciência e do trabalho negativo". Não está garantida, pode falhar.

---

[68] De fato, aqui não se trata de compreender o potencial de *experimentar* o "belo como sensível", não como mera potencialidade do espírito, mas das condições materiais e educacionais, portanto econômicas e culturais-sociais que preexistem a essa experimentação; dito de outra forma, não se indaga sobre a sensibilidade (para o belo e harmonioso) como potência humana em si, mas como um *objeto* pode ser criado e apreendido como bem cultural, ou "obra de arte" que se refere ao *belo* e ao *harmônico* em uma sociedade determinada.

> [...] Mas permanece em pé o fato de que forma e conteúdo estéticos se definem através da sua relação. Não têm um mínimo de consistência fora dessa relação.

Aqueles que entendem a cultura popular como capaz de "resistir", criar obstáculos, quando da "produção em uso" (STOREY, 2015, p. 185) dos artefatos culturais – ainda que tais artefatos não passem de mercadorias, produção de cultura que se incorpora imediatamente à "indústria cultural" como mercadoria –, acreditam ser possível no uso da cultura, por dentro da forma-cultura escapar dos aparelhos ideológicos e das instituições de controle das sociedades mercantilistas. Não por acaso, Storey sempre usa expressões como "pode fortalecer", ou "a possibilidade de resistir", "a probabilidade de incorporar", "incorporação e resistência podem ser (*eventualmente*) decididas". Existe aqui a tentativa de aproximar os grupos de expressão popular da resistência no nível simbólico e artístico, que não estejam mais diretamente implicados com o trabalho e conformados pelo núcleo duro da produção mercantil, *mais* afastados do consumo de massa, "figuras fantasma".

Parte desta "esperança" advém do fato que o contemporâneo não exige obstinadamente, pelo espectador/observador, a experimentação sensível imediata e objetiva das coisas e dos produtos do trabalho, mas apenas a *crença* naquilo que o *outro* afirma, desde que esse outro se apresente como o validador científico. Pois se a Modernidade apregoava o fim da crença em proveito da observação, "se fundava num contrato entre a vista e o real, transforma agora essa relação e deixa *ver* precisamente o que se deve *crer*. A ficção define o campo, o estatuto e os objetos da visão." (CERTEAU, 2003, p. 288). Ao fazê-lo, isto é, ao atribuir o "real" àquilo que se imagina que outros acreditam, o faz por um desvio de alteridade que se afirma naquilo que outros grupos, outros campos, outras disciplinas supostamente são (CERTEAU, 2003, p. 289).

Isso implica, então, que, precisamente, as metalinguagens por trás dos símbolos a criarem as representações (acreditar no que não se vê), nas posições tradicionais, dão lugar a se acreditar naquilo que se vê pelo discurso do outro, nas posições contemporâneas, ainda que este crer esteja, em última instância, alicerçado somente pela *titulação* daquele-que-fala-do-seu-lugar-de-fala, como que estas preposições de outros lugares, uma vez consagradas em seu lugar, promovessem não apenas o reconhecimento da alteridade, mas a própria existência de muitos "reais".

Certeau (2003 p. 289-290) exemplifica-o com relação às disciplinas do conhecimento:

> Por exemplo, as relações entre a informática e a história funcionam tendo como base um espantoso quiproquó: à informática os historiadores solicitam que dê crédito a um poder "científico" capaz de dar peso técnico e real a seu discurso; à história os informaticistas pedem uma validação pelo "real" que é fornecido pelo "concreto" da erudição. Cada um deles, por seu lado, espera do outro uma garantia que lastreie o seu simulacro.

Este mesmo "quiproquó" pode ser presenciado nas diversas manifestações e realizações culturais populares; tidas como um todo, as da *periferia* reforçam, para além de sua existência e importância na necessidade de reconhecimento, a existência das do *centro* erudito, e vice-versa. O mesmo se verifica a partir da dicotomia ambivalente entre cultura popular e erudita, ou entre os espaços alternativos, *underground* (não menos acadêmicos), e os que integram a indústria ou o dito circuito comercial (muitas vezes não menos popular ou desassistido). Isso não significa que não exista um centro aristocrático, erudito e iminentemente acadêmico, e diversos momentos e espaços urbanos acessíveis a muitos e fundamentalmente realizadores de uma cultura reivindicativa ou de contestação à indústria; de qualquer forma não se pode supor que estes espaços não sejam dialógicos. A questão está muito mais na validação de suas preposições e realizações como "reais" ou "ficções", na medida em que uns e outros permanecem em seus simulacros e sua *ideologização* se restringe a validar *apenas* a diferença e não a construção coletiva. Contudo, pior seria validar e corroborar manifestações e reivindicações, pelos caminhos das realizações culturais, como válidas ou não válidas, "reais" ou não, *per se*, ou pela mera comparação entre si, pela rejeição ou aceitação simples de seus "ditos e escritos"[69].

4.3 A FILOSOFIA MATERIALISTA: A PRÁXIS DA CULTURA E DA ARTE

Existe uma densidade e intensidade da penetração da economia - em cada época, e debaixo de condições específicas da divisão do trabalho social – sobre a política e o direito, mais ainda sobre a cultura, filosofia e a religião, apesar de suas *relativas autonomias*. Friedrich Engels, em carta de 25 de janeiro de 1894, endereçada a H. Starkenburg, afirmava:

> O desenvolvimento político, jurídico, filosófico, religioso, literário, artístico etc., baseia-se no desenvolvimento econômico. Mas todos aqueles reagem entre si e sobre a base econômica. Não é que a situação econômica seja, *sozinha, causa ativa* e que tudo o resto seja apenas efeito passivo. Há, porém, interação à base da necessidade econômica, que, em última instância, sempre se impõe. (ENGELS, In: Florestan Fernandes, 1983, p. 469)[70]

---

[69] A esse respeito podemos ver algumas realizações culturais menos comerciais: Edu Krieger, "Resposta ao Funk Ostentação", música em: https://www.youtube.com/watch?v=4aJwV8cWxDM; Gabriel o Pensador, "Vídeo Proibido", música em: https://www.youtube.com/watch?v=lXQp_lMEnoo. Veja-se: LESSA, Juliana. O Rap de Marcelo D2 e a Indústria Cultural. *Capitalismo em desencanto*, 2013. Disponível em: <https://capitalismoemdesencanto.wordpress.com/2013/07/18/o--rap-de-marcelo-d2-e-a-industria-cultural/>. Acesso em: 01 mar. 2019.

[70] Após a morte de Marx (1883), e após a publicação d'O Capital (1867; 1885; 1894), F. Engels escreveu várias cartas explicando o Materialismo Histórico--Dialético. Carta de F. Engels a C. Schmidt, 5 de agosto de 1890: "(...) embora o modo material de existência seja o *primum agens* (causa primeira), isso não exclui que os territórios da idealidade por sua vez reajam sobre ele, tenham um

Mas não apenas Engels reconhece a *relativa autonomia* das formas superestruturais como a política, o direito, e a cultura (a filosofia, a religião, a literatura e o artístico). Já em 1844, o jovem Marx, de 26 anos de idade, nos escritos que vieram a ser conhecidos como *Manuscritos Econômico-Filosóficos*, publicados apenas em 1932[71], disserta sobre a constituição das formas da

---

efeito retroativo, ainda que secundário (...)"; Carta de F. Engels a C. Schmidt, 27 de outubro de 1890: "A sociedade cria certas funções coletivas de que ela não pode prescindir. As pessoas nomeadas para elas constituem um novo de forma ramo da divisão do trabalho *dentro da sociedade*. Com isso elas passam a ter interesses diferenciados em relação a quem lhes outorgou esses mandatos, criam autonomia e... eis o Estado. E, daí e diante, (...) a nova força independente tem de, globalmente, seguir o andamento da produção, mas, em virtude da relativa independência gradualmente desenvolvida, também reage, por sua vez, sobre as condições e o andamento da produção. (...) De um modo geral, o movimento econômico sempre acaba se impondo, mas ele também tem de suportar a reação do movimento político por ele criado e que goza de uma autonomia relativa (...). Com o direito é parecido: assim que a nova divisão do trabalho se torna necessária e produz os juristas profissionais, está aberto um território novo e autônomo, que, apesar de toda a sua dependência geral quanto à produção e ao comércio, possui também uma especial capacidade de reação sobre esses territórios."; Carta de F. Engels a F. Mehring, 14 de julho de 1893: "A ideologia é um processo que é realizado com consciência pelo assim chamado pensador, mas com uma consciência falsa. (...) Ele trabalha exclusivamente com material intelectual, que ele ingenuamente acredita ser criado pelo pensamento e nada mais, sem imaginar uma origem mais longínqua, independente do pensamento; para ele, isso é óbvio, pois, para ele, toda ação humana, porque *mediada* pelo pensamento, também parece, em última instancia, *fundamentada* no pensamento". (In: Marx e Engels: História. Florestan Fernandes (Org.). *Grandes Cientistas Sociais*, nº 36. São Paulo: Editora Ática, 1983, p. 455-471).

71 Em 1932 a ex-URSS passava exatamente pela implantação de sua política cultural que ficou conhecida por "realismo socialista", com graves consequências para o desenvolvimento das artes, que, por esta orientação deveriam servir diretamente à consolidação da revolução de 1917 e da ditadura do proletariado a partir de 1918. Tivessem os *Manuscritos Econômico-Filosóficos*, de 1844, sido publicados antes, por exemplo, quando nos anos 1923-1924 Lenin e Trotski debatiam sobre o tema e defendiam a liberdade das manifestações culturais e artísticas, posição que foi vencida dentro do Partido Bolchevique e do Proletkult, talvez os destinos das Artes e das demais formas sociais e papeis sociais dentro da Revolução de Outubro tivessem sido efetivamente outros - e melhores! (Veja-se: KEACH, William. *Apresentação*; BANDEIRA, Alberto Moniz. Prefácio: *O Marxismo e a Questão Cultural*. In: *Leon Trotski, Literatura e Revolução*. Trad. Alberto Moniz Bandeira. Rio de Janeiro: Jorge Zahar Editor, 2007).

consciência, alienação, da cultura e sua relação com o mundo do trabalho.

Ali, quando Marx (2008, p. 91-92) se refere ao mundo do trabalho, e afirma que o interesse para o capital é apenas a existência do trabalhador como força de trabalho intercambiável, portanto, como mercadoria, ele cita exemplos de outras *figuras* sociais:

> O trabalhador só é enquanto trabalhador, assim que é para si como capital, e só é, como capital, assim que um *capital é para ele*. A existência (dasein) do capital é *sua* existência, sua *vida*, tal como determina o conteúdo de sua vida de um modo indiferente a ele. A economia nacional não conhece, por conseguinte, o trabalhador desocupado, o homem que trabalha (*Arbeitsmenschen*), na medida em que ele se encontra fora da relação de trabalho. O homem que trabalha (*Arbeitsmenschen*), o ladrão, o vigarista, o mendigo, o desempregado, o faminto, o miserável e o criminoso, são *figuras* (*Gestalten*) que não existem para *ela*, mas só para outros olhos, para os do médico, do juiz, do coveiro, do administrador da miséria, fantasmas [situado] fora de seu domínio.

Ressalte-se que aqui Marx alude para as *figuras* sociais, para os papeis sociais dos homens que mesmo fora das relações de trabalho transacionadas pelo capital (compra e venda, como mercadoria, de força de trabalho), subsistem em outras dimensões da vida social geral; principalmente, a notar que o autor lembra que existe trabalho (o homem que trabalha) "fora da relação de trabalho", ainda que para o capital e sua necessidade de extração de mais valor, este "trabalho fora" seja para *ele* equiparado a outras figuras sociais excluídas. Contudo, ao colocar essas "outras" *figuras* junto com a *figura* do homem que trabalha – por exemplo, nas Artes, desde que não em uma relação mercantil direta e objetivada –, Marx sugere certa equiparação entre atividades que fogem ao controle da mediação mercantil do capital, e que perfaz um circuito maior, social geral, de manifestações e de realizações imateriais que constituem o próprio Ser – figura genérica prático-sensível.

Como *homem do trabalho* (não "devastado" como trabalhador assalariado, não "devastado" como força de trabalho para o capital) ele é um Ser que mantém e carrega a *potencialidade de sentir e fazer criativamente,* mesmo que o contratante de sua força de trabalho o impeça de realizar. Aqui se pode ver a diferença entre o *poder-fazer* (dele) e o *poder-sobre* (de outrem, estranho a ele), não obstante, o poder sobre seu fazer não lhe retira a potencialidade como Ser.

Esta constituição *prático-sensível* do homem, manifestada a partir do mundo do trabalho, mas que ganha autonomia relativa em direção a uma "subjetividade objetiva" (para Si), por mais que seja, tanto do ponto de vista material como imaterial, imanência coletiva e função social, é constituída *concomitantemente* pelos *sentidos* (MERLEAU-PONTY, 1971), algo além dos condicionamentos das relações sociais de produção. Aliás, pode-se dizer que é precisamente nesta dimensão do *sensível,* que não pode ser retirada do Ser, que está dada a possibilidade da cultura e das demais formas superestruturantes se emanciparem como emanação ideológica (filosofia, religião), coercitiva (direito, política) e criativa (educação, artes, esporte), mas igualmente serem instrumento de dominação hegemônica.

Karel Kosik (1976) aludia a esta realidade ontocriativa da prática como *práxis,* nos seguintes termos: "A práxis é *ativa,* é atividade que se produz historicamente – quer dizer, que se renova continuamente e se constitui praticamente –, unidade do homem e do mundo, da matéria e do espírito, de sujeito e objeto, do produto e da produtividade." (KOSIK, 1976, p. 202). Contudo, o autor também chama a atenção como da relação de domínio sobre a natureza se apresenta ao homem a sua "dessacralização", quer dizer, a possibilidade de igual forma ser dominado e explorado:

> A dessacralização da natureza e o descobrimento da natureza como conglomerado de forças mecânicas, como objeto de exploração e domínio, acompanha *pari passu* a

> dessacralização do homem, no qual se descobre um ser que é possível modelar e formar, ou então – traduzindo em linguagem correspondente – que se pode manipular. (KOSIK, 1976, p. 200)

Quando a *práxis* (prática-sensível) está sob o domínio da extrema divisão do trabalho e da produção de mercadorias sob as determinações da lógica do capital, ou "sob o sórdido aspecto do especulador" (KOSIK, 1976, p. 201), o império do "fazer abstrato" – o *homem* separado do *objeto* para si – se *reifica* sobre a "reflexão sensível"; a esta *separação* entre o fazer e o pensar *criativo* corresponde a ruptura da *prática-sensível*, possibilitando, então, que se "administre" a *prática* pela lógica da reprodução do capital, e o *sensível* como "complementariedade" dessa mesma prática, perfazendo o papel e a função da cultura como "sobredeterminação" (ALTHUSSER, 2015).[72] Isto quer dizer que se a função da cultura é positiva e propositiva em relação à crítica da subordinação do mundo do trabalho mercantilizado, também é negativa e reativa para a limitação do homem em relação a essa mesma subordinação, e que, portanto, a forma cultura em uma sociedade determinada não é *per se*, de todas as formas, nem crítica nem

---

[72] O termo "sobredeterminação" em Althusser explica-se pela totalidade da estrutura econômica e as demais formas superestruturais da sociedade, que quando dialeticamente se contradizem no interior dessa totalidade exercem suas forças de forma recíproca – "sobredeterminadamente" – até uma situação insustentável da realidade que se revoluciona então; mas como no interior dessa totalidade as forças em contradição já não podem exercer de forma absoluta o todo de suas forças próprias, a "sobredeterminação" de umas sobre as outras constitui um processo de resultados não absolutamente identificáveis, ainda que no pensamento marxista subsista a ideia que "em última instância" os fatores econômicos devam ser hegemônicos até o momento final de ruptura "radical". Neste sentido, "Althusser, afastando-se do economicismo, tratando das relações entre infraestrutura e superestrutura, dá o nome de *sobredeterminação* à possibilidade de um arranjo específico entre as várias determinações do todo social. A sociedade é sempre determinada em última instância pelo nível econômico, mas a conjunção de determinações diferentes sobre um mesmo objeto é o que gera a sobredeterminação." (MASCARO, 2014, p. 558).

neutra – a sua constituição já lhe *molda* os resultados através de seu *conteúdo* e/ ou *caráter*.

Assim, os dilemas que Cipriano Algor e sua família passam no romance "*A Caverna*" de José Saramago (2013a, p. 152)[73] estão todos enredados na antinomia entre o mundo industrial plástico mercantilizado e o fazer manual cuja plasticidade como uso está na capacidade do oleiro criar seus bonecos de barro, sempre a quererem-lhe fugir do controle, como que tendo vida própria, na moldagem, no cozimento, na pintura; paradoxalmente é neste fazer objetivado pelo artesão que a vida se torna vida, nas suas dificuldades, nas suas verossimilhanças, nos desafios deslocados de seu querer, querendo esgueirar-se de suas intenções, a provocar seus sentidos, seu toque, seu cheiro, seu olhar, o olhar em volta nem seu nem alheio, e, contudo, aí está o ente que se torna Ser dando vida a suas obras de arte, afinal dando vida à sua própria vida, sujeito e objeto: como convicção e como desabafo: "O mau não é ter ilusão, o mau é iludir-se, provavelmente tinha estado a pensar o mesmo que a filha e a conclusão de um teria de ser, pela força da lógica, a conclusão do outro, de qualquer modo barco parado não faz viagem, suceda amanhã o que suceder há que trabalhar hoje, quem planta uma árvore também não sabe se virá a enforcar-se nela."

Existe, pois, uma *fenomenologia* a ser considerada nessa aproximação entre o fazer e o que está feito, como resultado daquele fazer. É precisamente a separação da criatividade daquele que faz, e do resultado de seu fazer, que elimina a sua totalidade prático-sensível ou práxis, isto é, elimina a *união* do sujeito com o objeto, solapando sua subjetividade.

Eis como estava colocada inicialmente a *fenomenologia* do Ser marxiano:

> [...] [é] apenas pela riqueza objetivamente desdobrada da essência humana que a riqueza da sensibilidade *humana*

---

73 Utilizamos a edição brasileira da editora Cia. Das Letras, de 2000: 14ª reimpressão de 2013.

> subjetiva, que um ouvido musical, um olho para a beleza da forma, em suma as fruições humanas todas se tornam *sentidos* capazes, sentidos que se confirmam como forças essenciais *humanas*, em parte recém cultivados, em parte recém engendrados. Pois não só os cinco sentidos, mas também os assim chamados sentidos espirituais, os sentidos práticos (vontade, amor etc.), numa palavra o sentido *humano*, a humanidade dos sentidos, vem a ser primeiramente pela presença do *seu* objeto, pela natureza *humanizada*. (MARX, 2008, p. 110).

Nesse sentido, Celso Frederico (2016, p. 70), opina sobre a importância de se considerar na obra marxiana "as determinações sociais mais amplas", ainda que a economia política, na sua forma hegemônica mercantilista, tenda apenas (e sempre) a desconsiderar outros papeis e outras funções constitutivas do "perfil sócio-psicológico" do homem, enquanto agentes ativos e permanentes no "desenvolvimento histórico global da sociedade":

> A economia política só considera o indivíduo enquanto produtor e, com isso, escapam-lhe as determinações sociais mais amplas. As condições de vida, mesmo não sendo aquelas decisivas para o progresso do capitalismo, influenciam diretamente a existência social de parcelas significativas da sociedade.

A contribuição de Marx, dados os *Manuscritos* de 1844, é decisiva para a elaboração de uma filosofia *prático-sensível*; na verdade, o Materialismo Histórico Dialético, ao fundir o Idealismo de Hegel com o Materialismo de Feuerbach, alcançou mais alto grau de superação em relação à filosofia clássica e à *fenomenologia*, muito antes dos filósofos modernos apresentarem como tal suas ideias (Edmund Husserl, Maurice Merleau-Ponty, Martin Heidegger): o conceito de *práxis* (prática-sensível) conforme proposto por Marx restaura ao homem sua humanização como o Ser que se viu separado da natureza, e que se o fez radicalmente sobre as condições extremas de extração de mais valor pelo capital, não suprimiu, contudo, a *ação sensível* do sujeito que se constitui *objetivamente*, como *figuras* a desempenhar papeis outros para lá da *abstração* da produção mercantilizada e das formas ideológicas-repressivas jurídicas e estatais, o que em termos conceituais já estava dado por Marx considerando a aproximação entre o *sujeito* e o *objeto*.

Podemos ver a mesma explicação nas palavras de Celso Frederico (2016, p.74):

> Na concepção materialista e dialética de Marx superam-se, consequentemente, as antinomias que mantinham separados o sujeito e o objeto da criação artística. O inter-relacionamento dos opostos tornou-se possível pela existência de uma mediação material ativa interposta entre os extremos.

Mas não se deve perder de vista que a *práxis* não dá ao sujeito – a *figura* social constituída e seus papeis (GOFFMAN, 1983) – a liberdade inata e hiperbolizada, conforme se constitui no imaginário do senso comum, imanente da ideologia burguesa como valor intrínseco ou condição humana ilimitada[74], mas a dá como *relativa autonomia*, como prática humana, circunscrita na conformidade do modo de produção social determinado e histórico, como historicidade concreta. *Não* como artifício do espírito (Hegel), ou prática aleatória (Feuerbach) desvinculada das relações sociais subjacentes dadas em relação à produção da vida

---

74 Na ideologia burguesa, a abstração jurídica que emana da necessidade irrecusável da relação arbitrária, desigual, entre proprietários dos meios de produção e proprietários da força de trabalho, constitui a base filosófico-ideológica da "liberdade" e "igualdade" como substantivas e absolutas por si mesmas, mas que na verdade derivam da constituição de uma individualidade na ordem econômica, como classes possuidoras e despossuídas; aquele "sujeito de direito", por exemplo, é uma abstração subsumida a partir dessa condição de classe dentro do modo de produção, necessária e intransponível quando a liberdade e a igualdade servem basicamente para a celebração de contratos mercantis – a começar pelo contrato de trabalho – entre "iguais".

material mesma e conforme certo nível de desenvolvimento das forças produtivas disponíveis.

Nas obras que se seguiram, *Teses Sobre Feuerbach* (1845) e *Ideologia Alemã* (1845-1846), esta última redigida a quatro mãos com seu amigo Friedrich Engels, a concepção dialética e a visão prático-sensível (*práxis*) do homem *histórico, pelo trabalho*, já se desenvolve magistralmente, posição da qual Marx não mais se separará até a confecção d'*O Capital*. Daí que na *Ideologia Alemã* apresenta-se a ideia da *unificação* entre o "fazer do homem" e o "fazer em circunstâncias dadas" [75]: dado que a essência humana é uma totalidade – *unidade do diverso*! – ela se apresenta como aquela em que o homem ao fazer a sua existência pela história, *concomitantemente*, se faz a si mesmo pelo seu fazer no trabalho, ou, dito de outra forma, as circunstâncias determinadas por ele, são as que o determinam. Marx e Engels (1983, p. 187) escreveram:

> O modo pelo qual os homens produzem os seus meios de vida depende inicialmente da constituição mesma da vida encontrados aí e a ser produzidos. Este modo de produção não deve ser considerado só segundo o aspecto de ser a reprodução da existência física dos indivíduos. Ele já é antes uma maneira determinada de atividade desses indivíduos, uma maneira determinada de manifestar em sua vida, *um modo de vida* determinado. Os indivíduos são assim como

---

[75] Em outro trabalho famosíssimo, *O 18 Brumário de Napoleão Bonaparte* (1852), Marx mantém a mesma concepção dialética da história, ainda que muitas vezes os seus intérpretes, desconhecedores do método histórico-dialético marxiano, tenham se debatido sobre a exclusão recíproca, como opostos, entre a ação "autônoma" do homem na história, e a "história sob determinadas condições que lhe escapam"; estas interpretações levam em seu conteúdo a lógica formalista ao invés de "pensá-lo em termos dialéticos, em que os polos opostos não se excluem mas se incluem, determinando-se reciprocamente." (SAVIANI, 2012, p. 23). Eis a passagem célebre de Marx: "Os homens fazem sua própria história, mas não a fazem como querem; não a fazem sob circunstâncias de sua escolha e sim sob aquelas com que se defrontam diretamente, ligadas e transmitidas pelo passado." (MARX, s/d a, p. 203).

> manifestam a sua vida. O que eles são coincide, portanto, com a sua produção, tanto com *o que* produzem quanto também com o *como* produzem. Portanto, o que os indivíduos são depende das condições materiais da sua produção.

Desta forma, é na *dialética*, e não na exclusão de opostos, entre a forma mercadoria (produção, circulação) e formas ideológico-culturais, que se promovem as possibilidades reais das *representações* e *artes* não imediatamente produtivas dos homens:

> A capacidade humana de criar não é um artifício do Espírito que se dá a conhecer por meio de seu aparecimento sensível. Arte, para Marx, é atividade, é forma humana de objetivação que não se deixa superar por outras formas de objetivação. Este modo específico de atividade, por sua vez, é um produto histórico tardio que pressupõe um nível de desenvolvimento das forças produtivas, uma satisfação das necessidades imediatas da sobrevivência, que permite ao homem modelar em conformidade com "as leis da beleza". (FREDERICO, 2016, p. 75).

Como se pode ler, "as leis do belo" *estão a par* de um estágio determinado do desenvolvimento das forças produtivas, o que quer dizer que a Arte "autêntica" pressupõe a superação da "indigência" humana, pressupõe a libertação do homem em relação às suas necessidades materiais mais imediatas, principalmente quando a substância da organização produtiva material está condicionada *sine qua non* pela irrevogável necessidade da exploração do trabalho humano e acumulação privada de riqueza, na forma dos produtos resultado dessa produção social.

No entanto, como dito, as "figuras fantasmas", do "não trabalho", que podem se afastar – mesmo que transitoriamente - do mundo mercantilista da produção, encerram o potencial de se manifestarem e se constituírem a si próprias por meios *outros* e expressões consequentes dessa outra realização da vida, de outra localidade, desde que seus *sentidos* possam fruir minimamente para o *sensível*, "um ouvido musical, um olho para a beleza da forma, em suma, são em parte cultivados e em parte engendrados" (MARX, 1983, p. 175); não é qualquer aproximação entre o sujeito e o objeto, qualquer atividade *prática-sensível*, isto é, qualquer forma ou manifestação como *práxis* que realiza a conquista de um grau satisfatório de manifestação cultural.

Isto porque o grau de obscurantismo que o homem sofre no mundo do trabalho – também pelos circuitos produtivo-ideológicos, educacionais e midiáticos das sociedades mercantilistas pós-modernas – é de tal monta, que o humano, sob a lei geral do regime de acumulação, carrega sobre sua consciência todas as características e intensidades, a par com a revolução tecnológica e científica dos meios de produção, da especialização abstrata e submissão à fabricação de mercadorias. E aqui está, possivelmente, a diferença entre uma simples manifestação "artística" – simples realização da vontade, manifesta vontade dos sentidos –, e a "autêntica" Arte – manifestação sensível do belo como crítica ao *status quo*.

Nesse sentido, Celso Frederico (2016, p. 76) explica o pensamento de Marx:

> Quando fala em arte, ao contrário, Marx concentra-se na exposição de seu caráter humano e desumanizador, o que talvez se explique pelo fato da arte, diferentemente do trabalho, realizar-se fora do circuito imediato das necessidades de sobrevivência, ou ainda, porque queria denunciar os efeitos embrutecedores do capitalismo sobre "as forças essenciais do homem".

Por isso, também se pode dizer que dadas as condições objetivas, mesmo os *sujeitos* mais sujeitados e desqualificados, quando se afastam do imediatismo abstrato da produção mercantilista, do *trabalho abstrato*, fugindo dos efeitos embrutecedores impostos pela brutalidade *tecnoprodutiva* do capital, colocam-se diante de *algo* da virtuosidade e criticidade que possibilita a cultura mais *autêntica*, pelo menos do ponto de vista da sua concepção e criação não *restritiva* às relações materiais capitalistas mais imediatas, *autenticidade* e *autonomia* essas que dependem de um conjunto de fatores e determinações ambientais a serem dadas, e exploradas, em conformidade com a estrutura social e em relação às demais formas ideológicas e *propriamente* culturais.

Entrementes, se já agora o mundo do trabalho passa por transformações estruturais profundas, e a necessidade mercantil do homem como mercadoria tende a findar diante da supremacia e incremento da tecnologia e ciência mais desenvolvida, aplicadas à produção, então é possível vislumbrar aquelas condições objetivas mais gerais que, fora do circuito restrito da produção para mercado, abrem outras dimensões onde se alocam possibilidades mais críticas, nas práticas e exposições culturais *doravantes*.

Ainda é preciso considerar, depois disto, que existe uma diferença entre a consciência, o querer fazer, oportunizar a criação, e o resultado concreto da realização cultural, quer dizer, a avaliação só "pode" se dar pelo objeto resultado da manipulação dos elementos da manifestação cultural.

Adolfo Sánchez Vázquez (1968, p. 320) afirma que do ponto de vista da *práxis*, exatamente porque é *processo* ontocriativo (do Ser criativo), união do sensível com o fazer (prático-sensível), a sua validade "tem que ser procurada em seu produto" ou "o produto tal como ele se apresenta realmente, objetivamente, diante de nós". Isto porque ainda que o ponto de partida seja a consciência, sob a forma de uma intenção, é no fazer que a mesma se realiza, se *objetiva essa subjetividade*, e, portanto, o que aparece já transcende os próprios atos subjetivos, se modifica no mesmo processo (devido às condições concretas e materiais intervenientes), como que a *intencionalidade* se *plasmou* na cultura:

> A práxis artística é, portanto, uma atividade prática cujo caráter intencional se põe de manifesto na relação sujeito-objeto que nela se estabelece, mas como atividade subjetiva objetivada. Essa objetivação do sujeito como produto

> de sua atividade determina, por sua vez, o modo de julgar e avaliar essa práxis. (VÁZQUEZ, 1968, p. 322).

No romance "*O Idiota*" de Dostoiévski (1869), Nastássia Filíppovna queima cem mil rublos numa pequena fogueira improvisada na sala-recepção da casa do general Epatchín, o montante com que um dos pretendentes, Rogójin, pretende "comprá-la" e ficar com ela uma noite, depois de a mesma ter recusado o dinheiro de seu pretendente inicial, Gánia, e recusado igualmente a fortuna a ser recebida como herança pelo Príncipe Míchkin, estimada em um milhão e meio de rublos. Nessa passagem, Nastássia não apenas revolta-se contra o abuso e a violência com que a tratam, transformando-a em uma mercadoria, mas igualmente como recusa ao próprio dinheiro e o que ele significa como capital, que não deveria ser usado para distinção social e poder, por acumulação, a transformar o humano em simples valor de troca, o que, às vésperas da revolução russa que já se adivinhava, premeditava a ansiedade por uma nova Era, o que acabou não se confirmando, apesar da renúncia transloucada de Nastássia: a recusa de Nastássia não era apenas um grito feminista!

Contudo, uma coisa parece certa: só no *distanciamento* (*Entfermung*) (BENJAMIM, 1994) do mundo *reificado* da produção de "valores de troca" é que é possível uma *práxis* onde a *criatividade* possa efetivamente se *plasmar* na cultura, porque por dentro das necessidades de acumulação e concorrência do capital, o que *unifica* objeto e sujeito é a viabilidade de se realizar na circulação a produção de mais valor, ou *sobretrabalho* não pago. Logo, a *práxis* ontocriativa por mais que só possa ser avaliada, *pelo espectador*, após a sua conclusão, e diferentemente da intencionalidade do artista – ainda plasmada lá –, deveras, não tem a ver com a *pseudounidade* da reprodução ampliada do capital (indústria, crédito, especulação), que como um espelho que distorce as *figuras*, faz o *sujeito* – por consequência a subjetividade! – desaparecer totalmente como mercadoria no trabalho mercantil.

5. TENDÊNCIA HISTÓRICA DA ACUMULAÇÃO CULTURAL

Em que ponto nos encontramos? É possível afirmar, sem ressalvas, que indivíduos constituídos no sistema capitalista e submetidos a algum tipo de apropriação da indústria, possam superar o *status quo* no circuito cultural de forma consistente e duradoura? Poderão os *sujeitos de mercado* superar a si mesmos pelo menos do ponto de vista da oportunidade para a liberdade criativa e virtuosidade crítica? Ou o farão em condições específicas das relações sociais próprias de seu mundo material-imaterial, por dentro da *totalidade* social contemporânea?

5.1 SOCIEDADE MERCANTIL E RELAÇÃO SOCIAL

Não se deve imaginar que a *anarquia* perene e inelutável da economia de mercado não seja "contornada" através de organismos e pactos que procuram minimizar o aniquilamento do sistema de concorrência, não só do ponto de vista das alianças e mecanismos comerciais (OMC, OCDE, BM, FMI[76]), como dos contrapesos que impõe o sistema de garantias fundamentais da dignidade humana nos organismos internacionais (ONU[77]), como também, principalmente, por conta dos *freios* à sua própria expansão tecnológica.

---

[76] OMC – Organização Mundial do Comércio; OCDE – Organização para a Cooperação e Desenvolvimento Econômico; BM – Banco Mundial; FMI – Fundo Monetário Internacional.

[77] ONU – Organização das Nações Unidas.

É um *freio* a "insistência" das classes trabalhadoras assalariadas em lutar por empregabilidade nos moldes tradicionais do trabalho produtivo, como no caso das lutas sindicais, greves e reivindicações contra a desregulação (a regulação leva, em última instância, ao monopólio estatal). De outro lado, é um *freio* a sucessão das crises econômicas, consequência da antinomia entre aumento de produção e diminuição de poder de compra por parte das famílias, uma vez que a população economicamente ativa sofre permanentemente de desemprego estrutural. Ou ainda as crises de "excesso de liquidez" geradas pela gigantesca e insolúvel discrepância entre o valor real das mercadorias e o volume de dinheiro em circulação.

Esse controle da anarquia inerente ao modo de produção de mercadorias pode ser facilmente entendido como consequência da lógica de acumulação do sistema produtor de mercadorias: para manter a concorrência acirrada, isto é, para obter o domínio do mercado que permita aos capitalistas individuais acumularem, a composição orgânica do capital produtivo deve aumentar constantemente reciclando e dispensando o trabalho vivo (assalariado, capital circulante) substituindo-o por trabalho morto (tecnologia, capital fixo). Assim, "O problema para o capital em geral é de algum modo estabilizar a composição de valor diante de uma tendência perpétua para aumentar a composição orgânica através da mudança tecnológica dentro da empresa." (HARVEY, 2013, p. 201).

Este processo do aumento da composição orgânica do capital serviu, e ainda serve para resposta à resiliência das trabalhadoras e trabalhadores quanto à subtração do valor pela venda de sua força de trabalho. De fato, a extração de mais valor pela relação contratual do trabalho assalariado nunca foi pacífica. As condições subjetivas gerais do emprego de trabalho vivo (maior ou menor produtividade, exigência de pagamento de horas extras de trabalho, do pagamento de descanso semanal e férias, a conquista de benefícios pagos pelo empregador, protestos, greves, o fato dos trabalhadores adoecerem por causa de trabalho excessivo, a sindicalização) sempre serviram de pretexto para a maximização do investimento tecnológico da produção.

Mas são as condições objetivas explicadas pela lei geral da reprodução do valor nas sociedades capitalistas que melhor explica esse incremento sempre crescente da composição do capital orgânico[78]. É a busca pela reprodução do dinheiro em capital que faz com que as reações de mercado busquem o equilíbrio entre a perda de geração de mais valor, pela perda de mão de obra, e o decréscimo de consumo como consequência, bem como o equilíbrio entre o lucro e as outras "reações" que as relações de assalariamento sempre produzem.

As frações da classe dominante proprietária se unem para manter a geração de mais valor e sua reprodução pela prática da composição orgânica do capital, processo que no pós-fordismo se verifica de forma globalizada. A burguesia, no nível local, regional e internacional, se une sempre que estejam em cheque os pressupostos do regime de acumulação do capital, mas não pode evitar pela lei geral do valor a concorrência e o aniquilamento de pequenos e grandes empreendimentos, e a tendência sempre crescente de reinvestimento da riqueza social geral em novos meios e formas de produção (máquinas, equipamentos, reengenharias de gerenciamento, robotização e automação das plantas produtivas, de circulação e de serviços).

O fato é que a solução para a diminuição do consumo não é buscada pela reintegração da massa de assalariados disponíveis, mas pela diminuição de custos de produção e conquista de novos mercados consumidores. Mas o que um capitalista particular faz os outros fazem junto, resultando ao final para todos que os investimentos de parte da riqueza geral sejam sempre reinvestidos em novas tecnologias, máquinas e arranjos gerenciais voltados

---

78 Isso não implica, claro, em nenhuma redução da importância das lutas dos trabalhadores assalariados contra a desigualdade e desumanidade a que o modo de produção capitalista os submete, mesmo porque é nessa luta de classes que se explícita a contradição mais fundamental de desenvolvimento do sistema e sua superação.

para o controle dos trabalhadores, diminuição dos custos e aumento da produtividade, e melhor gestão da alocação e circulação das mercadorias – é a centralização do capital pela concorrência, a busca do monopólio, que o motiva.

A luta competitiva do mais valor e a necessidade de disciplinar os trabalhadores segundo as leis da acumulação constituem, como já vimos, a base para o dinamismo tecnológico do capitalismo. A apropriação por parte do capital dos poderes produtivos do trabalho requer inovação organizacional. A análise da cooperação e a divisão detalhada do trabalho e das máquinas indicam a necessidade de uma organização hierárquica do processo de trabalho e a separação do trabalho mental do trabalho manual. A escala de produção crescente também requer a concentração de capital, principalmente através da acumulação. (HARVEY, 2013, p. 205).

Por exemplo, pela destruição de outros capitalistas se criam monopólios que podem reorganizar em outros patamares sua engenharia produtiva e aperfeiçoar a circulação das mercadorias e a entrada em novos mercados, não tanto a preços mais baixos, mas indo aonde outros ainda não tinham ido. Na periferia das grandes cidades dos países em desenvolvimento, a indústria de *fast-food* e lazer não chegou, não tanto pela falta de poder de demanda desses moradores, mas porque a concorrência entre empresas do ramo obriga a um patamar de custos de distribuição que ainda não foram conquistados pela tecnologia e gerenciamento empregados. Este equilíbrio será obtido à custa de mais substituições de trabalhadores assalariados por investimentos tecnológicos (aplicativos portáteis, aplicativos de logística, algoritmos de Inteligência Artificial - IA), barateamento de mão de obra pelo aumento de desempregados, aumento da extração de mais valor dos mesmos, precarização e finalmente da centralização de operações que se dá pela diminuição da concorrência.

É isto que David Harvey (2013, p. 205) lê em Marx ao afirmar que:

> Mas a concentração poderia ser também acelerada por um processo de centralização do capital. Os capitalistas

em larga escala podem engolir os menores, quer por meio da competição ou empregando vários estratagemas financeiros (incorporações, fusões etc.). Tudo isso requer novos arranjos institucionais e organizacionais, com frequência explicitamente sancionados ou encorajados pelo Estado.

Neste processo intervém, desde o final do século XIX, a formação de um contingente expressivo de trabalhadores ligados à organização sistêmica da concorrência, técnicos administradores e gestores cuja função era (ainda é em muitos casos) controlar os trabalhadores da produção imediata pela regulação de seus tempos e métodos de trabalho (*fordismo*). Estavam também comprometidos com a relação entre produção e consumo, regulando uma e outra, pelo crédito, financiamento, empréstimo, e planos de comunicação ousados e "criativos", ora para induzir ao consumo, ora para refreá-lo. Gestores também dos ambientes legais, tanto parlamentares, onde se elaboram as leis, como dos tribunais que "distribuem" a Justiça de acordo com os circuitos dos capitais, sempre dentro dos contornos de uma expansão controlada *o melhor possível* do sistema.

Em um nível superior, esses estrategistas estabelecem parcerias com base em relações internacionais fomentando os planos da política entre os países, administrando as contas e as relações diplomáticas entre eles. No limite pode-se afirmar que os regimes políticos e os governos neoliberais são parte desse complexo xadrez que, ao mesmo tempo em que não pode evitar o caminho para a sua superação estrutural, o faz de forma a retardar o máximo possível essa aceleração, já que a expansão da acumulação é o próprio pulsar do sistema de livre mercado.

Todavia, a anarquia e a crise sistêmica da produção capitalista não levam por si mesmas a uma superação imediata, ou fixada, do regime de livre mercado. Devido à intensa concorrência entre os proprietários e capitalistas no plano nacional e global, é inevitável que a predominância da forma mercadoria gere crise atrás de crise, pobreza avassaladora junto com ganhos nunca vistos de capital, o que será respondido pelo regime de acumulação ora com violência explícita, ora com violência controlada, usando-se para tal as demais áreas da realidade social, como a política, a jurídica e a cultural.

Contudo, as "crises" são variáveis constitutivas consideradas pelo sistema. Não é pela *anarquia* de mercado, apesar das crises sistêmicas como ponto de desequilíbrio constante, que o capital se extingue, na medida em que existem mecanismos de descentralização (na conquista de novos mercados e consumidores, pela concorrência e pela reprodução e circulação meramente financeira dos capitais) que *dão a impressão* que podem gerar um ponto de equilíbrio *constante* entre produção e troca, com geração de renda nos moldes tradicionais da relação contratual entre capital e trabalho. "As esferas da produção e da troca são mutuamente condicionadas. O capitalismo não pode funcionar sem as coordenações do mercado e ainda assim permanecer capitalismo. A centralização estende a esfera da produção controlada à custa da troca." (HARVEY, 2013, p. 207).

Parte importante da engenharia para manter a reprodução do capital diz respeito a administrar a quantidade de tempo livre que o sistema pode dispor ou "autorizar" em relação às flutuações de preços gerais e necessidade de extração de mais valor do trabalho assalariado. Por exemplo, se os preços estão baixos pode-se reduzir a produtividade (oferta) e aumentar os preços à custa da demanda; ou se o excesso de capital eleva a liquidez de crédito reduzindo suas taxas de juros, pode-se exigir dos trabalhadores produção menor de riqueza, e sua demissão do processo produtivo os levará à procura maior de crédito, elevando de volta as taxas de juros.

Ainda assim, estes mecanismos de regulação não podem perdurar por longos períodos com preços administrados e políticas monetárias, fiscais e cambiais (que exige forte penetração do Estado na economia de livre mercado), sem prejudicar a acumulação de capital, e sem desvincular permanentemente a liquidez em dinheiro, da geração "real" de valor, pelo menos para parte significativa dos capitalistas industriais e do comércio.

De qualquer forma, este espaço que corresponde à flutuação entre produção e troca, indica que existe no sistema um espaço de tempo de trabalho disponível que possibilita de forma crescente, inicialmente como potencialidade e contemporaneamente como realidade abrangente, o apartar das concepções mentais da cultura e das artes, dos níveis de subordinação do *poder-fazer* em relação ao *poder-sobre* ou, se se quiser, o apartar da ontologia criativa do homem em relação ao controle e comando ditados pelas leis do valor e do sistema da produção de mercadorias.

Desde o século XIX, o capitalismo iniciou o processo de desenvolvimento das forças produtivas e da estrutura com vistas à eliminação das barreiras à competição que alimenta sua expansão, com melhorias não apenas no capital produtivo, mas igualmente nos transportes, nas comunicações e nas "técnicas" bancárias. Na primeira metade daquele século, as empresas ainda não eram competitivas o suficiente para expandir o capital em sua internacionalização. Entretanto, já na segunda metade do século XIX a expansão da acumulação do capital é exponencial, pelos monopólios internos que rapidamente passam a dominar os mercados externos. Quanto mais desenvolvida estiver a economia nacional, mais ela tende a ser cartelizada e mais se volta para empreendimentos arriscados quase sempre feitos no estrangeiro, não sem o envolvimento do Estado. "O aumento do risco vai de par, ao fim e ao cabo, com o aumento gigantesco de capital, o qual, por assim dizer, transborda e corre para o estrangeiro etc." (LÉNINE, 1982, p. 596)[79].

---

[79] No que se refere à Europa, o resumo da história dos monopólios é a seguinte, apresentada por Lénine: 1) décadas de 1860 e 1870, auge da livre concorrência, os monopólios são muito poucos; 2) depois da crise de 1873, longo período de desenvolvimento dos cartéis, ainda são uma exceção, não são sólidos; 3) fins do século XIX e após a crise de 1900 a 1903, os cartéis passam a ser uma das bases de toda a vida econômica interna e expandem os negócios aos Estados estrangeiros (1982, p. 591). E continua com um exemplo específico da Alemanha, uma das maiores potências imperialistas no exterior, ainda que não a maior possuidora de colônias: "Segundo Liefmann, em 1897 havia cerca de 40 cartéis

O professor Gleydson Pinheiro Albano (2016, p. 24) elucida que "Entre a segunda metade do século XIX e início do século XX foram formadas boa parte dos grandes grupos multinacionais que existem hoje no mundo, como a Nestlé (1867), Coca-Cola (1886), *General Electric* (1890), dentre outros. Em 1914, só as multinacionais dos Estados Unidos já investiam mais de 2,5 bilhões em outros países. Nesse ano, um grupo de quatro países – EUA, França, Alemanha e Reino Unido – detinham 87% do Investimento Estrangeiro Direto mundial".

Na medida em que o desenvolvimento tecnológico evolui, tanto na produção direta como na estrutura necessária à circulação e troca, verifica-se o surgimento dos monopólios privados subsidiados em larga escala pelos Estados nacionais. Tal desenvolvimento exigiu, ao mesmo tempo, o incremento da administração empresarial com o surgimento dos trabalhadores administrativos substituindo a direção direta das famílias que estavam à frente dos negócios. Somadas, estas mudanças e transformações capacitaram o empreendimento capitalista para a competição nacional e internacional com o surgimento das modernas organizações cooperativas do tipo trustes e cartéis. Buscam-se níveis de competitividade sempre crescentes, alcançando-se níveis superiores com coordenação administrativa, custos mais baixos e lucros maiores em relação à "mão invisível" do mercado.

A exigência para controlar todos os aspectos da produção e circulação tende a uma supercentralização de capitais, tanto privados como públicos, porque, em último caso, o que acontece com uma empresa acontece com um governo. Esta tendência é uma ameaça ao próprio sistema que se pôs em movimento por causa da sua necessidade de acumulação – o feitiço volta-se contra o feiticeiro. Por isso o sistema não pode, de qualquer forma, procurar a descentralização (procurando mão de obra mais barata) e a continuação da concorrência (que implica superioridade tecnológica e dispensa de mão de obra). O equilíbrio entre es-

---

internacionais com a participação da Alemanha; em 1910 aproximavam-se já de centena." (LÉNINE, 1982, p. 631).

sas duas tendências é conseguido através das crises que são os momentos adequados para novas soluções tecnológicas e aplicação das pesquisas científicas nos mais variados setores da sociedade. Essa contradição, e suas soluções temporárias, desdobram-se inevitavelmente, ainda, nas *relações sociais*: estas relações transformam-se necessariamente na medida em que essas soluções (tecnológicas e científicas) recolocam em equilíbrio o sistema de livre mercado. "A lei do valor é um produto social." (HARVEY, 2013, p. 222). Isso significa que a própria lei do valor produz as suas crises no sistema do capital, e seu equilíbrio, por meio da relação social de fundo que não é outra que a relação determinada entre capital e trabalho.

Pouco pode ser feito com relação a isto: por mais que o mercado reforme todas as estruturas e engenharias de gestão da produção e troca em busca de algum equilíbrio momentâneo, até a próxima crise, o sistema revoluciona profundamente todas as relações de trabalho, e as sociais em geral. Ao criarmos uma nova estrutura técnico-organizacional, criamos novas relações da sociabilidade produtiva e cultural, ao mudarmos a estrutura produtiva em busca de equilíbrio de mercado transformamos igualmente a superestrutura social – e a nós mesmos como seres coletivos do trabalho e da cultura. Todas as contradições de mercado servem para ao final mudar uma sociedade em todas as suas dimensões. Mas nunca mais da mesma forma, nunca de marcha a ré, mais ou menos rapidamente o mundo do trabalho e a vida social não volta a se repetir.

Existem muitas formas de ver o capitalismo como forma social abrangente, mas contraditório: relação de dependência entre centro e periferia, desenvolvimento desigual entre Norte e Sul, ambiente rural e urbano, natureza centralizadora/monopolista e descentralização concorrencial. O capitalismo não é, obviamente, o mesmo em todos os lugares e momentos, não é qualitativamente igual em seu desenvolvimento. A dificuldade muitas vezes oculta de o ver como formador de um novo estágio histórico e particular da sociedade deriva destes momentos diferentes e das suas contradições mais absolutas. Ao invés de concebê-lo como totalidade holística e fundadora de uma fusão violenta de fatores desconectados, e de um perpétuo movimento de suas formas correlatas, tende-se a frisar sua impossibilidade de propensão a um novo, e mais desenvolvido estágio de sociabilidade.

A nosso ver, a vida econômica, quer dizer, a relação política pela sociabilidade produtiva e as formas de transição de um estágio a outro são a forma mais fácil de entender a inexorável mudança da vida social e do homem. Citando Marx, no posfácio da segunda edição do Livro I do Capital, lê-se que "quando a vida ultrapassa certo período de desenvolvimento, sai de uma fase e entra em outra, começa já a orientar-se por outras leis." (MARX, s/d, p. 14).

O capital é um todo orgânico em desenvolvimento que deve ser entendido pelas interseções e inter-relações contraditórias, entre elas o fato que a necessidade de centralização ou monopólio pelo regime de acumulação privada de capitais não implica que em todos os lugares e momentos ele se apresente nos estágios mais desenvolvidos tecnológicos e científicos. Ao contrário, a descentralização da riqueza geral que o sistema global pode proporcionar precisa ser *refreada* e mantida em muitos casos em patamares de acumulação primária. A busca do equilíbrio entre superprodução com desemprego, e consumo, é que provoca a velocidade e a defasagem observada regionalmente na aplicação de tecnologias às plantas industriais. Na produção contemporânea o "mais valor relativo" aprofunda as crises sucessivas do capital.

Assim, existe no plano global uma relação estrutural entre a procura do monopólio e a descentralização da produção, seja em termos de um maior número de concorrentes seja na exploração maior de trabalho assalariado (ou muito menos que isso!) em regiões quase sempre ao largo do modelo de produção de mercadorias global. Exemplo disso é a extração de minérios preciosos como o cobalto nas montanhas de Masisi, na província de Kivu do Norte, na República Democrática do Congo[80], ou a produção

---

[80] SCHLINDWEIN, Simone. Cobalto: um metal raro, precioso e disputado na República Democrática do Congo. *DW Notícias Internacional*, 16 set.

de jeans no agreste de Pernambuco, no Brasil, na pequena cidade de Toritama[81].

A "regulação" é a forma de enfrentar essas contradições no processo de acumulação quanto ao desenvolvimento técnico-produtivo, principalmente nos momentos de crise, quando as fusões dessas contradições forçam o sistema a assumir novas configurações. A partir da segunda metade do século XX, portanto após as duas Guerras Mundiais e as guerras de descolonização, o que distingue a sociabilidade em todas as suas formas é que o equilíbrio para as contradições impostas pela acumulação e concorrência leva à dispensa da mão de obra, do trabalho assalariado como produtor fundamental de mais valor. De um lado a riqueza social se agiganta – tanto como sua concentração –, de outro, cria um tempo de trabalho disponível, temporário ou definitivo, sempre crescente para um número igualmente crescente de assalariados no mercado global. Para estes, o mundo do trabalho e seus fetiches[82] libertam-se do homem, e este pode libertar-se deles para

---

2018. Disponível em: <https://www.google.com/amp/s/amp.dw.com/pt-002/cobalto-um-metal-raro-precioso-e-disputado-na-republica-democratica-do--congo/a-45510238>. Acesso em: 3 set. 2019. As condições desumanas de trabalho na extração deste minério pela população local tem sido sistematicamente controlado meio a guerras tribais seculares incentivadas pelas companhias de mineração e os mercados internacionais – mais de 6 milhões de congoleses já foram exterminados em pouco mais de vinte anos, por causa dessa demanda internacional do minério de cobalto. Veja-se, por exemplo, o filme *"O Tribunal do Congo"*, Alemanha, Documentário, 2017.

[81] Sobre o assunto foi produzido o documentário *"Estou me preparando para quando o Carnaval chegar"*, de Marcelo Gomes (2019). A pequena Toritama passou de comunidade rural para produtora de *sweatshops*, e a cidade inteira vive uma relação complexa de exploração pelo capital em condições absolutamente precárias de trabalho e exploração da mão de obra, com uma produção têxtil pouco diversificada e bastante artesanal, que nos remete aos primórdios da industrialização do século XIX.

[82] A partir deste ponto o conceito de *fetiche* será usado conforme o sentido dado por Karl Marx em *O Capital*: "Já a forma-mercadoria e a relação de valor dos produtos do trabalho em que ela se apresenta não guardam, ao contrário, absolutamente nenhuma relação com sua natureza física e com as relações materiais [*dinglichen*] que derivam desta última. É apenas uma relação social determinada entre os próprios homens que aqui assume, para eles, a forma fantasmagórica de uma relação entre coisas. [...] Assim se apresentam, no mundo das mercadorias,

ter de volta sua criatividade e seu *poder-fazer*, na medida em que o *poder-sobre*, neste sentido, já não tem onde clivar o saber do fazer, o produtor do produto, o fazer do feito: "O capital, sem trabalho, deixa de existir: o trabalho, sem capital, se torna criatividade prática, prática criativa, humanidade." (HOLLOWAY, 2003, p. 268).

O *trabalho abstrato* (separação do *saber* do *poder-fazer*) produtor de mercadorias imposto aos trabalhadores do capital é a negação da integridade humana e a consumação de tal negação nas coisas feitas (mercadorias), como fetiches. O produto de esse fazer é a forma manifesta da contenção da liberdade de criar e realizar. Quando o servo se libertou do senhor feudal ele se tornou "livre" nos limites dos requerimentos da produção de valor como mercadorias. O servo passou a estar, como trabalhador assalariado, separado do saber e das ferramentas para produzir, sob a subordinação da gerência capitalista (o *poder-sobre*), e nestes termos ligado à própria exploração que leva adiante o capital. Mas da mesma forma, o capitalista está ligado como dominador, como o amo no período anterior, ao trabalho nas condições da reprodução do valor por parte dos trabalhadores.

A relação, contudo, já não é a mesma, e a continuidade deste movimento desloca as relações mútuas de dependência para a *desarticulação* na imediata proporção das novas tecnologias produtivas e de troca, com incremento crescente de tempo de trabalho disponível não só dos trabalhadores assalariados como da sociedade geral. A força de trabalho como mercadoria implica uma generalização das relações mercantis na sociedade geral, pelo intercâmbio para a produção e trocas. Daí que a *desarticulação* das relações de classe no âmbito da produção e circulação da sociedade de livre mercado leva simultaneamente à transformação do próprio trabalho como mercadoria e abre a possibilidade do trabalho geral como atividade criativa.

---

os produtos da mão humana. A isso eu chamo de fetichismo, que se cola aos produtos do trabalho tão logo eles são produzidos como mercadorias e que, por isso, é inseparável da produção de mercadorias." (MARX, 2015, p. 148).

5.2 O TEMPO DE TRABALHO DISPONÍVEL E A CULTURA

A *independência relativa* da cultura e suas manifestações – como, de resto, as formas mediativas religiosa e filosófica[83] –, não se explicam *apenas* pela propriedade cognoscível e sensível do espírito, ou pelas leis da lógica e desenvolvimento das ideias na civilização. É de fato a transformação radical das forças produtivas e sua *contradição* com as relações de produção, que primeiro, no nível da estrutura produtiva, abre as reais possibilidades para que as demais formas sociais e seus estratos se aperfeiçoem em novos percursos e circuitos.

Suas realizações, experimentando das mesmas possibilidades tecnológicas e científicas *retiradas do incremento e da otimização* da produção (como acontece com as atuais representações teatrais ou instalações museológicas)[84], revelam as novas ocupações culturais nos interstícios deixados na *distorção* e lacunas propiciadas pelo descompasso entre essas tecnologias, e as relações sociais necessárias que as realizam no âmbito cultural, tal qual no âmbito da produção.

A principal distorção que o aparato tecnológico disponível para o desenvolvimento e "contorno" da anarquia e das crises do sistema mercantilista promove, é a disponibilidade de tempo de trabalho que atinge todas as formas da totalidade social.

Em seu texto "Sic Transit Gloria Artis[85]: O "Fim da Arte" segundo Theodor W. Adorno e Guy Debord", Anselm Jappe (s/d, p. 17) afirma que:

---

[83] Apesar da Religião e da Filosofia serem formas culturais ideológicas, as mesmas têm um papel fundamental na elaboração, como uma pré-narrativa simbólica, das realizações culturais gerais. Neste sentido pode-se afirmar que a Religião e Filosofia são "formas mediadoras" da cultura, ainda que igualmente superestruturais: mediam o mundo material da produção com o mundo imaterial da cultura.

[84] Em uma peça de teatro recentemente exibida no SESC, o som que serviu de base para toda a trilha sonora da apresentação foi mixada a partir da gravação dos batimentos cardíacos de alguns espectadores (VOID, unidade Avenida Paulista, nov/dez 2018).

[85] *"Sic Transit Gloria Art"* ou "Assim Passa a Glória da Arte".

> Debord e Adorno chegam, pois, a avaliações opostas quanto ao fim da arte: isto exige uma explicação, considerando-se a afinidade de seus respectivos pontos de partida. Ambos defendem que a contradição entre forças produtivas e relações de produção se reproduz no interior da esfera cultural; ambos adotam, quanto ao essencial, a mesma atitude diante do desenvolvimento do potencial técnico e econômico, em que veem, sem deificá-lo ou condená-lo simplesmente, uma condição prévia – que se superará por si mesma – de uma sociedade libertada.

Mesmo aquilo que costumeiramente se entende como manifestação cultural artística, criativa, inusitada, desconforme ou mesmo desconstrutora, é ainda a *superfície* de uma concretude que subjaz como contraditório em si mesmo no mundo da produção e circulação ou troca. Ainda que apareça para nossos sentidos como "novo", vez que a essência transformativa que o propicia não aparece de forma transparente devido à *filosofia dos circuitos de mercado*, que são, ao mesmo tempo, parte da função cultural nas sociedades monetaristas.

É *adequado* que os indivíduos acreditem que o "novo" pareça próprio do mundo da cultura e suas manifestações, porque aqui está dada a possibilidade da formalidade jurídica e política subsidiarem as diretivas da liberdade econômica e os protocolos morais desejáveis à reprodução do sistema de mercadorias. Como que uma "distração" para o público quanto aos papeis previsíveis e necessários do Estado e da Justiça, bem como ocultar pelo lúdico que a cultura não representa em si perigo à sociabilidade do mercado ou que pode, em todo caso, ser domesticada por ele.

Se a partir do século passado, e mais ainda no início deste século, a cultura aparece representada *alhures* por manifestações culturais inusitadas e complexas, e *performances* desconformes ou mesmo agressivas, se a manifestação do sensível do espírito e se a estética do belo nos parece tão longe da tradição clássica, não é porque a "agressão" e a "transgressão" no pensar e no realizar artístico se *autonomizou*, mas porque irrecusavelmente a estrutura social em seus circuitos de produção e circulação de capitais chegaram a um patamar de maior abstração, do tipo "virtual", devido ao *fim relativo* da relação mais fundamental que era o *sobretrabalho* (mais valor) não remunerado.

A história da humanidade tem sido a história da criação do *valor*. Como tal, a construção histórica do valor sempre preteriu o homem como singularidade a realizar sua potencialidade, isto é, o usou como instrumento de produção de riqueza subordinado a algum tipo de dominação (*poder-sobre*). A Modernidade pelo olhar da hegemonia de mercado burguês, realizou de forma cabal este processo de desconsideração do humano e elevou à última potência sobre ele a predominância das coisas como mercadorias. Finalmente, o que se tinha elevado à última potência como subordinação do *trabalho abstrato* (perda do *saber-fazer*), produtor de valores-de-troca, atingiu, na etapa de automação e robotização de produção pós-fordista, desde o início do século XXI, a possibilidade da união entre o pensar e a coisa pensada, do criar e a coisa criada, do fazer e da coisa feita, e contemporaneamente já se espalham por todos os lados este estado de coisas e o "fim" do fetiche das mercadorias.

Nada disto se deve a uma intencionalidade política, filosófica ou religiosa, mas se intensifica segundo as próprias leis do valor e os irrecusáveis protocolos na reprodução do sistema mercantilista/ monetarista, como acumulação privada de capitais, concorrência, desenvolvimento técnico-cientifico aplicado, fusões, monopolização de mercado global: a lei geral do valor se desdobra em uma lei tendencial de incremento tecnológico por vias da acumulação e concorrência, com a diminuição da taxa de lucro e dispensa de trabalho assalariado gerando tempo de trabalho disponível.

Da mesma forma que a inversão de capital variável (circulante, trabalhado assalariado) em capital fixo (equipamentos e tecnologias) desloca a massa de trabalhadores para o tempo de trabalho disponível (não sem prejuízo destes e de "crises" no sistema mercantil), da mesma forma que o estatuto de classe se mostra "deslocado" dos enfrentamentos mais imediatos e diretos entre capital e trabalho, as relações sociais se mostram cada vez mais transformadas.

Novas tecnologias, produzidas por novas tecnologias, dada a necessidade de equilíbrio para a acumulação permanente, e produzidas para a contenção das contestações e enfrentamentos dos trabalhadores assalariados, levam, no mesmo patamar e pela mesma lógica, à desarticulação de todas as relações sociais dentro da totalidade das dimensões e formas sociais. Disponibilizadas por essa nova articulação entre os circuitos de produção e troca que leva ao tempo de trabalho disponível, a forma cultura e seus estratos da educação e artes usufruem de uma oportunidade criativa e crítica que corresponde a *outra liberação* do homem em suas concepções mentais e artísticas. Nestas interações nenhuma força ou esfera das formas que constituem a totalidade social pode ser erigida a dominante, ou privilegiada como determinante de uma nova configuração social.

Conforme David Harvey (2011, p. 104):

> Nossas concepções mentais do mundo, para dar outro exemplo, são instáveis, conflituosas, sujeitas a descobertas científicas assim como a modas e crenças e desejos culturais e religiosos fortemente arraigados. As mudanças nas concepções mentais têm todos os tipos de consequências, imediatas e não intencionais, para as formas tecnológicas e organizacionais, as relações sociais, os processos de trabalho, as relações com a natureza e os arranjos institucionais aceitáveis. A dinâmica demográfica que surge da esfera da reprodução da vida cotidiana é simultaneamente autônoma e profundamente afetada por relações com as outras esferas.

No interior da totalidade social as *forças* estruturais (de produção) e superestruturais (ideológicas) se encontram e dialeticamente se *contradizem*, a criar condições para que novos mecanismos e novas manifestações surjam, por dentro dessa mesma "unidade da diversidade"[86], em permanente oposição e antagonismo. Na busca pela supremacia momentânea, as relações sociais materiais (estruturais de produção) se chocam de forma antinômica, com mais ou com menos intensidade, ora com mais, ora com menos força, 1º) com as forças produtivas, cada vez mais avançadas, das tecnociências cibernéticas e virtuais contemporâneas (ROSA, 2005), sistemas e máquinas (capital produtivo); 2º) com as formas culturais-ideológicas e seus estatutos normativos próprios (manifestações culturais).

Nessa luta, contudo, dentro desta totalidade, outras forças resultam dessa mesma contradição e antinomias insolúveis, não como exterioridades, mas *por dentro de sua interioridade*, e já de imediato disputam seu espaço e alteram os espaços conquistados anteriormente.

Tomemos os termos em que Louis Althusser (2015) coloca a questão a partir de seu conceito de "sobredeterminação", para concluir que certos modos de reprodução social são *aleatórios*. Primeiro Althusser (2015, p. 78) explica que uma certa *contradição em geral* – a contradição entre as forças produtivas e as relações de produção – *funde-se* com "circunstâncias" e "correntes" em uma *unidade de ruptura*, e que:

> Quando nessa situação entra em jogo, *no mesmo jogo*, uma prodigiosa acumulação de "contradições" das quais algumas são radicalmente heterogêneas e não têm todas a mesma origem, nem o mesmo sentido, nem o mesmo *nível* e *lugar* de aplicação, e que, no entanto, "se fundem" numa unidade de ruptura, não é mais possível falar da única virtude simples da "contradição" geral.

Em contínuo, explica:

---

86 "O concreto é concreto porque é a síntese de múltiplas determinações, portanto, unidade da diversidade." (MARX, 2011, p. 54).

> Elas dependem (as contradições) das relações de produção, que são um dos *termos* da contradição, mas, ao mesmo tempo, sua *condição de existência*: dependem das superestruturas, instâncias que dela derivam, mas têm sua consistência e eficácia próprias [...] Quer dizer que as "diferenças" que constituem cada uma das instâncias em jogo, se elas se "fundem" numa unidade real, não se "dissipam" como um puro fenômeno na unidade interior de uma contradição simples. A *unidade* que *constituem* nessa "fusão" da ruptura revolucionária, *elas a constituem com sua essência e sua eficácia próprias*, a partir do que são e segundo as modalidades específicas de sua ação. Ao *constituir* essa *unidade*, elas *reconstituem* e realizam a unidade fundamental que as anima, mas ao fazê-lo indicam também sua *natureza*: que a "contradição" é inseparável de suas *condições* formais de existência, e mesmo das *instâncias que governa*; que é, portanto, a própria contradição, em seu âmago, *afetada por elas*, determinante mas igualmente determinada num único e mesmo movimento, e determinada pelos diversos *níveis* e pelas diversas *instâncias* da formação social que ela anima: poderíamos chamá-la *sobredeterminada em seu princípio*. (ALTHUSSER, 2015, p.78-79).

Finalmente, com relação à formação *aleatória* da sociabilidade, afirma Althusser (2015, p. 83) que:

> Posso então, para tentar cobrir, do ponto de vista dessa regra, o conjunto dos fenômenos, propor que a "contradição sobredeterminada" pode ser ou *sobredeterminada* no sentido de uma *inibição histórica*, de um verdadeiro "bloqueio" da contradição (por exemplo, a Alemanha guilhermina) ou no sentido da *ruptura revolucionária* (a Rússia de 1917), mas que, nessas condições, *ela nunca se apresenta em estado "puro"*? É então, reconheço-o, a própria "pureza" que seria exceção, mas vejo mal qual exemplo disso se pode citar.

Pode-se agora, precisada inicialmente a dinâmica da totalidade social, considerar que em um tempo em que as forças tecnológicas e as ciências aplicadas à reprodução da vida social material, "eliminam" a maioria da compra de força de trabalho, como mercadoria, "eliminam" o *trabalho abstrato*, e engendram outras modalidades de trabalho, as de tempo determinado, parcial ou intermitente, quando a força de trabalho empregada é mais do tipo intelectual e tácita, força de trabalho intangível *ainda* como mercadoria, o tempo de trabalho disponível e de ociosidade só aumenta, como que uma *potencialidade criativa*, por dentro da correlação de forças em oposição na totalidade social.

É possível afirmar que a transformação na qualificação da força de trabalho na fase do pós-fordismo se caracteriza pela *disponibilidade* maior de capital tangível (braçal, e/ou codificados), que, contudo, será menos utilizado. Ao mesmo tempo, existe escassez de capital intangível (conhecimento criativo, ainda não totalmente codificado, como as atividades de desenvolvimento de software), onde aumenta transitoriamente a necessidade de assalariados qualificados. Isto quer dizer que nas sociedades contemporâneas a produção massiva de bens materiais - que utiliza menos e "codifica" mais o trabalho assalariado -, tem a mão de obra cada vez menos responsável pela produção *equivalente* de taxa de lucro, vez que não é da força de trabalho contratada que se extrai tanto o mais valor. Assim, a elevação das taxas de lucro, então, tende a ser maior no trabalho assalariado intensivo na produção imaterial, tanto da *economia da informação*, bem como todas as formas de *economia colaborativa*, com a potencialização e maximização do assim chamado *capital intelectual criativo*[87], desde que assalariado.

---

[87] Difícil, no entanto, é colocar o capital intelectual "criativo" sem objetivar a reprodução de valores de troca, ainda que isso já seja possível em muitos casos, como iniciativas de comunidade voltadas para a conservação do meio ambiente, educação, lazer e artes das populações periféricas. Se existe de fato estas iniciativas, então é algo possível a autoatividade ao largo do "poluído" (ANTUNES, 2001, cf. cit. acima) pelas mercadorias nos circuitos do fazer imaterial. Bertrand Russell (2002) fala do conhecimento "inútil" a partir do qual se pode definir uma

Essa economia imaterial é, portanto, onde agora aumenta o conhecimento tácito do trabalhador, típico do capitalismo atual, incluindo-se aí, não por acaso, as manifestações culturais e artísticas, operando-se uma verdadeira inversão do sensível em busca do consumo:

> É assim possível avançar a seguinte hipótese: no capitalismo imaterial, o conceito de trabalho abstrato é substituído pelo de conhecimento codificado, e o conceito de trabalho concreto, pelo de conhecimento tácito. Tendo em vista o grau de complexidade da informação que os trabalhadores têm em manipular, o conhecimento tácito à disposição dos trabalhadores e das diferentes instituições é um elemento importante de valorização do capital. (HERSCOVICI, 2015, p.106)

Seja na extrema miséria e pauperismo das Nações na periferia do regime de acumulação, seja na penúria, desalento e desemprego daqueles contingentes de indivíduos das Nações no centro, quando da substituição do trabalho assalariado por mais tecnociências, agiganta-se a defasagem entre produtividade e consumo, a favor daquela, e redução de taxa de lucro[88]; é neste

---

reflexão criativa e um *fazer inovador* que procuram fugir exatamente desse fazer admoestado e desse lazer incorporado ao circuito de compra e venda. Não por acaso, na Idade Média qualquer tipo de ociosidade era tida como contrária aos princípios cristãos do trabalho incansável, como uma das bases de orientação dos homens aos ditames divinos de salvação ou predestinação, sendo considerados os ociosos como vagabundos e a vadiagem configurada como crime nos códigos religiosos e legais, dogma que ainda nos dias atuais é bastante difundido.

[88] De forma sucinta, a inversão de parte da riqueza gerada na realização das mercadorias em capital constante (trabalho morto) apresenta duas consequências inevitáveis imediatas ao sistema de concorrência de mercado: 1. Obsolescência da força de trabalho humano (trabalho vivo), desemprego, exército de força de trabalho de reserva; 2. Incapacidade de reproduzir mais valor pela exploração dessa força de trabalho. Como consequência observa-se a diminuição da taxa de lucro e a diminuição da capacidade de consumo. Como a concorrência entre os capitalistas não cessa devido à natureza de acumulação privada, a tendência da sociedade de livre mercado é o monopólio; os monopólios, oligopólios, trustes

contexto, dada a realidade pós-fordista caótica para os mercados globais, que paradoxalmente, dentro da *totalidade dialética* da correlação de forças sociais e por dentro delas, em seu interior, surge a *potência* em processo do aumento do *tempo de trabalho disponível* a ser capturado por uma *economia estética*.

Num primeiro momento, essa *potência*[89], no máximo pode almejar algum tipo de *oportunidade* cultural por imbricação com

---

precisam de capitais estruturais cada vez mais vultosos para produzirem, e de políticas públicas de irrigação de capacidade de consumo, o que leva inexoravelmente a uma colisão de interesses entre o privado e o público, com a predominância de acordos entre estas esferas, mesmo que através de estratégias políticas e econômicas à revelia da formalidade jurídica e obrigação do Direito. Parte da liquidez atual nos mercados globais ainda é, possivelmente, resquício de uma gigantesca e imensurável apropriação de mais valor nos momentos iniciais da produção mercantil nos séculos XVIII, XIX e até meados do século XX. Contudo, ao que tudo indica, a hegemonia do capital financeiro, sua aliança com os Estados neoliberais, deve-se hoje mais à "simples" emissão de dinheiro pelos bancos centrais, bem como a reprodução ampliada do capital aos mercados de ações e demais derivativos, perfazendo um montante circulante de dinheiro fictício/virtual muito maior que a produção do valor real das mercadorias e bens. Não é por acaso que no Brasil, nos últimos anos, se verificou uma injeção de capital às famílias, aumentando seu poder de consumo, através de liberação das contas inativas do FGTS, antecipação e extensão do PIS/PASEP, dos empréstimos consignados em cascata, e sua renegociação creditícia, principalmente aos aposentados, antecipação de 13º salário de aposentados, bem como as linhas de crédito para financiamentos populares de casa, material de construção e outros. Esses são mecanismos que comprovam as teses econômicas da Teoria Crítica do Valor e que subsidia fundamentalmente este trabalho. (P. ex., veja-se: Anselm Jappe, Enrique Dussel, Ruy Fausto, Moishe Postone, Robert Kurz. In: Jorge Paiva (org.). *Seminário Internacional: Teoria Crítica Radical, A Superação do Capitalismo e a Emancipação Humana*. Fortaleza, CE: Instituto Filosofia da Práxis, 2000).

89 Falar de "potência da vontade" como em Artur Schopenhauer significa, na Filosofia idealista, a "vontade subjetiva" que dirige o agir humano: "Sendo a vontade a coisa em si, a substância, a essência do mundo; e a vida, o mundo visível, o fenômeno, não sendo mais que o espelho da vontade, segue-se daí que a vida acompanhará a vontade com a mesma inseparabilidade com que a sombra acompanha o corpo: onde houver vontade, haverá também vida, mundo." (1941, p. 21-22). Falar de poder como "poder fazer", ou melhor, "escolher o que fazer", "eu, não escolher fazer", é o que aparece na metafísica de Nietzsche: "*Ao fazermos, deixamos*. – No fundo, desgostam-se todas aquelas morais que dizem: "Não faças isso! Renúncia! Supera-te!" – gosto, ao contrário, daquelas morais que me incitam a fazer algo e a fazê-lo de novo e de manhã até a tarde e à noite sonhar com isso, e não pensar em mais nada, a não ser: fazê-lo *bem*, tão

as demais formas sociais, por exemplo, com o jurídico e o político, mas não ainda a sua força de *poder-fazer*. Mas o que se observa como profundamente novo é que a força centrífuga (dentro da "unidade de ruptura" da totalidade), que era a relação capital-trabalho e a exigência de compra de força de trabalho como mercadoria nos moldes da reprodução tradicional do capital, se *esgota* exponencialmente no pós-fordismo com a substancial troca de ativos variáveis (mão de obra incluída) por ativos fixos (robótica e complexidade de sistemas de informação), que é o mesmo que a troca de "trabalho vivo" por "trabalho morto".

Daí que aquilo que era o germe do fetiche das coisas e dos valores ocultos do trabalho nas mercadorias se transforma, a saber, a alienação dos produtores com relação ao produto de seu trabalho e às condições objetivas de sua criação e fabricação sob o comando do *poder-sobre*, consequentemente, se transforma a superlativação da *incógnita* que as mercadorias apresentam aos homens como coisas, ao invés de produto de relações sociais específicas[90]. Esse fetiche necessariamente vai precisar de outros

---

bem quanto só é possível justamente *a mim*!" (1983, p. 204, §304). Portanto, a intenção de Nietzsche é sempre ver o "*poder*, como qualidade de fazer!, de escolher!, isto é, como potência ou "o poder de poder fazer", longe da interpretação de *Macht* como "Poder" em seu sentido estrito político. A respeito, veja-se a nota "Sobre a Tradução", de Marcos Sinésio Pereira Fernandes e Francisco José Dias de Moraes, para o livro *Nietzsche: A Vontade de Poder*, Editora Contraponto, 2008, p. 15-20. Também a respeito da analogia entre o conceito de "poder" em Michel Foucault e o representado por Nietzsche, VEJA-SE: ROCHA, José Manuel de Sacadura, *Michel Foucault e o Direito*, Editora Forense Universitária, 2011, p. 147-148.

90 Eis como Marx fala da "vontade" que está nas mercadorias: "As mercadorias não podem ir por si mesmas ao mercado e trocar-se umas pelas outras. Temos, portanto, de nos voltar para seus guardiões, os possuidores de mercadorias. Elas são coisas e, por isso, não podem impor resistência ao homem. Se não se mostram solicitas, ele pode recorrer à violência; em outras palavras, pode tomá-las à força. Para relacionar essas coisas umas com as outras como mercadorias, seus guardiões têm de estabelecer relações uns com os outros como pessoas cuja vontade reside nessas coisas e agir de modo tal que um só pode se apropriar da mercadoria alheia e alienar a sua própria mercadoria em concordância com a vontade comum a ambos. Têm, portanto, de se reconhecer mutuamente como proprietários privados. Essa relação jurídica, cuja forma é o contrato seja

elementos que não seja apenas a exploração como mercadoria da força de trabalho contratada e as formas correspondentes de *trabalho abstrato*, ao que corresponde uma nova forma *relacional* do comando e subordinação do fazer criativo ao *poder-sobre*.

De fato, se a pós-Modernidade em seu tempo de superprodução pós-fordista apresenta o tempo de trabalho disponível e a ociosidade como testemunhos de estágios avançados de mercadorias para um sistema mercantil global: é ela que enfrenta as flutuações de forças e o surgimento de outras inusitadas, nas manifestações sociais *ad hoc*, nos compromissos artísticos pelo "bizarro", nos questionamentos pedagógicos de como educar em consonância com estas realidades (por exemplo, a arte-mediação[91]), tudo por dentro do próprio sistema mercantil e, atualmente, pelo poder do capital monopolista de Estado irmanado com o capital financeiro privado.

---

ela legalmente desenvolvida ou não, é uma relação volitiva, na qual se reflete a relação econômica." (2015, p. 159).

91 A Arte-mediação afirma a educação em todos os níveis como uma "mediação" entre a vida e o educar, uma pedagogia em que educar é uma arte para além da educação sobre as artes. No pensamento latino-americano os mediadores-educadores veem a *educação* como uma arte de "olhar com outros olhos", e a *arte* como uma forma de instruir para esse olhar dispare, como forma de fugir do entendimento hegemônico imposto pela cultura do colonizador e dos países centrais ao sistema do capital, mais ainda quando se toma por parâmetro que existe igualmente uma globalização cultural a par da comercial e financeira. Para estabelecer novos parâmetros para esse olhar não colonizado, tanto pela descendência colonial, como pela nova colonização do mercantilismo global, têm sido trabalhado pelos autores o conceito de "decolonização": "O que é crucial ter em mente é que a "colonialidade" e todos os conceitos que introduzimos desse então são conceitos cujo ponto de origem não está na Europa mas no "terceiro mundo". Isso significa que todos esses conceitos emergem da experiência de colonialidade nas Américas. Enredado com a modernidade com certeza, mas não mais "aplicando" categorias nascidas na Europa para "entender" os legados coloniais, pelo contrário, convertemos a Europa em um campo de análise, em vez de um provedor de "recursos" culturais e epistêmicos." (MIGNOLO, Walter. *Folder de Apresentação do Congresso de Ensino Aprendizagem das Artes na América Latina*, SESC São Paulo, 23 a 25 de abril de 2019). Veja-se: DUSSEL, Enrique. Europa, modernidade e eurocentrismo. In: LAUDER, Edgard (Org.). *A colonialidade do saber*: eurocentrismo e ciências sociais - Perspectivas Latino-americanas. Buenos Aires: Cheso, 2005, p. 55-70.

A grande força que ousa surgir dentro da totalidade social dá-se pelo esfacelamento estrutural do trabalho humano com consequências impossíveis de serem desconsideradas na produção e a potencialização de forças vitais das superestruturas ideológicas e culturais, que ocupam paulatinamente os espaços próprios da sociabilidade geral capitalista. Ao mundo do capital financeiro privado e sua aliança com o Estado *coaduna-se* melhor o capital intelectual e uma exploração cognoscível do trabalho imaterial, digital, tácito dos indivíduos:

> O trabalho material imediatamente produtivo perde sua centralidade no processo de produção, enquanto emerge a nova figura do *operário social*, que se apresenta como intérprete das funções de cooperação laboral veiculadas pelas redes produtivas sociais. Essas novas figuras de força-trabalho, cooperando em nível social, tornam-se centrais no processo produtivo. [...] Quanto aos modelos de regulação, como consequência daquilo que foi dito aqui, até o momento, eles se distendem ao redor de *linhas multinacionais*, passando numa primeira fase através de dimensões monetárias, depois através do mercado financeiro e, finalmente, através da concretização da função político-imperial. Quanto à composição do proletariado, ela se torna social, mas é sempre *imaterial* do ponto de vista da substância do trabalho, e é móvel, multiforme e flexível do ponto de vista de suas formas. (NEGRI, 2003, p. 66-67).

Nos países periféricos ao sistema de livre mercado esta realidade não se modifica significativamente, ainda que pese o grau e a extensão de desenvolvimento técnico científico. Nas metrópoles e maiores cidades a cultura é representada levando em consideração as performances artísticas mais cosmopolitas encontradas nos países mais desenvolvidos, se levar-se em consideração a cultura local e as tecnologias disponíveis. Neste ponto, pode-se afirmar que a cultura é um fator disseminador e homogeneizador global das manifestações artísticas.

Os shows são globais (música), os artistas são globais (stars), as companhias são globais (Cirque du Soleil) e as turnês giram ao redor do globo. As exposições e as curadorias idem (Kandinsky, Picasso, Dali, Man Ray, Rodin, O exército de Terracota, Arte Africana). O cinema e mesmo o teatro repetem o mesmo repertório do circuito francês dos *multiplexes* ou do Quartier Latin, como da Holywood americana (as distribuidoras cinematográficas estão entre as maiores companhias multinacionais e cumprem um papel destacado na propagação da indústria cultural no mundo). Esses espetáculos acabam por inserir o ambiente cultural de São Paulo e Rio de Janeiro, Buenos Aires ou Santiago do Chile, Cidade do México, Sydney, Melbourne ou Camberra, Cidade de Singapura ou Tokyo, no circuito mundial com aproveitamento local significativo de recursos e profissionais.

O que possibilita a globalização e internacionalização da cultura e das realizações artísticas é a universalização da mobilidade e das comunicações, e a disponibilidade de tempo de trabalho para fazedores culturais e seus espectadores. Qualquer cidade ao redor do mundo está conectada, e as de médio para grande porte possuem estrutura e público para serem inseridas culturalmente. Claro que abaixo do Equador a realidade é bastante diferente para as populações da África, da América, da Oceania e mesmo da Ásia. Existem países e lugares pouco desenvolvidos e onde ainda se utiliza fortemente mão de obra com intensa exploração do trabalho assalariado, e pouco desenvolvimento cultural.

A lei geral para a reprodução do valor nos moldes do sistema de produção de mercadorias *não uniformiza* os graus e estados de desenvolvimento das forças produtivas, nem a intensidade e velocidade regional da acumulação de capital. Mas a necessidade de acumulação e centralização de capitais, a concorrência, e por causa dela, o reinvestimento tecnológico de parte dos lucros na produção, são fatores dos quais as sociedades inseridas no sistema global de livre mercado não podem escapar. E neste sentido as transformações sociais e a valorização cultural do tempo disponível de trabalho só tendem a aumentar mundo afora. Não da mesma forma, com mais ou menos penetração e transformação das culturas locais. Se de um lado isto implica uma tendência à homogeneização de uma indústria reprodutiva do capital, por outro lado abre a possibilidade para as iniciativas locais, dada a disponibilidade de capital cultural próprio.

Existem casos em que culturas regionais saíram de países periféricos e se internacionalizaram levando as artes locais para os grandes centros culturais do mundo: Cias. de Sapateado da Irlanda, Cias. De Tango da Argentina, a Música Popular Brasileira, O Teatro e o Circo chinês, a Dança da Rússia, Arte Africana e Aborígene da Austrália e Nova Zelândia, a história pré-colombiana e a herança cultural do México, Colômbia e Peru, as Múmias do Egito. Em muitos destes casos pode-se afirmar que o que foi exportado tem mais a ver com manifestações tradicionais populares do que cultura erudita nestes países. Aliás, não seria demais temerário considerar que se o sistema mundial tende a uniformizar a cultura, por outro lado ela é sedenta de novidades, daí que uma cultura regional popular tem grandes chances de ser aceita nos meandros dos mercados industrializados.

Na periferia das grandes cidades e metrópoles (na periferia da periferia) dá-se, de certa forma, o mesmo em relação ao seu centro cultural erudito – o que acontece entre periferia e centro no nível internacional entre países do sistema global de mercadorias, também acontece localmente entre o núcleo central e a cultura popular mais distante dos grandes centros cosmopolitas. São duas possibilidades: a manifestação cultural alternativa de cunho político, contestatório ou reivindicatório, ou a chamada cultura popular tradicional de raiz. Existe na maior parte das sociedades industrializadas essa simbiose entre manifestações populares de várias regiões que são relativamente bem aceites, destarte a indústria cultural e a comunicação de massa, e permanecem vivas mesmo nos grandes centros, como na Europa com os costumes e tradições dos vários povos imigrantes e refugiados da África e do Oriente Médio, nas Américas com os Afrodescendentes e as de matriz Indígena na América Central, América do Sul e na Oceania.

Já as manifestações da periferia e das chamadas minorias das grandes cidades são reivindicatórias, lutam por reconhecimento de direitos constitucionais fundamentais, de cidadania, e com vista à integração social. O capital não distingue essas diferenças porque isso implicaria de fato em reconhecer a desconsideração das populações mais vulneráveis e excluídas e aceitar uma oposição cultural ao capital e ao modelo de livre mercado. Mas os espaços culturais e a tomada pelos coletivos populares ou contestatórios têm demonstrado que as possibilidades da cultura coletiva e participativa estão dadas.

Assim, as representações imateriais nas artes e as manifestações do sensível espiritual na cultura crescem persistentemente como forças dentro de uma realidade que transforma a sociedade mercantil do trabalho, e sua representação de ideias, *por outro trabalho e outras representações*: uma sociedade de manifestações culturais complexas, como complexo é esse mesmo capital produtivo tecnocientífico. Mas, então, já aqui se "desenha" outro período de humanização[92].

5.3 AS LUTAS PELA SUBJETIVIDADE NO MERCANTILISMO

As lutas de classe e as lutas contemporâneas de grupos e minorias, *precisam* superar o regime de mercadorias da perspectiva do movimento de reprodução do capital e do trabalho (acumulação, concorrência, substituição tecnológica, indeterminação do tempo de trabalho). Precisa-se do fim do mercado, acabar com o trabalho assalariado, acabar com as representações derivadas da relação de trabalho subordinado, da subordinação do *fazer* pelo

---

92 Nesse sentido, explica Anselm Jappe, que se pode falar de uma "segunda humanização": "O intento de ler a história como uma "história de relações fetichistas", na qual o valor sucedeu à terra, ao parentesco consanguíneo e ao totemismo, enquanto formas nas quais se expressava a potência humana inconsciente de si mesma, desemboca na afirmação de que esta "pré-história" da humanidade está chegando ao seu fim. Todas aquelas formas se converteram em "segunda natureza", como instrumentos indispensáveis ao homem para diferenciar-se da natureza primeira. Porém hoje em dia é possível e também necessário proceder a uma "segunda humanização", desta vez consciente." (2009, p. 39, trad. nossa).

comando do *poder*. Isso deveria ser um ultimato a acabar com o *fetiche* na *luta de classes*, mas todos os fetiches só acabarão quando se eliminar o *fetiche da mercadoria*. Nesse sentido, a luta de classes acaba não tendo mais o patrimônio exclusivo de oposição ao capitalismo, na medida em que é constitutiva dele – ainda assim, sua luta, a luta pelo *poder-fazer* é a luta da emancipação do potencial humano, a ruptura com aquilo que o nega.

A classe trabalhadora capitalista não existe por si só, ela existe na medida em que se apresenta como constitutiva da produção de valores de troca, e de mais valor, pela subordinação de força de trabalho ao capital. A reprodução do valor nos sistemas de mercado concorrencial exige o enfrentamento com o trabalho assalariado, e nesse enfrentamento a luta de classes é *movimentada*.

Portanto, não se trata de dizer que o trabalho assalariado irá se extinguir, mas que o tempo de trabalho disponível só faz se expandir através da aplicação tecnológica e científica à produção e trocas, liberando essa disponibilidade e ociosidade pela subutilização da mão de obra, formas de empregabilidade indireta ou temporária, ou mesmo pelo completo desemprego de trabalhadoras e trabalhadores assalariados.

Assim, esse movimento dos protagonistas na consumação do sistema de mercadorias tende sempre a refazer-se e com ele as relações de sociabilidade, das mais particulares (produtivas) às mais gerais (filosóficas, culturais, políticas, jurídicas), e tende sempre a refazer igualmente as potências criativas subjugadas às diretivas de reprodução do sistema de valores mercantis (HOLLOWAY, 2003, p. 241).

O fetiche das mercadorias não se impõe ao *saber-fazer* como força ou dominação exterior: na medida em que ao fazedor lhe são subtraídas as ferramentas e os conhecimentos do fazer, aquilo que é feito sob o saber e gestão alheia (*poder-sobre*) lhe causa estranheza, desconforto e submissão, submissão essa (nem sempre percebida) que se encontra no interior dos próprios métodos de fabricação, no interior individualizado do seu fazer. É assim afinal que o feito, as coisas, as mercadorias se transformam em fetiches. Assim, a luta (de classes) "não só é uma luta contra um inimigo externo (o capital), mas também contra nós mesmos, simplesmente porque nossa existência no capital significa que o capital está dentro de nós" (HOLLOWAY, 2003, p. 244).

Possivelmente a maior luta nunca superada é a *psicologia dos valores*, das quantidades, dos equivalentes; a forma da *psique* também é uma forma social, a *psique* do homem moderno emana do fetiche das mercadorias. Por exemplo, os aspectos da sexualidade humana em tempos de capital é forma derivada deste, ao mesmo tempo função dos valores de troca e repertório do agir e do pensar nem sempre menos destrutivo ou repressivo:

> É praticamente impossível, por exemplo, fazer valer a mutilação de garotinhas como um "conteúdo cultural" positivo, e tanto menos como um potencial admirável de resistência de uma cultura agrária e pré-moderna, ainda não maculada pela relação valor, face aos abusos modernos; as relações fetichistas mais antigas em geral também constituem, qual as outras, relações de abuso e dominação, tendo de ser, por conseguinte, negadas de modo tão rígido quanto a moderna forma subjetiva em suas formas de consciência que encerram dominação, submissão e autosubmissão. Sua crítica radical contém em si a crítica radical de todas as formas fetichistas que existiram até agora. Até hoje, na "história das relações fetichistas", a relação inconciliável entre forma (a forma da consciência como forma de agir e pensar) e conteúdo sempre levou igualmente a determinações destrutivas, repressivas e autorepressivas de conteúdo, mas sem que, por causa disso, todo e qualquer conteúdo fosse obrigado a sucumbir a esta ou àquela qualidade negativa em particular. (KURZ, 2010, p. 161).

Em suma, os homens se medem pelas coisas, ele mesmo uma coisa transacionada como valor de troca, no seu trabalho, na aquisição dos frutos de seu trabalho, no crédito da conta bancária ou o valor de financiamento. Nestes termos, por mais que conteúdos (capitalistas) tenham ultrapassado as barreiras das velhas relações pré-modernas, não foi possível eliminar o pensar e o agir de períodos anteriores, pelo fato que certo grau de *violência* institucionalizado seja permitido e esteja presente dentro dos fetiches construídos outrora e rememorados agora. As relações sociais mercantilistas da modernidade não são de fato menos repressivas e destrutivas das de antes. Robert Kurz (2010, p. 162) avança esta compreensão do capitalismo relacionando o fetichismo social com a memória: "A ruptura com a forma capitalista do sujeito equivale, necessariamente, à ruptura com as relações sociais de fetiche em geral".

Marx havia deixado a herança da "reificação" das mercadorias, uma verdadeira psicologia de massas sob a escravidão da forma mercantil. Alfred Sohn-Rethel (1978) afirmava que era preciso desmontar o "1" subjetivo para se chegar ao compromisso com o coletivo. O "1" é o motor psíquico do individualismo por trás do regime mercantilista. Na consciência de nossa época, abstraiu-se totalmente a *relação social* das mercadorias, convertendo todo o valor de uso a um valor de troca, e todos os valores de troca a um equivalente geral, o dinheiro. Isso se refere às consciências dos homens nas sociedades de apropriação ou propriedade privada, uma consciência que se dá conta apenas da quantificação inerente a essas trocas, e nada quanto ao trabalho (quanto à natureza, quanto à associação entre os homens, quanto ao comando e gestão e ao fundamento da propriedade) e em que condições produzem o que "aparece" para essas trocas. Assim, no mais das vezes, o que as lutas de classes, em conjunto com as lutas das minorias e dos grupos excluídos nas sociedades hodiernas, conseguiram, e ainda pretendem conseguir, "é desenvolvimento do atraso" em busca da inclusão no capitalismo avançado, por mais que o capitalismo seja descontínuo, e viva das crises que ele mesmo que ele mesmo "respira" e provoca. Neste sentido, *quase* não se distingue, em termos de pós-Modernidade, as teorias neoliberais[93].

---

93 John Rawls (1921-2002), cuja obra o coloca como discípulo de John Locke (1632-1704), apregoa a desobediência civil em condições em que o governo desobedece ao pacto social quanto aos direitos e liberdades civis cuja origem é o direito

Por isso, a negação necessária àquilo que nos nega como seres ontocriativos que somos (ainda seremos daqui a muito tempo!), a negação à ubiquidade das forças mercantis passa por um grito também de dessubjetivação, isto é, pela superação do "1" que passa pelo individualismo como crença de valores liberais-burgueses, pouco respeitosos, para dar lugar à manifestação cultural mais cooperativa e coletiva.

No conto *Ariadne*, escrito por Anton Tchekov em 1895, Chamókin, companheiro de Ariadne, conta sobre ela [ao autor-narrador-personagem Tchekov]: "Mas amar de verdade, como eu, ela não conseguia, uma vez que era fria e já um tanto mimada. Já havia nela um demônio que dia e noite sussurrava ao seu ouvido, dizendo quão encantadora e divina ela era; sem saber ao certo para que exatamente existia e por que motivo lhe fora dado viver, ela não imaginava a si mesma, no futuro, de outra maneira a não ser como uma pessoa muito rica e distinta; sonhava com bailes, corridas, librés, uma sala de visitas luxuosa, um salon e um verdadeiro enxame de condes, príncipes e embaixadores, artistas e pintores famosos, todos adorando-a, maravilhados com sua beleza e com a elegância de seus trajes... Essa sede de poder e de sucesso pessoal e esses pensamentos fixos em um único objetivo tornam fria qualquer pessoa; e Ariadne era fria: com relação a mim, com relação à natureza, com relação à música. O tempo enquanto isso passava e ainda não havia embaixador algum. Ariadne continuava morando com seu irmão espírita, os negócios iam de mal a pior, ela já não tinha com que comprar vestidos e chapéus e era necessário ser astuta e furtiva para esconder sua pobreza" (TCHEKOV, 2012, p. 258).

---

natural anterior à formação da sociedade política. Neste sentido pode-se supor que nos eventos de genocídio e terror perpetrados pelos Estados na segunda guerra mundial, alvo das denúncias e pesquisas mais contundentes nas obras de Agamben e Bauman, consideradas as premissas neoliberais dos direitos civis, os cidadãos poderiam (ou deveriam) ter se insubordinado e rejeitado o poder através de ações de "desobediência civil". Ver, por exemplo, John Rawls, *Uma teoria da justiça*, Lisboa: Presença, 1993.

Ariadne é a pura encarnação que o que mais importa na vida – na vida moderna! – é estar bem: ela bem que já pode ser ícone de uma filosofia utilitarista de máximas pessoais como "a vida é curta", "a vida passa logo", "sou jovem...", "na velhice não se vive", "use as ferramentas ao seu alcance" – e para uma mulher a beleza corporal é sempre importante! "Por que será que Deus a fez tão bela?", pergunta-se Chamókin, para ficar presa numa fazenda a não sei quantos quilômetros da civilização, junto de mujiques e suas mulheres trabalhadoras rurais, travando com a terra uma luta inglória e de pobreza infinita? Muito naturalmente surgiram na civilização outras tantas máximas que sendo de alto nível de elaboração intelectiva e filosófica, se aliavam àquelas de senso comum e as confirmavam – ou vice-versa –, e constituíram, assim, uma verdadeira roupagem de protocolos adequados e interessantes para o livre mercado. Ariadne nasceu para sobreviver a qualquer custo à "maior-quantidade-possível", ainda que "desonradamente" não tenha nascido nela, mas para viver a liberdade mercantilista do valor: "Seu braço com a espada ergueu-se como com um renovado movimento, e em torno de sua figura sopraram os ventos livres." (KAFKA, 1965, p. 21).

Eis que para Ariadne não existe nada de errado: seria em vão alguma exigibilidade de outro viver ou de conduta diversa, Ariadne é, no máximo, a antecipação, o arauto, a mãe de nós: não faz muito tempo que nos espaços do viver, a boa vida do valor-dinheiro disparou muitas jardas na frente da vida boa (pelo menos para os ricos e poderosos). Ariadne é apenas a encarnação da Modernidade pela futilidade das coisas, das mercadorias que podem ser compradas, pelo dinheiro, nas cidades elegantes e culturais da Europa, onde as elites aristocratas (des)simulam seu colapso mostrando-se cultas: a(penas) ela usa o corpo divino, a estética irreparável, simétrica, proporções de ouro, pele dourada, a sedução e a retórica carinhosa e macia, no todo a beleza intuitiva, a arte que dispensa explicação, a (se) convencer do que não é, o que não sabe, o que não tem.

Contudo, no alvorecer de um momento em que sua rara beleza é doravante mais um troféu a ser exposto meio ao caótico, ao caos, ao complexo Bank & CO, ela representa o elo perdido: longe das terras geladas do Norte onde a alvura luminosa colapsa a paisagem uniformemente, ou do alto onde dançam já não tão poderosas forças ancestrais, longe dos campos da Rússia onde nem os girassóis, os trigais e as alfazemas com o sol nascente, colorindo e iluminando o mundo, combinam mais, nem os carvalhos, os freixos ou os ulmeiros com sua imponência discreta subindo em prece – apenas as expressões retorcidas do homem, da natureza, dos objetos de valor como mercadorias, a síntese dessa distorção.

Ariadne é só uma vítima de seu tempo, um tempo que ainda não acabou para o patriarcado. Ela não é uma feminista, a sua luta é apenas a luta por sobrevivência quando o capital destrói todas as velhas fórmulas de sucesso, ou as põe, no máximo, sob seu jugo. Sob a égide do capital tudo e todos estão subordinados à lógica de acumulação pela produção de mercadorias, à lógica da "verdadeira" riqueza manifesta em dinheiro, algo que se dá pela produção de valores como mercadorias, em forma e escala industrial, algo tão medonhamente poderoso e transformador mesmo para a Rússia do final do século XIX.

Que faz afinal Ariadne de errado? Ela sobrevive (mal!) num mundo que ainda relutava para deixar de ser arcaico e agrário e transformar-se em uma sociedade capitalista, um mundo que, de qualquer forma, já não conhece os vínculos nobiliárquicos e a riqueza da terra, e passa a valorizar a realidade que se apresenta sem interesse ou responsabilidade *sobre quem e como-se-faz*, o mundo da produção de valores de troca e da concorrência. Naquele momento só existia duas formas de viver: ou fazer da exploração humana a matéria-prima da riqueza e do poder em forma de capital, derrubando todas as velhas relações de compromisso e aproximação, ou inserir-se a todo custo nas novas relações de produção burguesa, coisificadas e abstratas de consumo. O amor agora era o "amor no tempo do capital".

Para a jovem mulher pobre, ou empobrecida, cuja família tinha suas posses atreladas à pequena propriedade rural, no limiar da revolução dos valores em prol da lógica do valor de mercado, restava apenas se sujeitar à tradicional divisão patriarcal da sociedade e aos valores nada "liberais" da família. Mas ela nega-se: ela resiste ao que se espera. No sistema de mercado de livre concorrência a necessidade de consumo tende a reforçar a *futilidade* tanto como a *invisibilidade* – coisas e indivíduos *sem rosto* se adaptam melhor à circulação e trocas, como à sua classificação, quantificação, dissociação[94].

---

[94] Existe uma belíssima passagem do romance *A Dança Imóvel* de Manuel Scorza, sobre a *invisibilidade* em nosso tempo: "Minha alegria de estar vivo escandalizou-me. Sim: eu queria viver. Queria existir e ter nome e sobrenome. Negava-me a continuar sendo uma sombra clandestina, a lutar entre sombras contra a sombra. Recusava ser hoje Santiago, amanhã Ângel, logo Juan Carlos, depois, quem sabe o quê. Sim, sim, sei! – disse a mim mesmo. Eu serei quem sou, verdadeiramente quem sou! Terei um corpo real, uma mulher real, uma vida real, sem máscaras, sem temores, sem armadilhas! Ansiava recuperar meu rosto. Os homens sempre tiveram uma cara. As sociedades, todas as sociedades, em todos os tempos, tiveram um rosto. Nas sociedades primitivas o rosto de seus caciques, seus curacas, seus incas, seus xamãs. Deus mesmo teve um rosto. Jeová disse a Moisés: *"Tu não poderás ver o meu rosto: porque nenhum homem me verá sem morrer. Eis aqui o lugar onde eu costumo estar: e tu ficarás sobre a pedra. E quando passar a minha glória eu te colocarei no buraco da pedra, e te abrigarei com a minha mão, até que eu tenha passado. Depois tirarei eu a minha mão, e tu me verás pelas costas: mas tu não poderás ver meu rosto"*. Era impossível vê-lo, mas Deus tinha rosto! O rosto da Monarquia foi o dos reis. Como puderam capturar Luís XVI? Porque um estalajadeiro o reconheceu. E como o reconheceu? Porque lhe pagaram com uma moeda de ouro que tinha sua efígie. Em todos os tempos, o rosto do Poder foi visível. Que são a arquitetura, a pintura, a música dessas idades, senão monumentos, louvores criados em honra dos rostos do Poder: monarcas, príncipes, rainhas palpáveis? O Poder teve sempre uma cara que era possível amor ou odiar, louvar ou insultar, suplicar ou guilhotinar. Com a loucura do capitalismo nasceu a sociedade sem rosto. Para Lenin a última etapa do capitalismo é o imperialismo, mas não, a última etapa do capitalismo é a esquizofrenia, o afastamento da realidade. No final do século XIX – pensei -, houve um fato sem precedentes: o rosto do capitalismo desapareceu mascarado pelas sociedades anônimas. A perversidade do nosso tempo foi o surgimento das sociedades anônimas. Graças às trevas das sociedades anônimas, pela primeira vez na história os homens exercem impunemente o Poder. Os presidentes das Repúblicas não são senão fantoches, máscaras: atrás deles está o rosto sem rosto das transnacionais. O Poder é hoje exercido por homens cujo rosto não conhecemos jamais: os invisíveis proprietários, os misteriosos homens sem cara das multinacionais" (SCORZA, 1985, p. 166-167).

Se de um lado Ariadne nos parece ser a caricatura mais verdadeira da face da futilidade mercadológica da revolução burguesa, por outro lado, ela é igualmente resistência a negar-se ser invisível, a comportar-se adequadamente a essa reprodução puramente mercantil de fachada, a inserir-se como parte *dissociada* da reprodução de mercadorias por vias da constituição do patriarcado, sob o domínio do valor de troca, e no domínio do gênero masculino.

Conforme nos esclarece Roswitha Scholz (2018, p. 12):

> No século XIX, a "vocação materna" da mulher burguesa ganhou relevância ainda maior. As esferas da produção e reprodução cindiram-se cada vez mais. As atribuições sexuais adquiriram traços quase profissionais: a mulher estava "talhada" para atividades de cunho mais pessoal, e o homem para atividades produtivas na ciência, tecnologia e cultura. Casamento e maternidade tronaram-se então o único *locus* social onde a mulher (burguesa) podia locomover-se; de resto ela dependia inteiramente do marido. A domesticação da mulher atingiu no séc. XIX um tal ápice que mesmo o forte instinto sexual imputado as mulheres ao longo do tempo chegou a ser desmentido. [...] Mas o século XIX viu nascer também o primeiro movimento feminista, cujos rudimentos remontam à Revolução Francesa. A exigência de emancipação própria à ilustração, que em sua abstração tem como fundamento o sujeito masculino da socialização pelo valor, foi então pleiteada pelas mulheres a partir de seu próprio modo de ser "divergente", isto é, de acordo com sua posição social. O exílio no lar permaneceu assim indisputado.

A forma dinheiro modificou-se muito desde o tempo de Ariadne. As formas da sociabilidade também, como no caso da relevância e consideração da mulher como sujeito autônomo, livre e igual ao homem. Todas as grandes transformações sociais, econômicas, jurídicas, políticas e culturais estão atreladas ao desenvolvimento da produção da vida material e à evolução das forças tecnocientíficas. Tais transformações foram acompanhadas por grandes mudanças na forma como o dinheiro é administrado a partir dos bancos centrais de todo mundo e sua primazia.

De 1944 a 1971 o dinheiro tinha, pelo acordo de Breton Woods (julho de 1944), uma relação entre as moedas (taxa de câmbio) com base na indexação ao dólar (mais ou menos 1%), cujo valor estaria ligado ao ouro numa base fixa de US$ 35 por onça Troy (31,10 gramas aproximadamente). Em 1971, devido a pressões para aumentar a produção de ouro no mundo, os EUA suspenderam unilateralmente o acordo de Breton Woods, eliminando a conversibilidade direta do dólar em ouro. Desde então, a relação entre o volume de dinheiro e o montante da produção derivada do trabalho social se tornou *tangencial*. Os bancos centrais ficaram então livres para emitirem moeda, emissões desvinculadas das necessidades de produção econômica real, tornando-se o dinheiro como valor fiduciário absolutamente *fictício*. Algo que nem Ariadne e seus patronos poderiam imaginar cinquenta anos antes. Isto nos leva de volta à reflexão sobre a evolução tecnológica diretamente produtiva e as tecnologias monetárias. "O advento das moedas virtuais, como o bitcoin, em alguns casos criadas aparentemente para lavar dinheiro de atividades ilegais, é apenas o começo de uma queda inexorável do sistema monetário." (HARVEY, 2016, p. 108).

Tanto o fim dos acordos efetuados no Hotel Mount Washington, em Brettton Woods, como a criação e comercialização das moedas virtuais, pode ser igualmente visto como "apropriado" a um mundo de produção material imediata tão virtual quanto, por sua intensa e ilimitada robotização, e dispensa, em consequência, do trabalho assalariado capitalista[95].

---

95 A moeda virtual Bitcoin, criada em 2008, no contexto da crise econômica global, por um pseudônimo (pessoa ou grupo) denominado Satoshi Nakamoto, cuja identidade nunca foi oficialmente revelada de forma crível. O Bitcoin é uma criptomoeda, uma espécie de arquivo digital que não circula em papel e

Talvez as lutas do mundo atual não possam ir *muito além* da inclusão e das políticas de distributividade administradas pelo Estado, conjuntamente ou em muitos casos disputando o mesmo espaço vanguardista, ou preterindo uma pauta pela outra (mais distributividade, menos reconhecimento de gênero, por exemplo, e vice-versa); mas são as lutas que são possíveis no momento. Ficar ao lado das minorias por representação é, quiçá, o que se apresenta hoje de forma concreta e imediata para a "utopia" da liberdade com igualdade. Isto não significa necessariamente um retrocesso ideológico ou perda de otimismo pelo movimento coletivista de uma sociedade humanizada para além da forma mercantil. Não significa o limite da evolução civilizatória do *homo sapiens*, não significa adesão à forma financista avançada do

---

não tem relação com emissões governamentais. Ela tem por trás uma rede de computadores e cálculos que um algoritmo gerencia, relacionando apenas pela internet milhares de compradores e vendedores em um mercado totalmente virtual. As contas de cada indivíduo, igualmente virtual (pois não dá para ter confiabilidade de quem se trata na verdade), são controladas por esse algoritmo em um espaço virtual criptografado (que transforma as informações em um código não identificado), chamado de "blockchain", ambiente onde as transações são processadas em Bitcoin. Como não existe como controlar e identificar os operadores que usam moedas virtuais, estas moedas têm se transformado em instrumentos de especulação com a possibilidade de acomodarem atos ilícitos: "O fato de uma criptomoeda ter a capacidade de se valorizar em uma escala incomparável, chegando a ver seu valor aumentar em 1.000% em um único mês, transformou-a, essencialmente, em objeto de especulação." (FELITTE, Almir. Bitcoin: a última farra do capitalismo. *Justificando.com.br*, 2017. Disponível em: <http://www.justificando.com/2017/12/13/bitcoin-ultima-farra-do-capitalismo--rentista>. Acesso em: 04 jul. 2019). No otimismo exagerado nessa variante do mercado financeiro, chegou-se ao ponto de afirmar em 2018 que *"No futuro, o mercado de criptomoedas e o financeiro serão um só, diz o fundador do Mercado Bitcoin"* (Manchete do G1 Economia, 03 de dezembro de 2018), ano em que as criptomoedas obtiveram uma queda brusca, depois da valorização exponencial de 2017. Em 2019 a expectativa é que as criptomoedas continuem operando no mercado paralelo especulativo mais do que como forma de mercado de bens e serviços virtuais, retomando um crescimento gradual dado uma maior cautela por parte dos investidores, que passaram a acreditar menos no interesse pela moeda por parte de grandes especuladores. (INFOMONEY. Euforia com Bitcoin passou: 2019 será o ano do amadurecimento das criptomoedas. *Infomoney.com.br*, 2019. Disponível em: <http://www.google.com/amp/s/www.infomoney.com.br/onde-investir/amp/noticia/7857488>. Acesso em: 04 jul. 2019).

sistema de mercadorias, nem mais propriamente ao prosseguimento *sine qua non* do mesmo.

Possíveis "encontros" podem acontecer por dentro de uma forma distributiva sob os auspícios da forma política capitalista. Ernst Bloch (2005) arguiu que era preciso "perspectivar a realidade": devem existir por dentro desses movimentos aproximações de lutas contra o capital, com o cuidado de não assimilar o conteúdo e a forma da reprodução mercantil e sua lógica acumulativa privada; deve existir a possibilidade de uma estética, que passa obrigatoriamente pela forma cultural e seus estratos: pelos estratos *mediativos* da filosofia e religião, e pelas realizações dos estratos pedagógico e artístico.

A materialidade do capitalismo se dá em tempos diferentes, mas em cada tempo, na reprodução do capital, "energias" de transformação são sempre possíveis de serem detectadas e trabalhadas, desde que perspectivada a realidade. Na teoria das formas, da perspectiva estruturalista marxiana, há que se não perder de vista que a única transformação possível a resgatar uma estética coletivista é a *crítica do valor* na forma mercantil.

A realidade comercial e de circulação atual e os vários indícios e evidências em todos os aspectos da vida social no estágio monopolista transnacional – os capitais financeiros virtualizados como no caso das *criptomoedas*[96], as lutas pelo espaço aduaneiro e o duelo para conjugar alianças comerciais, políticas e de defesa militar, entre Estados e blocos, a própria "cisão" oeste-leste e norte-sul dos países desenvolvidos e subdesenvolvidos –, já nos credenciam a acreditar que a *crítica do valor* constitui a própria crítica à sociedade de mercado contemporânea pelas vias do desenvolvimento exponencial da superprodução e do tempo de trabalho disponível, e a liberação do *poder-fazer* como atividade prático-sensível de todas e todos.

---

[96] Moedas virtuais criptografadas, isto é, codificadas e transacionadas por algoritmos, como o *bitcoin*.

5.4 A FORMA PSIQUE NA PRODUÇÃO DA CULTURA E ARTE

Paulo Silveira (1989) refuta tanto o *ceticismo* daqueles que não veem saída para a crítica artística como o *cinismo* acrítico nos meandros do capital: "Em ambas, o que se evidencia é uma genuflexão à alienação: o espírito absoluto historicizando-se em sua encarnação no capital." (SILVEIRA, 1989, p. 76). A possibilidade de sair deste duplo esvaziamento do sujeito crítico e criativo que ultrapassa os termos das condições objetivas de sua sociabilidade mercantil, encontra-se em Silveira no conflito entre "uma dimensão *internalizada* do sujeitamento" e seu contrário que aparece pela "subversão desse sujeitamento" (1989, p 75), que, contudo, só poderia acontecer em *situações específicas* em que o indivíduo possa se determinar como sujeito. O sujeitamento acontece porque para este autor até a própria *psique* – "na carne e na psique" (1989, p. 75) - se amolda aos ditames do fetichismo das mercadorias.

Nestes termos vemos como a conquista da *subjetividade* – não subjetivismo – força a uma relação dialógica entre realidade concreta do sujeito constituído pelas relações sociais determinadas e a formação de sua consciência superior (VYGOTSKY, 1995), e se por um lado as *situações especificas* de sua sociabilidade constituem sua forma de pensar e seus *níveis* de consciência (MARX & ENGELS, 1983), por outro lado, essas mesmas *situações* podem proporcionar uma "volta" da manifestação psíquica/espiritual sobre as condições *específicas* quando tais condições se alteram o bastante em um modo de vida concreto – esta "volta" é a filosofia da *práxis* no tempo de trabalho disponível e consequente afastamento da subordinação do fazer ao *poder-sobre*.

Lígia Márcia Martins (2012, p. 58), citando Agnes Heller, afirma que:

> [...] o homem já nasce inserido em sua cotidianidade e seu desenvolvimento primário identifica-se com a aquisição das habilidades e conhecimentos necessários para vivê-la por si mesmo. Entretanto, a máxima humanização dos

> indivíduos pressupõe a apropriação de formas de elevação acima da vida cotidiana, pressupõe um processo em direção ao humano genérico. É claro que a referida elevação não é tarefa exclusiva da instituição escolar; porém, para a sua efetivação, a escola desempenha um papel insubstituível, do qual a nenhum título pode-se abrir mão.

Sendo assim, o sujeito como *totalidade material-espiritual*[97], pode-se dizer em sua forma psique, atua dentro da formação social total como uma "força" em relação às demais "forças" sociais, e que

---

[97] Em uma Carta a Bloch, de 21/22 de setembro de 1890, Friedrich Engels menciona "segundo a concepção materialista da história", a ação ativa dos homens, ao dizer que "nós mesmos fazemos nossa história", mas, em primeiro lugar, de "acordo com premissas e condições muito concretas", mas "as premissas e condições econômicas são as que decidem, em última instância" (ENGELS, s/d, p. 284-285). Mas em seguida, Engels afirma: "Em segundo lugar, a história faz-se de tal modo que o resultado final decorre sempre dos conflitos que se estabelecem entre muitas *vontades individuais*, cada uma das quais é o resultado de uma multidão de condições de existência particulares." (id., p. 285, grifos nossos). Essa afirmação, que se desdobra depois em "um conjunto inumerável de forças", "um grupo infinito de paralelogramas de forças que dão em consequência uma resultante", uma força única que "atua *inconsciente* e involuntariamente" (ibidem, grifo nosso), deu agir a Althusser que criticou com bastante veemência ("[...] *essa evidência não é outra senão a dos pressupostos da ideologia burguesa clássica e da economia política burguesa*") (ALTHUSSER, 2015, p. 99), e segundo sua percepção, o fazer da história segundo os "conflitos que se estabelecem entre muitas vontades individuais", pois, assim, o movimento e a ruptura *não* derivam das *forças objetivas* e da "sobredeterminação" dentro da "totalidade", *em si mesma*; a história passaria a ser o resultado *não* dessas forças objetivas e as condições com que um modo de produção internamente se coloca em contradição, mas resultado de "relações humanas bilaterais de rivalidade, de contestação ou de cooperação aparentemente "elementares"." (Ibid.). A nosso ver, contudo, Engels, não abandonou em nenhum momento a materialidade do método histórico e a condição econômica como "última instância", mesmo no parágrafo da carta citada, a Bloch: "Cada uma delas (as vontades individuais) visa um objetivo a que impelem sua constituição física e uma série de circunstâncias exteriores que, em última instância, são circunstâncias econômicas (condições particulares, suas, ou condições gerais da sociedade); e *todas elas* contribuem para a *resultante* comum e *acham-se*, portanto, *incluídas dentro dela*." (ENGELS, s/d, p. 285, grifos nossos). Neste sentido que usamos, ainda à falta de termo melhor, "*totalidade material-espiritual do sujeito*", como parte dessa resultante comum, que não desconsidera nenhuma Forma de sociabilidade *dentro/ como* unidade de ruptura.

na reprodutividade social tal forma psique mantém conformações com as demais formas sociais, podendo se manifestar mais ou menos fortemente conforme a mesma dinâmica da sociabilidade, desde que as *situações específicas* se apresentem. Neste sentido, a dialética não contradiz e não obstaculiza a psicologia como área de conhecimento científico, nem *desvaloriza* o indivíduo constituído em um sujeito determinado em busca de sua subjetividade.

Aponta para esta afirmação Lucien Sève (1989, p. 175), quando afirma que o caminho, "[...] consiste em apoiar todo o esforço teórico apenas sobre a lógica – ou, melhor dizendo, sobre a dialética – das relações e processos universais, topológicos, e cronológicos, de sua produção sempre única, a fim de introduzir o rigor conceptual e de apreender as necessidades de desenvolvimento em seu estudo monográfico".

Por este motivo o aforismo marxiano que "os homens fazem a sua própria história, mas não a fazem como querem" (nota 75), só pode ser entendido como uma verdadeira dialética entre o *sujeito ativo* e as *situações específicas* que o constituem e eternamente o envolvem. Isto quer dizer que o sujeito como forma-psíquica é em si mesmo igualmente uma totalidade de conformações no/pelo ambiente sempre social, ainda que isto não se apresente mesmo na idade adulta, de forma consciente, nem em relação à sua conformação social, cultural, nem em relação a seus próprios desejos reprimidos. Menos ainda devido ao fato que esta *inconsciência social dele* é, ao fim ao cabo, determinada pelos valores e facticidade inerentes e incontornáveis da reprodução caótica das sociedades mercantilistas e monopolistas, do ponto de vista da hegemonia ideológica *pró* capitalista, do monetarismo sistêmico global, que promove o individualismo como individualidade, e o subjetivismo como subjetividade.

Assim nos reporta Slavoj Zizek (2008, p. 232) quanto à experiência do sujeito na sociabilidade capitalista:

> Essa também é uma maneira de especificar o sentido da asserção de Lacan sobre o "descentramento" constitutivo do sujeito: seu argumento não é que minha experiência

> subjetiva seja regulada por mecanismos inconscientes objetivos que são "descentrados" em relação à minha auto-experiência e, como tal, estão além do meu controle (argumento reafirmado por todo materialista), mas, antes, algo muito mais perturbador: estou privado até da minha experiência "subjetiva" mais íntima, o modo como tudo "realmente me parece ser", o da fantasia fundamental que constitui e garante o âmago do meu ser, já que nunca posso vivenciá-lo e assumi-lo conscientemente...

A *situação específica* moderna apresenta como realidade o fetiche, mas a passos largos, o *trabalho abstrato* se transformando em *trabalho objetivo* na medida em que se afasta da produção mercantil, por força das próprias leis do capital[98], porque a *atividade econômica* começa finalmente a prescindir do próprio homem – o homem *foge* finalmente dos limites e derivações do capital, de seu *nonsense* produtivo e aproxima-se do fim do "fetichismo das mercadorias".

Na totalidade da sociabilidade a correlação de forças nas várias dimensões sociais, proporciona, em sua dinâmica interna, *hiatos de escape*, se abrem espaços de tempo de trabalho disponível, e nesses espaços a *invenção do cotidiano* (CERTEAU, 2003) se apresenta como alternativa verossímil para as realizações imateriais da cultura e seus estratos. É que se as formas (política, jurídica) no nível da superestrutura estão na totalidade social em *situação incontornável* de mercado, a forma cultura, contudo, é *praticamente incontornável*[99]:

---

[98] Acumulação hiperbolizada privada de capitais, monopólios privados e estatais em "parceria" e "concordados", concorrência desenfreada, inversão de tecnologia e ciência no trabalho produtivo, desqualificação da mão de obra, exército industrial de reserva e *lumpen-proletariado* nos níveis mesmo das atividades mais intensivas em capital intelectual, desemprego, queda na taxa de lucro pela não geração de mais valor, queda no poder aquisitivo das famílias, geração "virtual" de moeda, entre outros.

[99] Com *situação incontornável*, queremos dizer que na totalidade social algumas esferas ou formas sociais, como o político e o jurídico, estão ampla e especificamente destinadas a confirmarem as relações capitalistas de produção, tanto como

> Todavia, sob a escritura fabricadora e universal da tecnologia subsistem lugares opacos e teimosos. As revoluções históricas, as mutações econômicas, os caldeamentos demográficos aí se estratificaram e aí permanecem, ocultos nos costumes, nos ritos e práticas espaciais. Os discursos legíveis que antigamente os articulavam desapareceram, ou deixaram na linguagem apenas alguns fragmentos. Esse lugar, na superfície, parece uma colagem. De fato, é uma ubiquidade na espessura. Um empilhamento de camadas heterogêneas. Cada uma, semelhante a uma página de livro, estragada, remete a um modo diferente de unidade territorial, de repartição sócio-econômica, de conflitos políticos e de simbolização identificatória. (CERTAU, 2003, p. 309-310).

Daí as possibilidades de afrontar o *status quo* pelas artes e cultura de forma geral, *constranger* as massas espectadoras (que de forma geral não saíram do impressionismo!) com a manifestação artística mais contemporânea que questiona o próprio conteúdo da Arte. As grandes questões sociais atuais, na educação dos jovens ou com relação a todas as "minorias" que buscam representação social e reconhecimento, são manifestações dessa espontaneidade vanguardista de uma correlação de forças próprias da pós-Modernidade, *ainda bastante aleatórias*, mas que podem almejar sucesso se a factualidade se aliar à iniciativa iconoclasta das práticas artísticas mais desafiadoras e especulativas: no constrangimento está a ocupação da Filosofia Crítica e da Arte contemporâneas.

Neste sentido, que Heidegger (1977) propôs que se a filosofia quer dar conta da "verdade" tem que ser poesia, da mesma forma como as práticas sociais do reconhecimento precisam demonstrar

---

delas emanam inexoravelmente; com *praticamente incontornável*, queremos dizer que ainda que as relações sociais de produção e o fazer material envolvam as demais formas da sociabilidade geral, se abrem possibilidades de realização que não foram absorvidas absolutamente, como é o caso das manifestações e realizações culturais, como nos afirma Michel Certeau (2003).

as suas "verdades", factuais, nos interstícios da correlação de forças em espaços *praticamente incontornáveis*. Diz o autor: "A arte é, pois, um devir e um acontecer da verdade" (HEIDEGGER, 1977, p. 57). Em Heidegger a arte como coisa representa as coisas, a arte é a coisa com todos os seus acidentes; a coisa e seus acidentes formam uma totalidade que engloba não apenas o que se observa, mas a totalidade de sua funcionalidade com eles.

O quadro de Vincent Van Gogh (1853-1890), "Par de Sapatos", leva a ver o trabalho do camponês e a condição social do camponês ao tempo do pintor. Desta forma, não é a coisa *em si* que se revela, mas aquilo que é a coisa revelada em sua amplitude para lá do que se observa de forma imediata. Principalmente, o que Heidegger demonstra aqui é que a obra de arte é a expressão de algo de um tempo, e espaço, algo acidental, que se constrói coletivamente a cada fazer humano, e que se revela na obra de arte como substância, ou "verdade" em processo, em construção, do homem histórico. Aqui, o belo aparece no movimento de *desocultação* por trás do par de botas do camponês, ou do todo coletivo que ele encerra como história social; aqui a arte morre enquanto contemplação simples do belo, e dá abertura para a arte como "verdade" histórica do homem. Ela é, portanto, uma *projeção* histórica com conteúdo e forma acidentais.

Porém, como projeção, a obra de arte revela a "verdade" do passado, sempre do que foi, como foi, da historicidade humana, que no momento seguinte já projeta outra *desocultação* da realidade experimentada pelo artista, no quadro total do fazer de sua coletividade.

Benedito Nunes (2009, p. 58), expressa assim este "dilema":

> A arte depende do movimento, originário da verdade que se realiza, e que por intermédio dela se perfaz. Nesse sentido, podemos então afirmar que a arte só é necessária enquanto *possibilidade* que se concretizou. A necessidade que ela comporta traduz-se, paradoxalmente, como necessidade de contingência. A projeção de que ela se originou e à luz da qual recebeu um destino histórico, que é a base

em que assenta a história das artes – cuja existência se encadeia, nos tempos modernos, ao estado da cultura a que a Estética corresponde –, pode haver-se tornado inefetiva, subsistindo apenas, sem a presença da *aléthea*, na retenção de um momento passado que se conserva no presente, e que é aqui e agora superável por outra projeção, por outra forma de acesso da verdade no mundo.

A filosofia de Heidegger é, obviamente, filha de seu tempo, ela propõe a superação da estética do abstracionismo, vista aqui a obra de arte como fora da realização temporal e espacial do homem histórico. Como tal, aqui, quiçá se encerrava já na concepção heideggeriana a crítica da mercantilização da arte, possível exatamente em seu abstracionismo não realista, portanto, quando ela não é uma projeção da "verdade" coletiva, se torna consumível nos termos e modos de produção da vida social e sua sociabilidade mercantil.

A fenomenologia do filósofo de *Ser e Tempo* (2009) remete, pois, à ideia primeira da estética de Hegel, segundo a qual a arte, quanto ao seu desígnio supremo, é apenas a manifestação do sensível no colocar ordem ao caos do *espírito* em desenvolvimento, portanto, no movimento de superação desse espírito fadado a ser coisa do passado. "Heidegger, substituindo a operação do espírito pela projeção da verdade do ser como obra, continuou e arrematou esse processo" (NUNES, 2009, p. 59).

Porém, se o Realismo de Heidegger é a recusa da *abstração que facilita* a mercantilização da obra de arte como valor de troca, por outro lado, o Abstracionismo na arte pode ser visto como a recusa da ideologização e politização da mesma.

Em uma passagem contundente de Vassili Grossman, no romance *Vida e Destino*[100], Guérmanov, dirigente soviético para

[100] Iniciado pelo autor na década de 1950, o romance foi terminado em 1960, publicado incompleto em 1980, e completo em 1989; só em 2013 foi possível ter acesso aos originais "confiscados" pela antiga KGB em 1961. Referimo-nos aqui à edição brasileira da editora Objetiva-Alfaguara, de 2016.

questões culturais e artísticas, goza de total confiança do partido, e sobre ele recai a responsabilidade de censurar os livros e as demais manifestações de cultura, deixando de lado as suas preferências, e a sua própria sensibilidade estética, sendo caro apenas aquilo que expressa o espírito do partido; a palavra de decisão de Guérmanov era, pois, esperada ansiosamente e escutada com a máxima atenção por "pessoas de talento para pesquisar, cantar, escrever livros, embora Guérmanov não soubesse cantar, tocar piano, conceber montagens teatrais, e não conseguisse entender nem apreciar profundamente as obras da ciência, poesia, música, pintura..." (GROSSMAN, 2016, p. 112); bastava em suas decisões que o partido confiava a ele seus interesses nas áreas da cultura e artes.

A questão que não podemos e nem devemos omitir, nos termos do filósofo moderno: "Falar de obras imortais e do valor eterno da arte terá sentido e conteúdo? Ou tudo isso não são mais do que modos de falar, semipensados, numa época em que a grande arte, e com ela a sua essência, abandonou o homem?" (HEIDEGGER, 1977, p. 65). Ou seja, "Ainda é a arte um modo essencial e necessário em que acontece a verdade decisiva para a nossa existência ou já deixou de sê-lo?" (NUNES, 2009, p. 59). A nosso ver, a fenomenologia de Heidegger, destarte sua pretensão de capturar na obra de arte o homem histórico pela projeção de seu tempo, e como elemento da "verdade" coletiva, não ultrapassa a fronteira estrita do "espírito" e sua fruição, uma realização, portanto, da "verdade" projetada de um tempo que é, junto, o tempo do espírito do ente e do grupo em sua possibilidade tempo-espacial determinada.

Aqui podemos considerar o Ser que aparece como porta-voz artístico das questões materiais e culturais de seu grupo como determinação histórica. Mas ainda assim, falta perguntar exatamente como este ente, este homem histórico, projeta o que lhe é próprio e o que é a realização tempo-espacial do seu ser social, especialmente, em que condições e relações específicas e concretas esse homem projeta a sua essencialidade artística na obra de arte? Heidegger repete Hegel, porque no final o que importa é a historicidade, a fruição autônoma do espírito no Ser, ainda que em Heidegger essa fruição seja a busca da "verdade" como projeção coletiva.

Na obra "Par de Sapatos", que Van Gogh pintou em 1886, não basta afirmar que a obra de arte projeta a fruição do artista, *bem como do espectador* (RANCIÉRE, 2012)[101], como "verdade" de sua coletividade em uma época dada, ou seja, como realização artística da história humana por meio de um Ser. Ainda que o "Par de Sapatos" *colapse* a história do espírito coletivo, é pela fruição espiritual particular do artista que a obra se cria – algo como a explicação e determinação última da ontologia pelo *Dasein*[102]do ente em particular.

Cabe perguntar: o que está por trás do "Par de Sapatos", o que é um camponês naquele momento tempo-espacial determinado que o artista possui em mente, em que condições ele trabalha, ele cultiva, ele campina? Quem é sua família, como ele cuida dos filhos, o que estes fazem, se têm comida? Que sociedade era essa onde existe um camponês que usa um par de botas tão estragados, como está retratado na obra de arte? Que sociedade é essa onde camponeses trabalham, e vivem, claramente, de uma forma tão desigual de outros grupos? Enfim, que relações sociais exatamente estão estabelecidas para que o trabalho do camponês em condições dadas no quadro do artista seja útil à sua coletividade, como ele está inserido nessa produção da vida pela produção de alimentos, quem se beneficia com essa produção?

A "verdade" projetada não é uma "verdade", pelo contrário, ela é a representação mediada de determinadas formas concretas de reprodução social, e são estas e não a fruição do espírito que movem a história, como se viu logo em seguida a Heidegger no

---

[101] Afinal, tanto o artista como o espectador fazem a mesma avaliação da obra de arte pela experiência coletiva de seu tempo, como sujeitos reais, históricos.

[102] Nos ensina o filósofo pátrio Benedito Nunes (2012, p. 132), sobre Heidegger, que: "O poder ser si-mesmo próprio ocorre por um ato de apropriação do Dasein, numa decisão extrema, que coloca a sua existência, projetando-a em direção ao fim, sob a possibilidade da morte, que o totaliza. Mas essa projeção, que ratifica o cuidado, também entreabre o que torna possível a unidade de trimembre de um ente que existe para além ou adiante de si, lançado e cadente".

plano real da história: a deflagração da Segunda Guerra Mundial e a tendência desesperada da filosofia se inclinar para projetos autoritários. Em uma palavra, falta no Idealismo do pensador alemão, a última concretude, o átomo, a quintessência a partir da qual se verifica a existência humana e o pensar especulativo, traduzido ou projetado nas manifestações culturais, como a arte: o conceito de trabalho humano.

Só quando acabar o *trabalho abstrato* hiperbolizado pela extrema divisão e especialização, e sua apropriação em forma de mercadorias inerente à realização de acumulação monetária; só quando o trabalho deixar de ser mercadoria, e o homem como *coisa* deixar de servir à especulação mercantilista, só então se fará Arte e essa se identificará com o trabalho mesmo, com o trabalho objetivo, quer dizer, quando o homem retomar para si o fazer objetivado como necessidade para ele, realização ontocriativa material e espiritual, o que equivale a uma *segunda humanização*[103].

Esta volta ao Homem, à sua natureza com a Natureza, é, então,

> A busca da particularidade como síntese do universal e do individual, como campo de concentração de tendências, sinaliza a reconciliação de Marx com a dialética. Nesse novo momento, a situação dos indivíduos aparece sempre referida às tendências do processo geral, e a realidade destas será também a verdade daquelas. [...] A visão ontológica do homem como o 'ser automediador da natureza', rompendo com o atomismo que concebe o indivíduo como um ser contemplativo e uma mônada refratária às determinações sociais, trouxe consequências decisivas para a compreensão do fenômeno artístico. (FREDERICO, 2016, p. 73).

Também ressoa por este diapasão a afirmação de Vigotski (2001, p. 19) que "a arte só poderá ser objeto de estudo científico quando for considerada uma das funções vitais da sociedade em

---

[103] Veja-se explicação na Nota de Rodapé nº 18.

relação permanente com os outros campos da vida social e no seu condicionamento histórico concreto".

Tal como se expôs, a obra de arte deve ser pensada e concebida cada vez mais como a antítese do *trabalho abstrato*, "em contraponto ao trabalho estranhado, como denúncia das potencialidades humanas travadas pela alienação própria da sociedade mercantil" (FREDERICO, 2016, p. 76). A arte possui assim caráter humanizador, mas na medida em que como "não trabalho" seja a *desocultação* da validade do trabalho como mercadoria, esteja *desvinculada* da lei geral do valor.

Portanto, a Arte (com letra maiúscula!), não uma arte superior, mas todas as realizações culturais e artísticas, só são possíveis *noutro* momento *mônade*, quando as condições materiais da reprodução existencial imediata estão *decolonizadas* da subordinação de algum poder de comando objetivo; ela deve ser *subjuntiva*, "um produto histórico tardio que pressupõe um nível de desenvolvimento das forças produtivas" (FREDERICO, 2016, p.75).

Especificamente, está na superação moderna das leis gerais da produção mercantil e sua reprodução ampliada, o encontro da arte (saber e poder fazer) com a natureza sensível do homem, *do seu reencontro com a humanização*, da humanização com "as leis da beleza", ou do homem com "o ócio estético valioso" (ARROYABE, 2018). Mas então, a arte não poderá mais exigir o *título histórico*, mas apenas o *título humano*, não existirá, não poderá ser pensada como tal, porque toda a manifestação cultural artística se identificará com o Trabalho – e todo Trabalho será uma Obra de Arte!

6. CONSIDERAÇÕES FINAIS: TRABALHO, CULTURA E ARTE

A análise histórica dos modos de produção da humanidade explica racionalmente a dominação de classes, que muitas vezes ainda é atribuída de forma *hobbesiana* à maldade do homem, e nos faz compreender que a luta pelo poder é a luta pela conquista do tempo de ócio e "não trabalho". Permite ainda compreender que, em consequência do colossal desenvolvimento das forças produtivas contemporâneas, cai o último pretexto para a divisão da sociedade entre possuidores e fazedores, entre comandantes e subalternos, entre exploradores e explorados.

Percebemos a cada crise do sistema de livre mercado, nas crises comerciais e financeiras, com excesso de liquidez, que se espalham pelo globo, na situação precária atual do equilíbrio entre superprodução e consumo, na massa sempre crescente de desemprego, informalidade, precarização e desalento dos trabalhadores do capitalismo, que as classes dominantes encontram dificuldades gigantescas para cumprir seu papel histórico e não conseguem mais guiar as sociedades mercantis sem se tornarem os maiores empecilhos ao livre desenvolvimento e fortalecimento de um mundo de progresso pacífico material e intelectual, tanto às exigências dos movimentos globais ecológicos e por direitos, quanto ao potencial criativo das massas.

Isto significa, então, que a luta pela condição de usufruir do ócio criativo já não se esconde em nossa época debaixo do véu da figura altissonante do trabalho produtivo, como acontecia nas precedentes. E que, portanto, em muitos lugares onde a indústria está compelida à expansividade mais avançada dos meios e das formas de produção, está claro que a cultura e as artes são, ou podem ser para os cidadãos de todas as classes, origens, matizes culturais e condições sociais, as dimensões reprodutoras mais importantes. Enfim, não parece mais razoável nem aceitável que o trabalho estético, em contraposição ao trabalho econômico, seja usufruído por apenas frações possuidoras de capital.

A medida pela qual as sociedades de livre mercado, produtoras/consumidoras de mercadorias, se veem na contingência de passar a outras mãos a continuidade de seu pleno progresso, é o tempo de trabalho disponível, longe das armadilhas da *dissociação* do saber do fazer, e da subjugação do *poder-fazer* (fazedores, assalariados) ao *poder-sobre* (possuidores, gerentes). Transferido aos produtores e fazedores de forma geral a condução futura da história – por vias de sua liberação, iminente ou forçada, da indústria especializada e seus protocolos de produtividade –, a situação de dominação e expropriação da mão de obra assalariada em seu potencial vivo de trabalho, se esvai. Engels (2019, p. 12) afirmava que a vida associada nas realizações culturais, e nas demais formas sociais, cria as condições "para que cada membro da sociedade participe não só da produção, mas também da divisão e da administração das riquezas sociais".

6.1 DIREITO AO ÓCIO

A cultura foi entendida no Ocidente por muito tempo para designar o erudito, o nobre, o bonito e o belo (do alemão *kultur*), portanto como algo distinto ("Aquele senhor é muito culto") e superior. O moderno conceito *socioantropológico* de cultura chamou para si a responsabilidade de afirmar o homem em sua formação filogenética (coletiva), como o que se distingue dos demais seres da natureza por sua capacidade de criar para sua sobrevivência, além de seus instintos, valores e regras de comportamento em prol da cooperação, o que se realiza tanto do ponto de vista quantitativo (necessidades crescentes) como qualitativo (desenvolvimento de sua criatividade). Deste ponto de vista, o homem cria *materialmente* a história ao mesmo tempo em que é criado por ela, inventa *materialmente* a cultura ao mesmo tempo em que é "inventado" por ela.

Por isso é possível afirmar que existe uma *forma cultura* tal como existe uma *forma política* ou *jurídica*, mais ou menos de acordo com a forma de produção determinada de cada época histórica em seu grau de desenvolvimento técnico-científico – *materialmente*, portanto. Isto significa que a cultura é uma forma que mantém propriedades próprias que se distinguem em conteúdo e valor (caráter) das demais formas da totalidade social, e com elas age e reage de forma dialética, modificando-se permanentemente. Ao mesmo tempo usa de sua relativa autonomia para ocupar espaços significativos e determinantes no *jogo* da sociabilidade humana, como deveras o fazem as demais formas.

Daí, aquilo que já foi considerado genericamente como distinto e nobre para designar a cultura, dá lugar à maneira comum como os indivíduos se agrupam por valores e regras que os identificam, quer dizer, os distinguem de outros grupos. E ainda que distintos os grupos humanos uns dos outros, todos os indivíduos são igualmente constituídos protocolarmente para além deles mesmos, por atributos de sociabilidade que são passados à frente de geração em geração constituindo um processo coletivo, dinâmico e criativo. Assim, a cultura tal como a vimos aqui, é ao mesmo tempo uma *escolha* voltada para a sobrevivência em relação à precariedade do aparelho biológico humano, de acordo com as condições do meio ambiente, e uma *negação da escolha*, "passageiros" que somos da civilização que pertence aos predecessores de nosso grupo.

Contudo, do ponto de vista dos estudos sociais e antropológicos, é bastante raro considerar-se a cultura a partir das *relações sociais de produção*. Normalmente reduz-se o estudo da cultura aos hábitos, tradições, habilidades e costumes dos grupos humanos distinguindo-os e classificando-os, ou comparando-os. Na melhor das hipóteses, as intenções são de respeitar as diferenças e criar espaços reais de hospitalidade (na maioria das vezes, no entanto, apenas espaços de tolerância)[104].

É marcante para o pensamento social, e para a filosofia de forma geral, que dois jovens pensadores, Marx e Engels, tivessem escrito em dezembro de 1847, que "até hoje, a história de todas as sociedades que existem até nossos dias tem sido a história das lutas de classes". Mais tarde Engels, em outro lugar, explica "que todas as lutas políticas - frequentes e complexas - representam apenas lutas pela dominação política e social por parte de classes da sociedade"[105]. Mas como surgem essas classes? Elas surgem a partir da necessidade dos homens produzirem materialmente os meios de subsistência. Assim, nessa produção e troca dos bens e víveres necessários à sua subsistência, obrigados a fazê-lo de forma associativa, os homens viram-se na contingência, muito primariamente, de engendrarem relações sociais que tendem a ser *desiguais*. Ou por atributos pessoais especiais (mais produtivos, mais criativos), ou por serem mais fortes, ou dominarem certas práticas divinas, ou por doarem mais de si ao grupo a que pertencem (altruisticamente), alguns poucos constituíram linhagens de chefia, comando e poder, laico ou divino, e por esse meio puderam usufruir de uma posição privilegiada quanto à posse de certos bens, como a terra, e viver de arrendamento e maior ociosidade. Enquanto isso, outros (a maioria) têm que trabalhar, como produtores, para seu sustento e sustento dos possuidores.

Por muitos séculos, no Ocidente, os donos de terras eram também os donos das ferramentas de trabalho necessárias à extração da natureza e sua transformação em alimento, habitação, vestimenta, meios de transporte. Não por acaso o nobre cavaleiro Dom Quixote De La Mancha guerreava contra os moinhos de ven-

---

104 Em contraposição à tolerância, Jacques Derrida (1930-2004) sugere o conceito de *hospitalidade*: a *tolerância* seria segundo ele, *condicional*, enquanto a *hospitalidade* seria *incondicional* (Ver: DERRIDA; DUFOURMANTELLE, *Da hospitalidade*, 2003).

105 O texto inicial a que nos referimos é o Manifesto do Partido Comunista escrito pelos dois em 1847; em junho de 1877 Engels escreveu o artigo Karl Marx, portanto, 30 anos depois, de onde extraímos a presente afirmação (2019, p.10).

to (como se fossem inimigos de batalha), que moíam o trigo e demais cereais (a produzir farinha essencial na produção de pão), pois eles representavam o poder dos senhores feudais donos das terras e das ferramentas de trabalho.

Portanto, as classes sociais estabelecem-se quando o trabalho necessário à sobrevivência dos homens se divide socialmente, basicamente entre possuidores e produtores, e mais tarde, entre aqueles que são os donos dos meios e formas de produção e troca, os burgueses, e os que não o são, os trabalhadores assalariados.

O que significa, então, dizer que a história da humanidade é a história das lutas de classes? Significa, ao fim e ao cabo, dizer que a luta entre os homens se dá em torno da conquista de um poder, divino ou laico, que os "liberte" do *trabalho econômico* (material e imediato), um poder ou prestígio que os desobrigue a trabalhar de forma escrava, prestamista, e mais tarde, de forma assalariada, mas a viver na ociosidade, com tempo de trabalho disponível para realizar algum tipo de *trabalho estético*.

Até a Modernidade, nas sociedades ocidentais, as classes mais ou menos privilegiadas, nobres, eclesiásticos, cavaleiros e pajens, agiotas, comerciantes e viajantes, artesãos e menestréis, ainda tinham, devido à precariedade de víveres e baixa produtividade de alimentos e, devido, portanto, a uma rústica tecnologia e conhecimentos, que dedicar muitas horas diárias ao trabalho econômico para proverem sua subsistência e de suas famílias, para não falar então dos mais despossuídos, como os escravos, depois os servos das glebas, ou mesmo os aprendizes de ofícios. De qualquer forma, a nobreza e o clero, e seus prepostos, secularmente sempre dependeram do poder para dominarem os despossuídos, mas principalmente para usufruírem da posse dos meios e dos instrumentos de trabalho e os arrendarem aos que não os possuem, nem que para isso tivessem que promover guerras sem sentido contra inimigos "imaginários" ou mesmo entre si. A luta de classes, assim, é a luta dos que trabalham contra os que *não* trabalham, é a luta pelo "direito" de ociosidade.

O "direito" de ociosidade, contudo, precisava em períodos anteriores ser conquistado pela força, nas guerras ou nas intrigas palacianas ou templárias, o que levou Marx (2013, p. 786) posteriormente a dizer que "Na história real, como se sabe, o papel principal é desempenhado pela conquista, a subjugação, o assassínio para roubar, em suma, a violência". Mas, na época moderna, a partir do século XIX, esse "direito" passa a ser uma condição jurídica, ou melhor, uma relação social autorizada e fortalecida juridicamente, sob o aval do direito e do Estado burguês: convalidada a propriedade privada e a noção *abstrata* de liberdade e igualdade entre os indivíduos, com capacidade civil, o Direito burguês tutela, assim, o "ato jurídico perfeito" ou contrato (de trabalho). Claro que o contrato não se verifica entre iguais, mas entre *desiguais*: já que os produtores não detêm a propriedade dos meios de trabalho, eles vendem sua força de trabalho como mercadoria aos proprietários capitalistas em troca de um salário, e é isto que propriamente regula a legislação da burguesia proprietária a possibilitar a apropriação da produção de riqueza social – e do mais valor – nos termos do capital.

Até hoje o "direito" de uns poucos ao *trabalho estético* foi adquirido à custa da exploração da maioria em cada época histórica – dos escravos, dos servos, dos trabalhadores rurais ou dos assalariados urbanos –, foi possível fazê-lo pela subordinação e apropriação dada pela posse, primeiro, e pela propriedade privada, depois, dos meios e formas de produção para a subsistência material. Isto não significa que a história se repita necessariamente assim: basta que para isso, para a emancipação dos produtores em seu trabalho, que a produção de bens e víveres seja suficiente para nutrir a *todos* nas suas necessidades materiais fundamentais. Ora, nunca a humanidade imaginou conseguir tal proeza, a não ser a partir do século XIX: graças à revolução industrial foi possível começar a vislumbrar que a alta produtividade, aliada ao aprimoramento técnico e cientifico da produção, chegaria a ponto de satisfazer as necessidades materiais e alcançar patamares de produtividade que possam atender a todos.

Mas só agora, na continuidade de um processo iniciado na segunda metade do século XX, diante da máxima produtividade concomitante com a máxima ociosidade (tempo de trabalho disponível) de grandes contingentes de trabalhadores criativos, e executivos qualificados, liberados pelo avanço de tecnologias aplicadas ao trabalho, que a forma social da cultura e seus estratos (educação, artes) aparecem como uma das melhores, quando não a única alternativa para as ocupações do futuro enquanto trabalho não diretamente produtor de valores de troca. Segundo Andreas Schleicher (OCDE-PISA, 2019): "Eu diria que, na quarta revolução industrial, as artes podem se tornar mais importantes do que as matemáticas"[106].

Nestas condições o "direito" a ocupações sociais, educacionais, filosóficas, religiosas e artísticas, deixa de ser um atributo ou propriedade das classes abastadas da nobreza, clericais ou burguesas, para tornar-se, diferente das épocas anteriores, *uma constante*, objetivamente uma forma intrínseca do próprio capitalismo em sua fase mais desenvolvida, monopolista, financista. As atividades diretamente "improdutivas" ou "impraticáveis"[107] passam então a serem próprias da reprodutividade social do capital em seus estágios mais avançados, estendendo tais práticas às camadas mais extensas da sociedade independente de sua situação de propriedade ou riqueza, principalmente como alternativa para os altos índices de desemprego também entre os jovens.

Todavia, ainda existe outra condição em relação ao trabalho e o que ele importa para a realização da subjetividade humana. Como vimos, Marx esclareceu desde cedo sobre a condição

---

106 RAVITCH, Diane. Líder da OCDE-PISA: A Educação Artística pode ser mais importante para o século XXI do que as notas do teste. *Dianeravitch.net*, 2019. Disponível em: <http://dianeravitch.net/2019/06/05/oecd-pisa-leader-arts-education>. Acesso em: 20 mai. 2019.

107 O escritor Rex Dunn (2016) se refere à arte – por escapar em algo ao ciclo da produção mercantil, ser "improdutiva" –, como aquilo que é "impraticável", quer dizer, que não objetiva (ou não deveria objetivar) ser reconhecida como mercadoria. Assim, como quase um retorno à definição clássica de James Joyce, na obra *Retrato do artista quando jovem* (1984), de *arte própria* e *arte imprópria*, a primeira como a que comporta uma *finalidade estética* e a segunda que tem uma *finalidade utilitária*, "um fim utilitário, religioso, político ou comercial". (Veja-se: HARADA, Ricardo Godoy. *A tentativa do impossível*: a mágica e o teatro como matérias poéticas da criação artística, 2018).

inelutável e intransponível da condição do homem como produtor: para ele o homem *aliena* sua potencialidade criativa, mental e física, naquilo que faz, naquilo que produz por seu trabalho, naquilo que é o resultado de seu esforço – *todo o seu ser está naquilo que é feito*.

Esta condição subjetiva, que denota uma filosofia da práxis e um olhar determinado sobre a existência humana, também carrega em si o fantástico fascínio pela dominação, pela exploração, e pela apropriação do resultado daquilo que os outros fazem, pelo menos em dois sentidos: 1. Não "fazendo", quer dizer, não trabalhando compulsoriamente para os outros, posso usufruir melhor da minha potencialidade criativa para além da subsistência; e 2. Passo a exercer a dominação e o comando sobre as atividades nas condições de prevalência da gerência sobre o fazer alheio.

As imposições do regime de acumulação do capital para a produção de mercadorias, a segmentação e extrema diferenciação do trabalho obrigam a uma direção, a um comando, que como vimos, é ao mesmo tempo a forma de refrear a resistência dos trabalhadores assalariados e a busca da máxima eficiência produtiva com extração de mais valor. Por isso quem organiza os circuitos da produção e circulação de capitais no neoliberalismo exerce uma dominação técnica-científica, porque seu papel organizativo, a procurar o equilíbrio para a reprodução do capital, realiza, quanto à *sociabilidade total*, por assim dizer, o desejo "real" de *toda* a sociedade, que não pode fugir da *relação direta* da produção industrial fragmentada e particionada voltada à produção de *quantidades* de mercadorias.

Significa então que a dominação sobre o *poder-fazer*, suas formas e seus métodos, autoriza socialmente a prevalência e importância do *poder-sobre* sobre esse fazer, ou do pensar de alguns sobre o fazer de muitos, e é nestes termos que se pode ver o quanto a luta interna no seio do trabalho material de subsistência é, na verdade, uma luta de classes, não apenas entre patrões e empregados, mas entre a gerência que toma as decisões e comanda, e a posição dos produtores. As cisões entre os que detêm a posse e a propriedade dos meios de produção e os produtores, e entre o fazer e o comando de sua organização, são especificamente as contradições mais importantes que se cristalizam na luta de classes. O seu fim é o fim da luta de classes, é o fim da cisão entre os produtores e não produtores. Uma forma de ver este conflito é pensar que, afinal, desde sempre, a luta é pela desalienação compulsória constitutiva da necessidade do trabalho organizado para a subsistência: a luta entre os que trabalham e os que usufruem desse trabalho na ociosidade.

Contudo, enquanto não houver condições de emancipar os homens do jugo do trabalho como necessidade de subsistência, portanto, econômica e material, nunca se libertarão os homens em prol do trabalho estético; não poderão almejar a sua condição superior de animal cognoscível, realizar sua potência criativa voltada para o desenvolvimento da ética e estética. Isto porque o *poder-fazer* tem que ser de cada um e não subordinado, isto porque o saber e o fazer devem estar presentes naquele que faz ao tempo do fazer. Para isso os homens não podem trabalhar todo o seu tempo para os outros em troca de salário, não podem estar submetidos às circunstâncias da produção de meras quantidades, como mercadorias, ao rigor da divisão social do trabalho e produtividade exigida para extração de mais valor, não podem ser alvo da subordinação à lógica técnica do lucro e do capital em geral.

Nesse sentido, a cultura, principalmente quanto às manifestações artísticas, desempenha papel social crucial quando não se subordina à industrialização e mercantilização de suas práticas. A forma cultura, por sua *relativa autonomia*, por seu exercício cognoscível tácito e criativo, é *praticamente incontornável*, é o espelho da tensão entre mundo do trabalho material (econômico) e trabalho imaterial (estético). Ela pode servir tanto aos mecanismos ideológicos oficiais como ao contrapoder, pode obedecer tanto à mercantilização como servir ao desmantelamento do pensamento reificado nos seus estratos, na educação, nas manifestações populares e artísticas.

De todos os estratos da cultura, a arte – quer dizer, a potencialidade estética do artista plasmada na obra de arte – é, possivelmente, a mais imediata e mais direta possibilidade de contrapoder, como trabalho estético meio aos circuitos da produção e trocas no mundo capitalista, bem como enfrentamento à ideologia dominante de mercado. Isso se verifica na medida em que suas atividades criativas reivindicam um distanciamento e *fuga* das restrições do fazer impostas pela produção de valores mercantis na reprodução permanente do capital. Não por acaso, em todas as épocas, os mecenas e patrocinadores das artes sempre procuraram investir na arte como um "folheto" de seu poderio e riqueza, a consolidar sua visão de mundo particular. Isto possibilita, portanto, o controle e regramento das artes enquanto ferramenta de contestação, de contrapoder à cultura hegemônica. E em todas as épocas os artistas foram estigmatizados como "os que não trabalham"!

6.2 A CONSTITUIÇÃO DA CULTURA E SUA AUTONOMIA

Partindo da ideia de que o homem é ao mesmo tempo histórico e único, toma-se por princípio que a cultura e todas as exteriorizações da consciência são a somatória, mais ou menos real, da interiorização da vida social genérica, ou, *aquilo que é cultural é social.* Marx e Engels afirmaram (1983, p. 197) que "a consciência é um produto social e assim continua sendo enquanto em geral existirem homens".

A forma cultura, e a relação com as demais formas sociais, precisa ser compreendida como a busca pela emancipação frente ao trabalho econômico, no processo mesmo das relações sociais e das práticas materiais com o ambiente, lá onde se produz simultaneamente o próprio homem. Isso implica compreender a cultura a partir da origem filogenética (história da espécie humana) e por seus sentidos engendrados ou suas emoções ontogenéticas (história pessoal)[108].

[108] "[...] a emancipação humana só estará plenamente realizada quando o homem individual real tiver recuperado para si o cidadão abstrato e se tornado *ente genérico* na qualidade de homem individual na sua vida empírica, no seu

Agora, quando a automatização da indústria supera a necessidade do trabalho humano, quando o tempo de trabalho disponível é consequência inevitável do produzir, quando a acumulação só tende a se separar do fazer concreto do trabalhador (especulação, dinheiro virtual), quando o feito está feito em escala global de forma virtual e a acumulação de riqueza se dá a partir desta virtualidade, os conteúdos culturais podem elevar o patamar de suas realizações ao nível de uma liberdade crítica junto à indústria cultural.

Se esta possibilidade aparece cada vez mais nas consciências das pessoas é exatamente porque o homem contemporâneo se vê mais portador de um tempo de trabalho em que não incide da mesma forma e com a mesma intensidade de antes a separação entre o criar e o fazer. Com a menor identificação e classificação do *poder-fazer*, com a menor dominação do *poder-sobre*, diminuem as possibilidades de incidir o fetiche das coisas sobre a constituição do humano, sua imaginação, criatividade e autonomia. Isso é especialmente importante para o agente da cultura e as realizações plásticas das artes, na medida em que suas práticas em qualquer dos casos destacam-se pelo fazer criativo.

Do ponto de vista da escola estruturalista clássica, como em Althusser (1985) e Lukács (1989), as formas e as relações específicas do trabalho em uma época determinam, no limite das estruturas produtivas, as relações sociais gerais e, consequentemente, a cultura que se erige destas mesmas relações sociais. Apesar das tentativas de aproximação dialética entre o trabalho material e labor intelectual ou trabalho estético, em Gramsci (1984) como em Della Volpe (1979), esta determinação da produção material prevaleceu entre os estruturalistas, entre outras causas, pelo pendor ideológico e ação política. Enquanto o tempo do fordismo prevaleceu nas formas de produção para as sociedades de livre

---

trabalho individual, nas suas relações individuais, quando o homem tiver reconhecido e organizado suas *forces propes* [forças próprias] como forças *sociais* e, em consequência, não mais separar de si mesmo a força social na forma da força *política*." (MARX, 2010, p. 54).

mercado, as teorias críticas tendiam a um correlato que enfatizava exatamente esse produzir de mercadorias nos moldes do poder mercantil, subordinando, pois, os fazeres culturais como adjacências das atividades dos produtores.

Nos anos 1960 fortificou-se no pensamento estruturalista a ideia de dialética, abrindo possibilidades de retomar os enunciados sobre o mundo do trabalho material e imaterial, sob o prisma do dinamismo e complementaridade nos fluxos do fazer coletivo e da vida social, por exemplo, com Kosik (1976) e Vázquez (1968). Assim, a rigidez da relação entre estrutura produtiva que determinava as formas culturais dá lugar a uma totalidade onde todas as formas da reprodução social interagem de forma a constituir um todo, cuja dinâmica pode proporcionar certa autonomia para os vários estratos culturais. Mas isto ainda não significava a autonomia analítica dos conteúdos do mundo do trabalho ao tempo do fordismo. Por exemplo, os escritos de Adorno e Horkheimer (1985) e Debord (2003) não preconizam a autonomia plena das formas ideológica-culturais da sociedade mercantil, mas ao contrário, denunciam sua submissão sutil e disfarçada à instrumentalização técnica do *poder-sobre* sobre o fazer do tipo mercantil.

Só no tempo do pós-fordismo, após a década de 1980, quando as formas atingem seu mais alto desenvolvimento técnico no modo de produção, o mundo do trabalho transforma-se de forma tal que enseja na teoria estruturalista uma atualização mais profunda e cuidadosa. Isso se deve ao fato que a categoria trabalho, que está no núcleo de suas narrativas, modifica-se drasticamente de trabalho vivo (mão de obra) para trabalho morto (tecnologia), com duas consequências fundamentais: expulsão do homem do mundo do trabalho econômico, e, consequentemente, o "esgotamento" do processo de produção intensivo em mão de obra, com a mudança das relações sociais especificas capitalistas (contratuais e assalariadas). Nesse contexto, a cultura e suas materializações precisam ser reinterpretadas.

Na medida em que a cultura não é simples determinação da base econômica e dos modos de produção na história, mas igualmente uma forma semelhante a outras formas da sociabilidade geral, faz-se necessário compreender as possibilidades de materialização das manifestações culturais no tempo em que o modo de produção hoje aponta para novas formas produtivas com incremento do tempo de trabalho disponível.

A relação entre a forma cultura e as demais formas sociais é dialética, não é simples ocorrência de uma forma sobre a outra, mas a imbricação das formas e seus elementos que se combinam e se complementam – ação e reação – para exercer as devidas funções envolvidas em suas mediações e nos limites de sua formação social histórica. Isso implica em reformulação das ideologias e práticas culturais.

A expressão cultura aparece nas consciências como um campo ou esfera da vida social autônomo, independente, com predicados e características que parecem pairar desvinculados dos demais campos e aspectos da vida social. Mais ainda se pensarmos em o campo da vida privada. Mas a cultura não é isso: só se pode falar de cultura enquanto um conjunto de ideias, conceitos e práticas simbólicas de acordo com a reprodução da vida social material.

Supõe-se que a cultura constitua-se como área de conhecimento e práticas autônomas. Esta forma idealizada só encontra o concreto da vida social pelas realizações culturais, como no caso das artes: como a consciência é condicionada pela prática, o agente cultural e o artista pensam em sua autonomia a partir de suas próprias realizações. O que está feito aparece-lhes com vida própria e não relacionado com as demais formas sociais adjacentes. Não se vendo, eles mesmos, como seres sociais partilhando um fluxo contínuo de atividades coletivas, também creem serem seres autônomos no fazer suas atividades. Muitas obras carecem de análise suficiente mesmo quando se acredita questionar a realidade: na melhor das hipóteses a crítica atinge apenas a forma aparente e superficialmente os conteúdos no substrato das relações estruturais da vida social. Assim, pode-se afirmar que separada a obra, da crítica ao conteúdo da reprodução material da vida social, a ação e as realizações culturais são apenas coisas elaboradas por um Ser "objetivado", como a própria coisa, e sua autonomia inovadora não passa de uma autonomia apenas idealizada.

O caráter de uma forma social, como a cultura, é o entendimento próprio de um conteúdo e a hermenêutica sobre esse conteúdo sem, contudo, eliminar as relações reais e materiais que ela exprime ideologicamente. Como produto social, uma forma de pensamento, uma "consciência" é sempre um processo inconsciente que ao final expressa uma tensão, entre as demais dimensões da vida social e os atos volitivos, um dilema e uma incógnita quanto à plasticidade de optar e expressar. Se a crítica é possível, por exemplo, nas artes (e o que é a Arte sem a crítica do seu tempo?), não é menos real a falta de entendimento do que nos forma como agentes da cultura, dado que nosso tempo não tem menos incursões ideológicas e dominantes a formar o sujeito concreto, do que as formações sociais anteriores.

6.3 O PAPEL DA CULTURA E A DETERMINAÇÃO DE SI MESMO

A cultura sempre exerceu papel ideológico e de formação de determinada razão social média ao longo da história ocidental.

No mundo anterior do trabalho ela estava *quase* sempre subordinada à estrutura social produtiva voltada para a reprodução simples mercantil. Era cativa de seus mecenas, sua autonomia crítica e criadora manifestava-se esporádica e sutilmente apenas através de muito poucos que podiam se dedicar às realizações culturais.

Porém, na contemporaneidade, quando a virtualização e descontinuidade do trabalho acompanham as leis gerais da concorrência, a primazia financeira e a virtualização dos capitais, o tempo de trabalho disponível torna-se a primeira grande oportunidade do homem resgatar sua "segunda humanização".

Assim, assistimos em nossa época às mais diversas manifestações populares, realizações culturais comunitárias, e os grupos em busca de reconhecimento de suas identidades. No ideário e nas agendas simbólicas da cultura popular e/ou dos movimentos sociais *ad hoc*, para além das relações de poder e da intenção da chamada cultura erudita, oficial, a cultura propõe uma ludicidade e liricidade que só podem ser compreendidas como resultado de transformações profundas e estruturais do produzir humano e seu desenvolvimento tecnocientífico.

No passado, as manifestações culturais e artísticas e os movimentos por reconhecimento ou direitos sociais sofreram tanto reveses como conquistas importantes, como não podia deixar de ser, de acordo e nos limites da dinâmica das sociedades erigidas sobre a mercantilização. Futuramente, a crítica mais aguda que tais movimentos e manifestações artísticas possam vir a exercer quanto à experiência da realidade - reconhecimentos e direitos, ou a mais livre realização criativa como/e na obra de arte –, passa necessariamente por questionamentos concretos e coerentes quanto aos mecanismos novos de produção de mercadorias e de sua lógica interna.

Neste sentido que Ana Aguiar Cotrim (2015, p. 67-68) percorre a partir do pensamento marxiano, o significado de uma estética contemporânea envolvendo a participação do homem objetivo (não idealizado e tampouco puramente a idealizar), apresentado como aquele cuja liberdade passa pelo fato de poder se determinar a si mesmo, uma impossibilidade que de fato está constrangida nos limites da produção de valores mercantis: "[...] enquanto a atividade humana tiver outra finalidade (acumulação de capital) que não a própria vida efetiva e realização das potencialidades individuais, com efeito torna-se difícil conceber a natureza e a humanidade como devendo a sua humanidade a si mesmas, como seres-por-si."

O problema da autodeterminação do homem como fazedor de uma cultura "impraticável" ou artística, constrangida na produção mercantil, pode ser visto com relação às práticas de ligações disciplinares e totalizantes do conhecimento atual, do ponto de vista acadêmico e da indústria.

A divisão do trabalho (simples divisão da produção de bens) evolui das sociedades coletivistas primárias para a divisão social do trabalho das sociedades complexas individualistas (estas definem quem faz o quê, derivado da condição econômica, de gênero, racial, origem étnica ou religiosa), que culmina no século XIX, como nunca antes presenciado pelo Ocidente, com a forma acabada da especialização e estandardização, moldada pela forma mercadoria e correlata quantificação de coisas e do homem, das mercadorias e dos seus produtores.

O homem-mercadoria na venda de sua força de trabalho não pode se desvincular da forma divisional com que ele produz os valores de troca. Se tais valores são produzidos por fragmentação e especialização, o ente que entra no processo de produção possui e reproduz o conhecimento nessa mesma vibração. As dimensões fragmentárias são as suas próprias dimensões enquanto ser. A filosofia que fornece conteúdo e explicação ao "fragmento-Coisa" está para o "fragmento-Ser" como seu próprio ser! A reprodução do capital ao tempo da hegemonia financeira exige isso e nisso se fortalece, na mais plena dedicação e subordinação do homem ao dinheiro.

Contudo, alienar, como negação na *transferência* da potencialidade humana para algo, pressupõe algo positivo, existente, verdadeiro, como resultado de trabalho humano, sobre o qual se pode retirar a parte essencial de seus termos. Onde não existe percepção e reflexão, quer dizer, onde só existe o objeto reinante, "reificado", não existe *sequer* alienação. Em todos os momentos isto está a acontecer, não só quando se produz, mas quando se consome, usufrui, frui[109].

---

[109] "A forma como essa transcendência é concebida mostra como seria vão nutrir esperanças e contar que a coesão da totalidade (a cujo conhecimento as ciências particulares renunciaram conscientemente ao afastarem-se do substrato material do seu aparelho conceptual) possa ser conquistada por uma ciência que, pela filosofia rompesse as barreiras deste formalismo que caiu na fragmentação, pondo a questão segundo uma orientação radicalmente diferente, orientando-se para a totalidade material e concreta do que pode ser conhecido, do que há para conhecer. Para tal, seria, no entanto, necessário pôr em evidencia os fundamentos, a gênese e a necessidade deste formalismo. Seria ainda necessário que as ciências particulares especializadas não estivessem ligadas mecanicamente numa unidade, mas readaptadas, também interiormente, pelo método filosófico internamente unificante. (...) *Mas uma modificação radical de ponto de vista é impossível no campo da sociedade burguêsa.*" (LUKÁCS, 1989, p. 125).

Os mundos clássico e medieval estavam unidos quanto à perspectiva da indivisibilidade do conhecimento sobre a realidade, quando da reprodução humana pelo trabalho, e havia pouco interesse em separá-lo do fazer.

Com a transformação do uso do trabalho humano produtivo, e com o tempo livre que isso comporta, encerra-se um período de transição no modo de produção capitalista e inicia-se outro na segunda metade do século XX. Para a sociologia do trabalho este momento é conhecido pela passagem do modelo de produção fordista para o modelo pós-fordista, gestão e produção integradas e bastante autorreprodutivas pelas tecnologias de informação e robótica avançadas (indústria 4.0). A hegemonia da forma mercadoria transfigura-se a passos largos na mais pura reprodução financeira do capital – a fórmula que um dia foi D – M – D', já possui o poder de ser quase, e apenas, em sua transcendência, D – D'.

Como Robert Kurz (2004, p. 75) o bem demonstrou: "A sociedade mundial capitalista caminha rumo à sua prova de resistência e ruptura, pois chegará inevitavelmente ao ponto (que aos olhos de seus contemporâneos mais parece uma linha) em que irá suprimir a condição de subsistência social do valor econômico que caracteriza o trabalho abstrato. Mas por outro lado quer conservar à força o invólucro formal dessa forma-valor, manter seus frutos (salário, preço e lucro), apesar de estes terem perdido sua substância".

Já Deleuze e Guattari (2011, p. 531) demonstraram as mesmas condições abstratíssimas da contemporânea dominação do dinheiro, como um corpo que se nos mergulha a todos de forma concreta no mundo dos objetos, não deixa de ser menos virtual por isso: "O corpo pleno do capital como corpo germinante, Dinheiro que produz Dinheiro, nunca é dado por si mesmo. Ele precisa uma passagem ao limite, passagem em que os termos são reduzidos às suas formas simples, tomadas absolutamente, e em que as relações são substituídas "positivamente" por uma ausência de liame". A ausência de liame não se refere apenas à falta de limites, ou à simples "liquidificação" das relações humanas, mas à sua subordinação a uma lógica de *nonsense* orbitada pelo dinheiro.

As tentativas de unificar disciplinas e conhecimentos, por exemplo, ficaram impedidas historicamente pelo estágio de desenvolvimento da produção capitalista nos moldes da especialização e do conhecimento científico, cartesiano, modelo adequado ao tempo das grandes revoluções científicas no século XVIII-XIX e ainda dos processos industriais tayloristas-fordistas da primeira metade do século XX. Aconteceu, com poucas diferenças, o mesmo nos modelos asiáticos conhecidos como toyotismo. Se estes modelos ainda persistem nas grandes sociedades industriais e de mercado se devem a uma exigência de evitar a contínua queda das taxas de lucro, e muito ao intenso formalismo do capital, por exemplo, por vias de liames jurídicos.

De certa forma, isto explica o motivo pelo qual nas sociedades pobres do modelo dominante de liberdade econômica, a extração de mais valor assalariado parece determinada a não se dissolver: é que nos países periféricos esse ritual de expropriação alimenta ainda fortemente a reprodução global do capital por vias da acumulação primitiva (extração de mais valor absoluto), reproduzindo-se assim, no sistema local, a dominação jurídica (contrato de trabalho, impostos, benefícios trabalhistas, previdência, entre outros).

Se cada vez mais a *religação* disciplinar adquire o papel de proágoro na academia e na indústria, deve-se, paradoxalmente, ao aproximar do tempo de *fragilização* da luta de classes, isto é, na medida em que a mão de obra assalariada é lançada no tempo de trabalho disponível, na medida em que o trabalho morto (robôs e tecnologias de informação) supera e torna supérfluo o trabalho vivo (humano). E na medida da intensiva mecanização e automatização dos sistemas produtivos e de serviços, materialmente se desfaz a relação social no âmbito dos circuitos produtivos e sistemas de circulação de mercadorias, portanto, se desfaz a contrapartida de frações da classe burguesa enquanto proprietária da força de trabalho geradora de mais valor, sendo substituída pela burguesia financeira. Daí deriva que a extrema divisão do trabalho e especialização já não importa tanto em sua forma material e concreta para essa dominação, dominação essa que passa a ser mais elaborada e sutil, fortemente centrada nos protocolos formais legais e morais. Por aqui também se pode ver a importância crescente das formas ideológicas culturais, no plano mais imediato, como a forma jurídica e política do neoliberalismo.

Os antagonismos imediatos, e a organicidade de interesses de classe tendem, em um primeiro momento, de transição, a se acirrarem, como acontece atualmente em muitos países onde nem acabou por completo o processo de alta industrialização, para em seguida se esvanecerem, se dissimularem e transformarem radicalmente junto às distinções operantes do conhecimento e tecnologias aplicadas, como nos países centrais capitalistas. Ainda presentes, esses antagonismos e interesses díspares se dão cada vez mais intensamente pela conformação dos conceitos e narrativas analíticas ao conjunto do sistema burguês de livre mercado em transformação, como o trabalho, ainda não totalmente superado, daí resultando uma série de conflitos e paradoxos que dificilmente podem ser extintos nos moldes das sociedades mercantis.

Da perspectiva do *saber* versus o *poder* a departamentalização do conhecimento está comprometida com as estratégias *maquínicas* de submissão, primeiro nos postos de trabalho, depois nas instituições sociais, fundamentalmente sobre aqueles especialmente dependentes, como os produtores assalariados, e sobre os especialmente vulneráveis, como as crianças e jovens, como os enfermos, como os encarcerados. E todos os dispersamente sujeitos aos protocolos sociais e religiosos, como a prostituição, os mendigos, drogados, pobres e excluídos de forma geral. Só quando o humano deixar de ser objeto/instrumento da racionalidade mercantil e da correspondente ação biopolítica, que o conhecimento e as tecnologias aplicadas deixarão de serem instrumentos de sujeição – tal conformidade só se dará plenamente além da forma mercadoria e das relações coisa-objeto-humano mercantis.

O estádio atual do desenvolvimento das forças produtivas e os novos arranjos de liberação humana do trabalho, apenas anunciam, mais ou menos (no âmbito regional, e no global mais avançado), a socialização do conhecimento e a possibilidade de *avançar, regressar* à ligação disciplinar em patamares de conhecimento científico nunca antes visto (algo anteriormente visto na Antiguidade Clássica, especialmente entre os Gregos).

Só quando o saber não for instrumento de poder (*poder-sobre*) e não for para sujeitar e domesticar o homem, a integração do conhecimento como "unidade das disciplinas", poderá ser efetivamente profícua e então almejar a uma transcendência em prol do espírito humano: "Essa nova etapa só poderá ser alcançada revolucionando amplamente as relações entre os homens e a tecnoburocracia, entre os homens e a sociedade, entre os homens e o conhecimento, entre os homens e a natureza." (MORIN, CIURANA, MOTTA, 2003, p. 101). Ou como aqui foi considerado, só pela totalidade das práticas sociais e dos sentidos humanos, em conjunto, pode-se experimentar as ainda insondáveis realizações do ócio estético.

Daí que a interdisciplinaridade (do acadêmico, do crítico, do censor) que quer voltar ao padrão, colocar ordem e suprir a falta de regra, na falta de linearidade dar conta do que não é regular, não é libertadora, patina sempre objetivamente quando se depara com um conhecimento mais vasto e integral, porque visa nos moldes mercantis à sujeição do humano face ao capital e o submete à coisificação: um verdadeiro fetiche de conhecimento reificando as coisas e os objetos acima dos homens.

Resolver a complexidade da ciência para o bem de todos, para a *vida boa*, implica no respeito ao espaço em redor, considerar nele as *diferenças* e as *manifestações*, ainda que "no limite" da conformação ao jogo dialético das dimensões sociais, atentos ao movimento, ao processo, ao fluxo, impedindo uma totalização manipulável, uma síntese codificada. Isso passa pela autogestão dos povos e dos cidadãos, a começar pela emancipação do *poder-fazer* (o conhecimento dos fazedores, seu saber e seu fazer) subordinado ao *poder-sobre* (o conhecimento, *o poder*, sua gerência e comando). Isto não significa, todavia, que *todo* "lugar de fala" seja "profícuo", racional e aceitável.

6.4 PARA ONDE VAI A CULTURA E SOBRE A ARTE

A autonomia da apropriação do objeto artístico por aquele que o contempla, é ambivalente, e isso dá a devida dimensão do papel e importância da cultura de forma geral: "Por fim, Vigotski ressalta a terceira particularidade, que se refere ao enfoque do objeto artístico. O leitor é alçado a um grau de importância fundamental, pois a ele são atribuídas a reprodução, recriação e elucidação da obra. Essa importância, contudo, está submetida à própria objetividade e materialidade da obra: 'Se, de um lado, o crítico não está preso a nada no campo da obra em estudo –, nem às concepções do autor, nem às opiniões de outros críticos – de outro está inteiramente preso a essa mesma obra' (Vigotski, 1999, p. XXII). Além disso, a arte possui um caráter irracional que não aceita explicações fechadas e únicas, de tal forma que o crítico, ao interpretar, depara-se com os limites desse ato." (MARQUES, 2015, p. 16).

A arte se propõe a ser "A" obra de arte – cada obra parece clamar pela totalidade e virar paradigma, ícone estético, indo ao encontro do espectador-leitor-crítico pela "objetividade e materialidade da obra" que é, paradoxalmente, o seu "caráter irracional". Ela foge de fato a particularidades e classificações – seu caráter irracional é só seu, e aqui reside sua liberdade e sua beleza. Mas quem pode dizer que o é? Mas quem pode explicar por que o é? A resposta que pretende apreendê-la em alguma definição e classificação é puramente conceitual. Contudo, chegará o dia em que verdadeiramente teremos que nos deparar com essa infatigável questão, quando fora dos circuitos de (des)afeto mercantilistas e financistas.

À emancipação do homem frente às condições materiais de sua sobrevivência imediata, econômica, corresponde a contradição do *poder-fazer* com quem e de que forma se estabelece o *poder-sobre*[110], alimentado por forças de produção determinadas,

---

110 Como no livro de Lewis Carrol, *Através do espelho e o que Alice encontrou por lá* (2010, p.157): ""Quando eu uso uma palavra", disse Humpty Dumpty num tom bastante desdenhoso, "ela significa exatamente o que quero que signifique:

com os conteúdos formais da superestrutura – na forma jurídica, forma política e forma cultura. Da resolução dessas antinomias – saber e fazer, fazer e poder, entre aquelas formas da totalidade social –, se *movimenta* de alguma forma a forma mercadoria, e a um tempo revoluciona-se as diretrizes e protocolos normativos e morais da sociedade. Só então, finalmente o homem embarca rumo à superação das necessidades para o reino da liberdade.

Quanto mais se aproxima da liberdade para escolher o que fazer e como fazer, mais o homem medita *curvado* sobre a pujança de seu pensamento, tal qual *O Pensador* (Rodin), mais o trabalho comum o enfastia e mais as atividades culturais ocupam seu fazer. Aqui novas relações sociais se constituem por dentro das esferas produtivas e de troca. Tomemos como exemplo a arte, um dos estratos da cultura que privilegiamos.

Pode-se afirmar que a arte tende sempre a se agigantar e crescer em complexidade; daí resulta que na contemporaneidade a arte seja pouco linear, nada intuitiva, com variados graus de complexidade, e se a obra de arte é o que se deixa capturar sempre invocativamente, se a arte é o "singular" (o signo angular), então forçosamente não pode, ou não deveria!, ser mediada, a não ser pelo ente que a observa (o espectador). A mediação artística, diante da complexidade da arte contemporânea, corresponde ao momento da forma mercadoria atual, onde a obra artística encerra e se encerra como *commodity* em um circuito monetário referente à reprodução do capital. Ela é degustada instantaneamente, ela fica efêmera. Ela é uma atividade mercantil, um trabalho nos limites do mercantilismo pós-moderno.

Conforme Dino Formaggio (1976, p. 11-12) "Arte é tudo que os homens chamam arte [...] quantas vezes diversas o homem chamou de arte, muitas vezes irreconhecíveis entre si, e quantas vezes aquilo que uma vez foi reconhecido como arte (por quem? Pelo espectador, pelo especialista?) uma outra vez foi negado ou

---

nem mais nem menos."; "A questão é", disse Alice, "se pode fazer as palavras significarem tantas coisas diferentes."; "A questão, disse Humpty Dumpty, é saber quem vai mandar — só isto".

perdido como arte". Todavia, dificilmente alguém que se considera artista deixa de achar que produziu uma obra de arte, seja qual for a sua manifestação, figurativa, literária, teatral, cinematográfica, midiática, eletrônica, montagem multimídia ou instalação polimórfica. Então, seria mais correto dizer que se todo homem é a seu modo um filósofo, todo homem é da sua forma um artista, no pensar abstrato, no fazer e fazer-se real, na manifestação da vontade livre e relação com o habitat que o provoca.

Mas daí não deriva, necessariamente, que essa manifestação artística *per se* seja uma obra de arte, da mesma forma que no afazer cotidiano, na relação social, na sobrevivência econômica, o pensar abstrato não é em si mesmo filosofia. Deve-se reconhecer que existem resultados produzidos pelo labor humano que quando apreciados adequadamente – fora dos círculos especializados e dos valores mercantis de troca – possibilitam (para o espectador!) a superação do fazer cotidiano "objetificado", por dentro da materialidade da obra.

Essas obras de arte negam-se a nos falar universalmente e exige do espectador, de cada pessoa, a cada tempo, um raciocínio novo e *integrado*[111] sobre o si-no-mundo, que foge de definições precisas e explicações razoáveis, para optar por um verdadeiro corte na existência que está em processo de captura e decifração de si mesmo pela obra de arte. Ao contrário, se o Ser for dócil e apenas refletir a partir da explicação e observação "canonizada" de determinada obra de arte, ele se torna objeto de domesticação, como acontece no mercado e indústria cultural. Isso põe a obra de arte como instrumento mediador, nos limites e extensão do

[111] As fases necessárias à apreensão artística, segundo São Tomás de Aquino, são a inteireza (*integritas*), harmonia (*consonantia*) e radiação (luz) (*claritas*), conforme mencionado por James Joyce em *Retrato do artista quando jovem* (trad. de José Geraldo Vieira, 1998). Traduzimos aqui *inteireza* como apreensão integrada da obra de arte. A passagem da obra de Joyce, nas palavras de Stephen, diz: "(...) a imagem estética é em primeiro lugar luminosamente apreendida como autolimitada e autocontida sobre o incomensurável segundo plano do espaço ou do tempo, que não o são. Tu a apreendes como uma coisa. Tu a enxergas como um todo. Apreendes o seu todo." (JOYCE, 1998, p. 224).

espaço social que se ocupa e na capacidade e potência de apreensão do espectador.

A arte figurativa clássica, as belas artes, ainda nos encanta em sua forma, pela sua *técnica bem comportada* das proporções e da sua "transparência" criadas que foram em um mundo "precário" de técnicas. Sua potencialidade em nos captar o olhar, por previsível que seja, está sempre querendo nos dizer algo intuitivo ligado ao mundo real, concreto, do trabalho, do prestígio, das guerras e do medo, isto é, das relações sociais e de poder de cada momento por todo o medievo e Renascimento. Naquele momento a arte é para as massas religiosas e submissas ao poder papal e da nobreza, a representação das figuras desse poder, da "santa aliança", da posição social dos homens no mundo e suas aceitáveis relações com a natureza, com o divino, com os poderosos. Ou seja, a função da arte aqui era produzir obras que remetiam claramente – podiam ser explicadas facilmente – os homens à sua condição material particular, quer dizer, distinguindo as classes como parte de um todo. A obra de arte cumpria, assim, a missão de colocar precisamente os homens em suas devidas posições com relação ao mundo mítico e secular, e exerce, portanto, uma função política utilitarista.

O que aproxima os quadros "Três de maio de 1808" (1814) de Francisco De Goya, e "Guernica" de Pablo Picasso (1937)? Essas duas obras de arte são atemporais. Estes quadros são realistas, e revela-nos, para além de seu tempo, o contexto histórico e o horror de sempre das guerras e da tirania. Para além da técnica pictórica empregada (como dizer que Goya não é um expressionista 90 anos antes de Edvard Munch (1863-1944) e 130 anos da obra cubista de Picasso?), aqui existe uma *integritas*, uma representação que se dá de imediato à consciência do espectador, a guerra, o medo estampado e distorcido nos rostos das pessoas e animais no conflito, sofrimento e morte, e por isso essas obras são intuitivas, prescindem de melhores explicações e seu realismo histórico as fez universais. Reduzidas ao seu tempo histórico elas quase não precisam de interpretação na relação obra-homem, mas elas poderiam ter sido esquecidas na inserção infinita do circuito da reprodução mercantil, como valores de troca. Contudo, de cada vez que as olhamos elas nos ajudam, de forma singular, a refletir em sua presença sobre nossa condição humana[112].

Uma obra de arte quando avaliada como valor de troca passa de seu uso estético, esclarecedor do espírito humano, para a condição simples a reproduzir o capital. Para isso contribuem todo um conjunto de intérpretes especializados a entrar no circuito de galerias, museus, vernissages, da arte erudita: a mais simples manifestação *underground* pode assim ser incorporada com fins especificamente monetários à massa de interesses artísticos ditos eruditos. Caso contrário, basta que as observemos como um "analista que se deixa suspender", ansiosos por uma orientação tênue do que se pode descortinar em nós mesmos - assim deveria ser considerada verdadeiramente a arte.

Nada impede, contudo, que os vários aspectos da arte (intuição e virtude do fazer do artista; apreciação e valoração do especialista; observação do espectador erudito e popular) estejam sobrepostas em uma obra de arte ou qualquer outra manifestação artística. A arte é, portanto, ao mesmo tempo intuição fenomenal (potencialidade) do artista no âmbito do fazer como necessidade expressiva sua, e argumentação (identificação) subjetiva do espectador. Mas como as demais produções no sistema capitalista, aquilo que é muitas vezes tão somente valor de uso, *consonantia* (integração e harmonia do artista para o espectador), transforma-se imediatamente em valor de troca no circuito mercantilista do capital, entre outras formas, pela apreciação e valoração do especialista erudito e *marchand*.

Então a obra de arte não é medida apenas pela instintividade do realismo social em que insere seus espectadores. Ela não é

---

[112] Afirma Maria Luisa Arroyabe (2018, p. 74) que: "Em suma, os receptores são criadores, na medida em que acolhem, completam ou desenvolvem obras. Assim, podemos concluir que sob o binômio do ócio estético compreendemos as experiências criativas e receptoras que criam e recriam os objetos estéticos. As primeiras nos levam, primariamente, ao âmbito da criação; e as segundas, ao da recriação. Mas em ambas há uma dimensão de criatividade, de participação e recepção estética".

medida pela longevidade temporal com que os observadores a admiram em épocas diferentes. Não é o que se apresenta como tal pela voz dos especialistas ou lugar de exposição, não é medida pelo *quantum* de valor monetário ou a força de sua apresentação como *commercial paper* na indústria cultural. A obra de arte não é a coisa manifesta imaterial humana em sua extensão de aparecimento midiático – e mediado –, quantidade de exposições especializadas e especificas. Não é, também, o que um círculo erudito e intelectual da indústria diz ser. Se, por um lado, a obra de arte sempre revela uma conexão dos homens com seu tempo, suas relações sociais, suas tecnologias, seus valores e seu nível de conhecimento, em suma, sua ciência, por outro lado, remete-os singularmente para uma "terra nova", um lugar e um tempo a ser experimentado, como se orientado pelas "mãos de Alice". Contudo, nada disto é excludente! Uma obra de arte pode ser tudo isso ao mesmo tempo, seja ela popular ou erudita.

O *pós-moderno* é mais populesco que a Modernidade. Possibilidades morrem e novas aparecem dinamicamente. Existe uma melancolia... A melancolia trata-se de uma crítica sem tempo. Algo dura ou não na mesma velocidade, até aparecer algo a suplantar. Já existe uma saturação do tátil, das imagens que nos subjugam. Nem se pode mais entender o que subentende e o que faz subsumir. O fim está em permanente fim e recomeço. Não existe o passado e só o presente importa: isso é pós-moderno. Ele é ausência de futuro, vem depois da ideia de futuro. Daí a falta de novas narrativas, a precária racionalidade analítica, a não ser o consumir imediato pelo valor mercantil.

As pessoas não param para contemplar, fotografam e passam, elas circulam. Consomem a obra de arte circulando! E pagam para isso! Inversamente, contemplar [pausar!] é [era!] então estar no presente, e isto possibilita o pós-alguma-coisa-no-futuro, nos faz viajar para trás e para frente, de um ponto a outro. Contemplar é ser contemporâneo da obra de arte, ela não morre e revive em nós quando a vimos. Ela nos faz suspender no tempo e com isso se "suspende" a si mesma. Isso que faz o presente ser eternidade: a obra que se contempla(rá) sobrevive ao seu tempo.

O contemporâneo *pós-moderno* não quer ser contemporâneo da obra de arte. Mas a arte insiste em querer ser contemplada, a nos chamar para a possibilidade de ver algo além do que vivemos de imediato, consumindo. Deve existir algo especial na obra de arte, intempestivo nas possibilidades de vir a ser. Uma atmosfera fora de seu tempo.

Nesse sentido que se pode falar no papel mercantil da cultura, na sua captura por parte da indústria cultural, enquanto inserida no contexto da forma mercadoria, a demonstrar que no estágio mais avançado do sistema produtor de mercadorias, no mercantilismo neoliberal e financista global atual, na medida em que o tempo de trabalho disponível não pode mais ser revertido de volta na massa de assalariados, mais as realizações culturais proliferam com intensa diversificação e complexidade. A concorrência acelerada de tecnologias cibernéticas e informacionais podem servir de amparo às mais diversas realizações culturais, que vão desde os grandes circuitos eruditos e financiados pelo grande capital, como as montagens e demonstrações de rua as mais variadas e publicamente dispersas.

Tudo isso, no entanto, mais e mais necessita de curadores e abre perspectivas ótimas para os especialistas e arte-mediadores. Segundo Paula Sibila (2016, p. 230-231): "O curioso é que isto aconteça numa época que se orgulha da suposta eliminação dos intermediários entre *você*, suas criações e o público, uma possibilidade ainda mais impulsionada pelas tecnologias interativas que ajudariam a coroar a morte do autor e a sua hibridização com os leitores ou espectadores"[113].

---

[113] Sibila (2016, p. 230-231) continua assim: "Mas o fato é que essa profissionalização de cunho empresarial não está ocorrendo apenas nas artes plásticas, com esse súbito conhecimento das figuras do curador e do colecionador. Processos semelhantes se dão em outros campos da criação contemporânea: na literatura com os editores, na música com os produtores, no cinema com os financiadores e distribuidores etc. Ou seja, agentes cuja tarefa hoje resulta imprescindível, ao menos para todos aqueles artistas que aspiram à consagração do mercado, porque é crucial a eficácia desses intermediários na conquista do campo visual: *aparecer* nos meios de comunicação. Uma vez consumada essa aliança – ou esse negócio -, aí sim, hoje qualquer um pode ser artista".

A realidade mais negativa, contudo, desta constatação, é que o aparecimento da obra se dá pela exploração do perfil do artista, de sua vida pessoal e familiar pregressa ou presente, com desdobramentos midiáticos extensivos à concorrência de todos os meios de divulgação do Herói ou Bandido, Vítima ou Réu, o que efetivamente pode ter origem em uma obra de excepcional qualidade. Mas no mais das vezes é apenas algo "grande" e "caro", ou também o contrário, ou seja, cuja origem é precisamente o comportamento desmedido ou performático de um autor desconhecido até então, cuja obra artística era completamente dispensável.

A questão de mercado em sua suntuosa indústria cultural é que através da exposição e exploração da vida pessoal dos autores, coloca a questão da pertinência dos estudos biográficos – quando banais e insidiosos – de um autor ou uma artista. Na medida em que se afunila e especializa mais e mais a pesquisa científica e se diminui a pesquisa teórica abrangente, mais se corrói a vocação das ciências sociais, porquanto essas biografias se constituem em aparelhos de mercado a serviço de uma pretensa idolatria referencial cujo mecanismo é a intenção de vender, e não a *crítica* à pesquisa historiográfica e à narrativa do vencedor, mas para o reforço axiomático do *establishment*.

O processo de globalização não promove a desterritorialização apenas do comércio e da circulação do capital, mas promove igualmente a dessacralização da cultura e a pertinência e especificidade dos movimentos sociais por direitos ou reconhecimento. Paradoxalmente, quanto mais global essas culturas e mais perto esses movimentos, mais seus elementos e especificidades se tornam parte do mesmo, e sua força e resistência se dilui como tudo no sistema de mercadorias global. De certa forma, o que fortalecia os hábitos e tradições, portanto as diferenças, e o que fortalecia as lutas das minorias por reconhecimento e autonomia era o fato de impactarem regionalmente os cidadãos e os governos.

Mas paulatinamente diante da imersão das sociedades e seus povos na lógica mercantilista e na dinâmica de aproximação global da produção e da troca, mais se fez sentir que o denominador comum teria que se resumir à luta por direitos humanos. Exatamente aquilo que mais o capitalismo autorizou e aprendeu a subsumir, foi se transformando mais e mais no fundamento último das lutas mundo afora, e agora quase todos os movimentos, com alguma repercussão no sistema global de livre mercado, usam como plataforma as mesmas orientações pragmáticas dos direitos humanos, último baluarte da Revolução Francesa de 1789 e que as elites mundiais não puderam destituir de sua conformidade ao sistema burguês. Assim, por exemplo, o movimento LGBT se internacionalizou, nos mesmos moldes em que o sindicalismo internacional pretendeu e ainda pretende resistir às últimas batalhas pela hegemonia monopolista do capital.

Essa dinâmica não é de hoje, claro. Woodstock não fez grandes proezas transformativas quanto aos valores cosmopolitas e universais da paz e da confraternização, quanto mais não foi imediatamente engajada a promover o Rock N' Roll para a indústria musical em vistas da reprodução do capital nos mercados globais a partir da década de 1960. A realidade é que quanto mais global, menos revolucionárias se transformam as lutas. O capitalismo conseguiu rapidamente um mecanismo inconteste para sua expansão e acumulação: através da plataforma que é a globalização, conquistou a hegemonia de sua cultura, em detrimento das especificidades e diferenças cada vez menos valorizadas tanto quanto mais próximas e acessíveis se tornam as tecnologias de informação.

Mas nem tudo consegue ser absorvido: como o movimento cultural *Queer* resiste? Uma coisa é vender e comprar as obras artísticas, promover a internacionalização de curadorias ou fomentar o intercâmbio da arte-mediação, outra coisa é a reflexão que uma obra ou uma manifestação artística pode promover *para além* de suas condições de difusão e mercantilização, das (mega)exposições para voyeurs infindáveis, dos leilões milionários, do circuito das galerias prestigiadas, das biografias oficiais e oficiosas dos artistas e tudo o mais que é próprio do circuito cultural e das artes contemporâneas. Paradoxalmente o global pode favorecer a absorção pelo sistema, mas pode ajudar aos grupos de contestação. O "para além" disso é uma questão da resistência, é continuar a produzir o novo, o inovativo iconoclasta. Tal processo de vanguarda deve estar à frente na crítica ao sistema de produção e circulação de mercadorias enquanto o mesmo não adquire, por dentro de si mesmo, a radicalidade nas condições concretas de sua reprodução e do *esgotamento* por força da lei geral do valor.

Os conceitos de "totalidade dialética" e de "sobredeterminação" da forma cultura em relação às demais formas sociais, e destas em relação à forma de produção e circulação do sistema de mercadorias, contidos neste livro, leva à incondicionalidade da cultura e de seus estratos. Nenhuma autonomia é absoluta na relação entre formas sociais. Contudo, quanto mais as forças produtivas se desenvolvem mais as relações sociais, em conjunto com elas, modificam-se, e modificam junto todas as pretéritas formas de sociabilidade geral, não apenas as substituindo, mas as transformando em outras que ao longo do tempo pouco se reconhecem por sua origem.

A característica dimensional da sociabilidade geral nos sistemas de livre mercado, como nunca aconteceu antes na história, é que se processa uma radical *liberação* de trabalho assalariado, e com isso, a redução drástica da distribuição de renda e, por conseguinte, do poder aquisitivo dos indivíduos. Desta liberação resulta ainda a propensão dos indivíduos estabelecerem suas estratégias existenciais em acordo com as ocupações culturais, preenchendo o ócio criativo, o tempo de trabalho disponível, com as atividades relativas ao trabalho estético. Este trabalho estético será tanto mais ontocriativo quanto mais distante ele estiver da produção *objetificada* de mercadorias nos moldes em que o capital exige a produção alienada dos trabalhadores assalariados, os fazedores especializados do capital. Deve-se considerar seriamente, neste sentido, o exemplo da realidade cultural e artística hodierna, o surgimento, já há algum tempo, de Ateliês Coletivos, espaços abertos à produção artística coletiva, ao processo coletivo de criação para as artes plásticas, dança, teatro, poesia e música.

A Cultura irá cada vez mais para onde vai a Arte. Se as belas artes findaram como parâmetro, como questionava Heidegger, e as artes plásticas são cada vez mais multivisuais, eletrônicas, digitais, multisensitivas, deve-se à arte que atinge esse degrau de relativa libertação como impossibilidade mercantil, isto é, porque seus atores foram dispensados do trabalho mercantil e alijados das especificidades e atributos do trabalho material, distanciando-se do *trabalho abstrato*, do *poder-fazer* abstrato como mera especulação.

Por exemplo, muito da atual consciência que se experimenta quanto ao meio ambiente, às pautas ecológicas como plataforma política e artística, demonstram já esse degrau que é o tempo livre. Ao mesmo tempo é visível como os movimentos sociais mais contemporâneos propõem-se a ser criativos, críticos, eruditos e mais emocionais, mostrando que a racionalidade do mundo do trabalho ainda está presente, mas já começa a não subjugar as formas de contestação e as tentativas de reposição para um novo viver, onde o *fazer* e o *saber* prescindem do poder de comando nos moldes da produção capitalista de valores. De fato temos que aprender a substituir as velhas formas do Poder.

*

Não será pelo formato do trabalho econômico da sobrevivência material capitalista que o homem atingirá novos patamares de realizações ontocriativas, mas sim pela cultura e suas manifestações artísticas, tanto quanto mais seus atores-artistas puderem se separar daquele e apropriar para si, para o homem universal, o tempo de trabalho disponível e as possibilidades estéticas da ociosidade criativa. Quando o trabalho for apenas estético os próprios termos da produção cultural já não se distinguirão do próprio fazer cotidiano.

A manifestação artística é a expressão maior da retomada do *poder-fazer* pelo homem histórico. O encontro dele como ser social. Um homem que pode fazer as relações sociais (a política) por ele e tão somente ele. Isso que o capital oculta, sua essência como ser social, será então revelada e com ela o fim dos fetiches das coisas.

Como o poeta[114] romanceou, até a Morte, essa senhora imortal, de presença inexorável e dos destinos indecifráveis, pode se apaixonar por um simples mortal, um violoncelista solitário, ao ouvi-lo tocar a *Suíte para Violoncelo Solo Nº. 6 em Ré Maior*, de Johan Sebastian Bach"!

---

[114] José Saramago, *Intermitências da Morte*, Cia. das Letras, 2013b.

REFERÊNCIAS

ADORNO, Theodor W.; HORKHEIMER, Max. *Dialética do Esclarecimento*: fragmentos filosóficos. Rio de Janeiro: Zahar, 1985.

__________. *Introdução à controvérsia sobre o positivismo na sociologia alemã*. In: Os Pensadores. São Paulo: Abril Cultural, 1983.

AGAMBEN, Giorgio. *O que é o contemporâneo? e outros ensaios*. 5. reimp. Chapecó, SC: Argos, 2013.

__________. *Profanações*. São Paulo: Boitempo, 2007.

AGÊNCIAS INTERNACIONAIS. Orçamento argentino é aprovado com exigências do FMI. *Economia - Jornal O Globo*, 15 nov. 2018. Disponível em: <https://oglobo.globo.com/economia/orcamento-argentino-para-2019-aprovado-com-exigencias-do-fmi-23236593>. Acesso em: 12 dez. 2018.

ALBANO, Gleydson Pinheiro. *Revista GeoSertões* (Unageo/CFP-UFCG). n. 1, vol. 1, jan./jun. 2016. Disponível em: <http://revistas.ufcg.edu.br/cfp/index.php/geosertoes/index>. Acesso em: 10 jan. 2018.

ALTHUSSER, Louis. *Aparelhos Ideológicos de Estado*. Rio de Janeiro: Graal, 1985.

__________. *Por Marx*. Campinas, SP: Editora UNICAMP, 2015.

__________. Advertência aos leitores do livro I d'O Capital. In: Karl Marx. *O Capital*. São Paulo: Boitempo, 2013.

ANTUNES, Ricardo. As metamorfoses no Mundo do Trabalho. In: Álvaro Gomes (Org.). *O Trabalho no Século XXI*: Considerações para o futuro do trabalho. São Paulo: Anita Garibaldi; Bahia: Sindicato dos Bancários da Bahia, 2001, p. 17-32.

__________. *Os Sentidos do Trabalho*. São Paulo: Boitempo, 2011.

ARAÚJO, Paulo Roberto Monteiro. Anselm Kiefer e o problema da arte como sobrevivente de suas ruínas. Paper(a). São Paulo, 2016.

__________. A questão do Assume Vivid astro focus como expressão da nova linguagem da arte. Paper(b). São Paulo, 2016.

ARISTÓTELES. *Política*. Trad. Mário da Gama Cury. Brasília: Universidade de Brasília, 1985.

ARROYABE, Maria Luisa A. Fernández de. Ócio estético valioso. São Paulo: Edições SESC São Paulo, 2018.

AURÉLIO, Marco. Meditações. Livro VI. In: *Os Pensadores*. São Paulo: Abril Cultural, 1973.

AZURMANIAN, A. A. *Del capitalismo mundial em la etapa contemporanea*. Trad. Cipriano Gonzalez. Moscou: Editorial Progresso, s/d.

BANDEIRA, Alberto Moniz. Prefácio: O Marxismo e a Questão Cultural. In: *Leon Trotski, Literatura e Revolução*. Trad. Alberto Moniz Bandeira. Rio de Janeiro: Jorge Zahar Editor, 2007.

BAUMAN, Zigmunt. *Modernidade Líquida*. Rio de Janeiro: Zahar, 2001.

__________. *Modernidade e holocausto*. Rio de Janeiro: Zahar, 1998.

BENJAMIN, Walter. Magia e Técnica, Arte e Política. 7. ed. *Obras escolhidas*. v.1. São Paulo: Brasiliense, 1994.

BERMAN, Marshal. *Tudo Que é Sólido Desmancha no Ar*. São Paulo: Cia. Das Letras, 1987.

BLOCH, Ernst. *O princípio esperança*. v.1. Rio de Janeiro: Contraponto e UERJ, 2005.

BORGES, Jorge Luis. *História da eternidade*. São Paulo: Globo, 2001.

BOSI, Alfredo. *Dialética da Colonização*. São Paulo: Companhia das Letras, 1992.

BRAGA, Ruy. *A política do precarizado*: do populismo à hegemonia lulista. São Paulo: Boitempo, 2012.

BRASIL. Lei n. 10.836, de 9 de janeiro de 2004. Cria o programa bolsa família e dá outras providencias. *Diário Oficial da União*, Brasília, DF, 09 jan. 2004.

BRAVERMAN, Harry. *Trabalho e capital monopolista*: a degradação do trabalho no século XX. 3. ed. Rio de Janeiro: Zahar Editores,1981.

BUCCI, Eugênio. Na TV, os cânones do jornalismo são anacrônicos. In: Danilo dos Santos de Miranda (Org.). Ética e Cultura. São Paulo: Perspectiva; Edições SESC, 2011, p. 129-142.

BUREAU OF THE SENSUS, 1990. Disponível em: https://pt.m.wikipedia.org. Acesso em: 14 de janeiro de 2019.

BURKE, Peter (Org.). *A escrita da história*: novas perspectivas. São Paulo: Editora UNESP, 1992.

CALVINO, Ítalo. *Seis propostas para o próximo milênio*: lições americanas. Trad. Ivo Barroso. São Paulo: Cia. Das Letras, 1990.

CARROL, Lewis. *Através do espelho e o que Alice encontrou por lá*. 1. ed. Rio de Janeiro: Ed. Zahar, 2010.

CASTELLS, Manuel. *A sociedade em rede*. v.1. 3. ed. São Paulo: Paz e Terra, 1999.

CERTEAU, Michel de. *A Invenção do Cotidiano*: 1. Artes de fazer. 9. ed. Petrópolis, RJ: editora Vozes, 2003.

CHADE, Jamil. Na Grécia pobreza e mortalidade aumentam. *Economia e Negócios - O Estado de S. Paulo*, 09 set. 2018. Disponível em: <https://economia.estadao.com.br/noticias/geral,na-grecia-pobreza-e-mortalidade-aumentam,70002493584>. Acesso em: 12 dez. de 2018.

CHANDA, Nayan. *Sem fronteira*. Rio de Janeiro: Record, 2011.

CLASTRES, Pierre. *Arqueologia da violência*. São Paulo: COSAICNAFY, 2011.

__________. *A sociedade contra o Estado*. São Paulo: COSAICNAFY, 2003.

COSTA, Decio. Mercedes-Benz da mais um passo na indústria 4.0. *O Estado de S. Paulo*, 01 mar. 2019. Disponível em: <https://estradao.estadao.com.br/caminhoes/mercedes-benz-da-mais-um-passo-na-industria-4-0/>. Acesso em: 15 mar. 2019.

COTRIM, Ana Aguiar. *Contribuições de Karl Marx ao problema da mimese artística*. 2015. Tese (Doutorado em Filosofia) - Faculdade de Filosofia, Letras e Ciências Humanas da Universidade de São Paulo, SP, 2015.

CUNHA, Newton. *Cultura e Ação Cultural*: uma contribuição à sua história e conceitos. São Paulo: Edições SESC, SP, 2010.

DAWKINS, Richard. *O gene egoísta*. Belo Horizonte: Itatiaia, 2001.

DEBORD, Guy. *A Sociedade do Espetáculo*. São Paulo: e-Books, 2003.

DEBRUN, Michel. *Gramsci*: Filosofia, Política e Bom Senso. Campinas, SP: Editora da Unicamp; Centro de Lógica e Epistemologia, 2001.

DELEUZE, Gilles; GUATTARI, Félix. *O Anti-Édipo* – Capitalismo e Esquizofrenia 1. 2. ed. Trad. de Luiz B. L. Orlandi. São Paulo: Editora 34, 2011.

DELLA VOLPE, Galvano. *Sociologia*. São Paulo: Ática, 1979.

DERRIDA, Jacques; DUFOURMANTELLE, Anne. *Da hospitalidade*. São Paulo: Escuta, 2003.

DOSTOIÉVSKI, Fiodor. *O Idiota*. 4. ed. São Paulo: Editora 34, 2014.

DUMAZEDIER, Joffre. *Sociologia empírica do lazer*. São Paulo: Perspectiva, 1979.

DUNN, Rex. A arte e a forma da mercadoria. Fórum. Trad. Lilian Zanvettor Ferreira. In: *Lavra Palavra*, São Paulo, 2016. Disponível em: <http://lavrapalavra.com/2019/06/05/a-arte-e-a-forma-da-mercadoria>. Acesso em: 24 jun. 2019.

DUSSEL, Enrique. Europa, modernidade e eurocentrismo. In: LAUDER, Edgard (Org.). *A colonialidade do saber*: eurocentrismo e ciências sociais - Perspectivas Latino-americanas. Buenos Aires: Cheso, 2005.

ELIAS, Norbert. *O Processo Civilizatório*: uma história dos costumes. Rio de Janeiro: Zahar, 1991.

ELIAS, Juliana. Reestatização cresce porque empresa privada tem serviço ruim. UOL, 07 mar. 2019. Disponível em: <https://economia.uol.com.br/noticias/redacao/2019/03/07/reestatizacoes-tendencia-crescendo-tni-entrevista.htm>. Acesso em: 12 abr. 2019.

ELLUL, Jacques. *A técnica e o desafio do século*. São Paulo: Paz e Terra, 1968.

ENGELS, Friedrich. O Capital de *Marx*. In: *Marx e Engels:* obras escolhidas. v. 2. São Paulo: Alfa-ômega, 1984.

_________. *Uma breve biografia de Karl Marx*. São Paulo: Boitempo, 2019.

_________. Carta a Bloch (21/22 de setembro de 1890). In: *Marx e Engels:* obras escolhidas. v. 3. São Paulo: Alfa-ômega, s/d.

_________. Carta a C. Schmidt (5 de agosto de 1890). In: *Marx e Engels:* História. Florestan Fernandes (org.). Grandes Cientistas Sociais, nº 36. São Paulo: Editora Ática, 1983.

_________. Carta a C. Schmidt (27 de outubro de 1890). In: *Marx e Engels:* História. Florestan Fernandes (org.). Grandes Cientistas Sociais, nº 36. São Paulo: Editora Ática, 1983.

_________. Carta a F. Mehring (14 de julho de 1893). In: *Marx e Engels:* História. Florestan Fernandes (org.). Grandes Cientistas Sociais, nº 36. São Paulo: Editora Ática, 1983.

_________. Carta a H. Starkenburg (25 de janeiro de 1894). In: *Marx e Engels:* História. Florestan Fernandes (Org.). Grandes Cientistas Sociais, nº 36. São Paulo: Editora Ática, 1983.

EUROSTAT STATISTICS EXPLAINED. A percentagem de idosos continua a aumentar. *Eurostat*. Disponível em: <https://ec.europa.eu/eurostat/statistics-explained/index.php/Population_stucture_and_ageing/pt>. Acesso em: 20 mai. 2019.

EVANGELISTA, Ana Paula. Seremos livres ou escravos da indústria 4.0?. *EPSJV/ Fiocruz*. Disponível em: <http://www.epsjv.fiocruz.br/noticias/reportagem/seremos-lideres-ou-escravos-da-industria-40>. Acesso em: 15 mar. 2019.

FAUSTINO, Rafael. Como inteligência artificial está mudando o sistema financeiro. *Revista Época Negócios*, 17 ago. 2018. Disponível em: <https://epocanegocios.globo.com/Dinheiro/noticia/2018/08/como-inteligencia-artificial-esta-mudando-o-sistema-financeiro.html>. Acesso em: 29 fev. 2019.

FELITTE, Almir. Bitcoin: a última farra do capitalismo. *Justificando.com.br*, 2017. Disponível em: <http://www.justificando.com/2017/12/13/

bitcoin-ultima-farra-do-capitalismo-rentista>. Acesso em: 04 jul. 2019.

FICHTE, Johann G. O conceito da doutrina da ciência. In: *Os Pensadores*. 2. ed. São Paulo: Abril Cultural, 1984.

FOLHA DE SÃO PAULO. Robôs ameaçam 54% dos empregos formais no Brasil. *Folha de S. Paulo*, 28 jan. 2019. Disponível em: <http://www1.folha.uol.com.br/mercado/2019/01/robos-ameacam-54-dos--empregos-formais>. Acesso em: 29 jan. 2019.

FOLIO. *Grande História Universal*: fim da Idade Média. v. X. Comitê Científico: Fabio Destefani (Economia e Sociedade). Barcelona (ES): Ediciones Folio, 2007.

FORMAGGIO, Dino. *Arte*. Milano: ISEDI, 1976.

FOUCAULT, Michel. *As palavras e as coisas*: uma arqueologia das ciências humanas. Trad. Salma Tannus Muchail. 3. ed. São Paulo: Martins Fontes, 1985.

__________. *Microfísica do Poder*. 16ª. ed. Rio de Janeiro: Graal, 2001.

__________. *Em defesa da sociedade*. 1. ed. 4. tiragem. São Paulo: Martins Fontes, 2005a.

__________. O que são as luzes. In: *Ditos & Escritos II*. 2ª. ed. Rio de Janeiro: Forense, 2005b.

FRASER, Nancy. *Social Justice in the Knowledge Society:* Redistribution, Recognition, and Participation, 2001. Disponível em: https://www.mujeresenred.net/spip.php?article281. Acesso em: 24 jun. 2021.

FRASER, Nancy; HONNETH, Axel. *Redistribution Or Recognition?*: A Political-philosophical Exchange. Nova York/Londres: Verso, 2003.

FREDERICO, Celso. *Ensaios sobre Marxismo e Cultura*. Rio de Janeiro: Mórula, 2016.

FREIRE, Paulo. *Pedagogia do Oprimido*. Rio de Janeiro: Nova Fronteira, 2012.

G1 CAMPINAS E REGIÃO. Projeto promove troca de lixo reciclável por frutas, verduras e legumes em Amparo. *G1*, 14 jul. 2018. Disponível em: <https://g1.globo.com/sp/campinas-regiao/noticia/projeto-promove-troca-de-lixo-reciclavel-por-frutas-verduras-e-legumes-em-amparo.ghtml>. Acesso em: 15 mar. 2019.

GALVÃO, Luis Alfredo. *Capital ou Estado*. São Paulo: Editora Cortez, 1984.

GIDDENS, Anthony. *As consequências da modernidade*. São Paulo: Editora UNESP, 1991.

GOFFMAN, Erving. *A Representação do Eu na Vida Cotidiana*. Petrópolis: Vozes, 1983.

GOLDMANN, Lucien. A reificação das relações sociais. In: *Sociologia e Sociedade* - pág.182/183. Marialice Foracchi e José Souza Martins. Livros Técnicos e Científicos Editora, 1980.

GRAMSCI, Antonio. *Concepção Dialética da História*. 5. ed. Trad. de Carlos Nelson Coutinho. Rio de Janeiro: Editora Civilização Brasileira, 1984.

GROSSMAN, Vassili. *Vida e destino*. 4. reimp. Rio de Janeiro: Objetiva, 2016.

GUIMARÃES, Nadya Araújo; HIRATA, Helena; SUGITA, Kurumi (Orgs). *Trabalho Flexível, empregos precários?* São Paulo: Edusp, 2009.

GUSDORF, Georges. *Passado, presente, futuro da pesquisa interdisciplinar*. Revista Tempo Brasileiro, abr.-jun. nº 121., 1995, p. 7.

HABERMAS, Jürgen. A ética da discussão e a questão da verdade. São Paulo: Martins Fontes, 2004.

HALL, Stuart. *A identidade cultural na pós-modernidade*. 10. ed. Rio de Janeiro: LP&A, 2004.

HARADA, Ricardo Godoy. *A tentativa do impossível*: A mágica e o teatro como matérias poéticas da criação artística. Campinas, SP: 2018

HARVEY, David. *Os limites do capital*. São Paulo: Boitempo, 2013.

__________. *O enigma do capital*: e as crises do capitalismo. São Paulo: Boitempo, 2011.

__________. *17 contradições e o fim do capitalismo*. São Paulo: Boitempo, 2016.

HEIDEGGER, Martin. *Ser e Tempo*. 4. ed. Petrópolis: Editora Vozes, 2009.

__________. *A Origem da Obra de Arte*. Trad. de Maria da Conceição Costa. Lisboa, PT: Edições 70, 1977.

HERSCOVICI, Alain. O Capitalismo Imaterial: os novos papéis da cultura, da informação e do conhecimento. In: César Ricardo Siqueira Bolaño (org.). *Cultura e desenvolvimento*: reflexões à luz de Furtado. Salvador; Brasília: EDUFBA, 2015, p. 93-114.

HOBBES, Thomas. *Leviatã*. São Paulo: Abril Cultural, 1983.

HOLLOWAY, John. *Mudar o mundo sem tomar o poder*. São Paulo: Viramundo, 2003.

HOUAISS, António. Dicionário Houaiss da língua portuguesa. Rio de Janeiro: Objetiva, 2001.

HUBERMAN, Leo. *História da riqueza do homem*. 16. ed. Rio de Janeiro: Zahar Editores, 1980.

IANNI, Octavio. *A era do globalismo*. 2ª. ed. Rio de Janeiro: Civilização Brasileira, 1996.

IBGE. Pequisa Nacional por Amostra de Domicílios (PNAD). 2019. Disponível em: <https://agenciadenoticias.ibge.gov.br/media/com_mediaibge/arquivos/a2eb00da62607144d480db9c3504fa4a.pdf>. Acesso em: 20 jun. 2019.

INFOMONEY. Euforia com Bitcoin passou: 2019 será o ano do amadurecimento das criptomoedas. *Infomoney.com.br*, 2019. Disponível em: < https://www.infomoney.com.br/politica/noticia-bem-recebida-diz-bolsonaro-sobre-eua-priorizarem-brasil-na-ocde/>. Acesso em: 04 jul. 2019.

IPEA. Os novos dados do mapeamento de economia solidária no Brasil: nota metodológica e análise das dimensões socioestruturais dos empreendimentos, 2016. Disponível em: <http://www.ipea.gov.br/portal/index.php?option=com_content&view=article&id=28818%3Arelatorio-de-pesquisa-os-novos-dados-do-mapeamento-de-economia-solidaria-no-brasil-notas-metodologicas-e-analise-das-dimensoes-socioestruturais-dos-empreendimentos&catid=224%3Adisoc&directory=1&Itemid=1>. Acesso em: 23 jun. 2019.

JAPPE, Anselm. *Sic Transit Gloria Artis*: O "Fim da Arte" segundo Theodor W. Adorno e Guy Debord. Almada (PT): Editorial Centelha Viva, s/d.

__________. *El Absurdo Mercado De Los Hombres Sin Cualidades*. Logroño (La Rioja, Spain): Pepitas de Calabaza, 2009.

__________. *Crédito à morte*. São Paulo: Hedra, 2013.

JOYCE, James. *Retrato do artista enquanto jovem*. São Paulo: Publifolha, 1998.

JUNGES, Márcia; COSTA, Andriolli. *Superar, aniquilar e conservar* – a filosofia da história de Hegel. Entrevista do Prof. José Pinheiro Pertille (UFRGS). Revista do Instituto Humanitas Unisinos (On-Line), Edição nº. 430, de 21 de outubro de 2013.

KAFKA, Franz. *América*. São Paulo: Livraria Exposição do Livro, 1965.

KEACH, William. Apresentação. In: *Leon Trotski, Literatura e Revolução*. Rio de Janeiro: Jorge Zahar Editor, 2007.

KOSIK, Karel. *Dialética do concreto*. 2. ed. Rio de Janeiro: Paz e Terra, 1976.

KRIPPENDORF, Jost. *Sociologia do Turismo*: para uma nova compreensão do lazer e das viagens. São Paulo: Aleph, 2000.

KURZ, Robert. *O Colapso da modernização*: da derrocada do socialismo de caserna à crise da economia mundial. 6. ed. Rio de Janeiro: Paz e Terra, 2004.

__________. *Razão sangrenta*: ensaios sobre a crítica emancipatória da modernidade capitalista e de seus valores ocidentais. São Paulo: Hedra, 2010.

__________. Crise e crítica: o limite interno do capital e as fases do definhamento do marxismo. *Revista o Beco*, 2014. Disponível em: <http://obeco-online.org/rkurz410.htm>. Acesso em: 15 nov. 2018.

LAFARGUE, Paul. *O direito à preguiça*. São Paulo: Editora Hucitec, 1999.

LEFEBVRE, Henri. A "praxis": a relação social como processo. In: *Sociologia e Sociedade*. Marialice Foracchi e José Souza Martins (Orgs.). Livros Técnicos e Científicos Editora, 1980.

LENIN (Lénine) Vladimir I. Imperialismo, fase superior do capitalismo. 2ª. ed. *Obras escolhidas*. v. 1. São Paulo: Alfa-Ômega, 1982.

LESSA, Juliana. O Rap de Marcelo D2 e a Indústria Cultural. *Capitalismo em desencanto* 2013. Disponível em: <https://capitalismoemdesencanto.wordpress.com/2013/07/18/o-rap-de-marcelo-d2-e-a-industria-cultural/>. Acesso em: 01 mar. 2019.

LÚCIO, Clemente Ganz. Avançar é reduzir a jornada de trabalho para 40hs. *Pragmatismo Político*, Brasil debate, 2016. Disponível em: <https://www.pragmatismopolitico.com.br/2016/08/avancar-e-reduzir-a-jornada-de-trabalho-para-40-horas.html>. Acesso em: 18 mai. 2019.

LUHMANN, Niklas. *Introdução à teoria de sistemas*. Coleção Sociologia. Petrópolis: Vozes, 2009.

LUKÁCS, György. *História e Consciência de Classe*: estudos de dialéctica marxista. 2. ed. Rio de Janeiro: Elfos Editora, 1989.

LYOTARD, Jean-François. *A Condição Pós-Moderna*. 9. ed. Rio de Janeiro: José Olympio, 2006.

MACARENA, Vidal Liy. Na china, a 'rebelião' contra os "9.9-6": trabalho das 9h às 21h, seis dias por semana. *El País*, 2019. Disponível em: <https://brasil.elpais.com/brasil/2019/04/19/internacional/1555672848_021656.html>. Acesso em: 18 mai. 2019.

MACHEREY, Pierre. *A theory of literary production*. Londres: Routledge & Kegan Paul, 1978.

MARCUSE, Herbert. *A ideologia da sociedade industrial*. 6. ed. Rio de Janeiro: Zahar Editores, 1982.

MARQUES, Priscila Nascimento. *O Vygótski incógnito*: escritos sobre arte. 2015. Tese (Doutorado em Letras) - Faculdade de Filosofia, Letras e Ciências Humanas da Universidade de São Paulo, SP, 2015.

MARTINS, Lígia Márcia. Da Formação em Marx à Crítica da Pedagogia das Competências. In: Newton Duarte (Org.). *Crítica ao Fetichismo da Individualidade*. 2. ed. rev. Campinas, SP: Autores Associados, 2012.

MARTINS, Mônica Souza N. *Entre a cruz e o capital*: as corporações de ofícios no Rio de Janeiro após a chegada da família real (1808-1824). Rio de Janeiro: Ed. Garamond, 2007.

MARTINS, Sérgio Pinto. Breve histórico a respeito do trabalho. *Revista da Faculdade de Direito da USP*, 2000. Disponível em: <http://www.revistas.usp.br/rfdusp/article/viewFile/67461/70071>. Acesso em: 10 jan. 2018.

MARX, Karl. *O Capital*. Livro I. ed. rev. São Paulo: Boitempo, 2015.

__________. O Capital. Livro III. *Os economistas*. São Paulo: Abril Cultural, 1984a.

__________. *Manuscritos Econômico-Filosóficos*. 1. ed. 2. reimp. São Paulo: Boitempo, 2008.

__________. Manuscritos Econômico-filosóficos (1844). In: *Marx e Engels*: História. Florestan Fernandes (Org.). Grandes Cientistas Sociais, nº 36. São Paulo: Editora Ática, 1983.

__________. *Grundisse*: Para a crítica da economia política. São Paulo: Boitempo; Rio de Janeiro: Editora UFRJ, 2011.

__________. *Sobre a questão judaica*. São Paulo: Boitempo, 2010.

__________. O 18 Brumário de Luís Bonaparte. In: *Marx e Engels:* obras escolhidas. v. 1. São Paulo: Alfa-ômega, s/d.

__________. Crítica ao Programa de Gotha. In: *Marx e Engels:* obras escolhidas. v. 2. São Paulo: Alfa-ômega, 1984b.

__________. Teses sobre Feuerbach. In: *Marx e Engels:* obras escolhidas. v. 3. São Paulo: Alfa-ômega, s/d.

MARX, Karl; ENGELS, Friedrich. Manifesto do Partido Comunista. In: *Marx e Engels:* obras escolhidas. v. 1. São Paulo: Alfa-ômega, s/d.

__________. A Ideologia Alemã. In: *Marx e Engels*: História. Florestan Fernandes (Org.). Grandes Cientistas Sociais, nº 36. São Paulo: Editora Ática, 1983.

MASCARO, Alysson Leandro. *Filosofia do Direito*. 4. ed. São Paulo: Editora Atlas, 2014.

__________. *Estado e forma política*. São Paulo: Boitempo, 2013.

__________. Sérgio Ferro: artes plásticas e capitalismo. In: *Revista Crítica Marxista*, 45, 04 de agosto de 2017, p. 101-106.

MATURANA, Humberto; VARELA, Francisco. *De máquinas y seres vivos*: autopoiesis, la organización de lo vivo. Buenos Aires, Argentina: Lumen, 2003.

MENDONÇA, Heloísa. Topa tudo por trabalho: brasileiros aceitam salários menores e postos sem carteira para driblar desemprego. *El*

País Brasil, 05 fev. 2018. Disponível em: <https://brasil.elpais.com/brasil/2018/02/02/politica/1517580002_384940.html>. Acesso em: 20 jan. 2019.

MERLEAU-PONTY, Maurice. *Fenomenologia da Percepção*. Rio de Janeiro: Freitas Bastos, 1971.

MÉSZÁROS, István. *Atualidade histórica da ofensiva socialista*. São Paulo: Boitempo, 2010.

MIGNOLO, Walter. Folder de Apresentação do Congresso de Ensino Aprendizagem das Artes na América Latina, SESC São Paulo, 23 a 25 de abril de 2019.

MILENA, Lilian. Britânicos querem reestatizar empresas. *Jornal GGN*, 18 jan. 2018. Disponível em: <https://jornalggn.com.br/direitos/britanicos-querem-reestatizar-empresas/>. Acesso em: 12 abr. 2019.

MININNI, Giuseppe. *Psicologia Cultural da Mídia*. São Paulo: A Girafa Editora; Edições SESC SP, 2008.

MORATIS, Alexis; COPLEY, Jack. *Capitalism in declive: automation in a stagnant economy* . ROARMAG. org, 2021. Disponível em: <https://roarmag.org/essays/automation-benavav-smith-review/>. Acesso em: 03 ago. 2021.

MOREIRA, René. Após demissões, funcionários da Ford Taubaté completam dois dias de greve. *O Estado de S. Paulo*, 22 jan. 2019. Disponível em: <http://www.em.com.br/app/noticia/economia/2019/01/22/internas_economia,1023531>. Acesso em: 24 jan. 2019.

MORIN, Edgar; CIURANA, E. R.; MOTTA, R. D. *Educar na Era Planetária*. São Paulo: Cortez Editora, 2003.

NASBITT, John. *Megatendências*: as dez grandes transformações ocorrendo na sociedade moderna. São Paulo: Nova Cultural, 1987.

NASSIF, Luis. Fim de uma era: o Reino Unido volta a nacionalizar estatais privatizadas. *Jornal GGN*, 10 set. 2018. Disponível em: <https://jornalggn.com.br/coluna-economica/fim-de-uma-era-o-reino-unido-volta-a-nacionalizar-estatais-privatizadas-por-luis-nassif/>. Acesso em: 12 abr. 2019.

NEGRI, Antonio. *Biocapitalismo*. São Paulo: Iluminuras, 2015.

__________. *5 Lições Sobre Império*. Rio de Janeiro: DP&A, 2003.

NEHER, Clarissa. Como vai funcionar a jornada de trabalho de 28hs por semana que será implantada na Alemanha. *BBC Brasil*, 2018. Disponível em: <https://www.bbc.com/portuguese/internacional-43145376>. Acesso em: 18 mai. 2019.

NIETZSCHE, Friedrich. A Gaia Ciência. In: *Os Pensadores*: Nietzsche. 3. ed. São Paulo: Abril Cultural, 1983.

__________. *A Vontade de Poder.* Rio de Janeiro: Editora Contraponto, 2008.

NORA, Pierre. Entre memória e história: a problemática dos lugares. Trad. Yara Aun Khoury. In: *Revista do Programa de Estudos Pós-Graduados de História,* PUC/sp - Projeto História, (10), dez 1993.

NUNES, Benedito. *O Dorso do Tigre.* 3. ed. São Paulo: Editora 34, 2009.

O'NEILL, A. Global unemployment rate from 2010 to 2020. Statista, 31 mar. 2021. Disponível em: < https://www.statista.com/statistics/279777/global-unemployment-rate/>. Acesso em: 17 mai. 2021.

ORTIZ, Renato. *A Moderna Tradição Brasileira*: Cultura Brasileira e Indústria Cultural. 5. ed. 4. reimp. São Paulo: Brasiliense, 2001.

__________. Cultura e Desenvolvimento. In: *Políticas culturais em revista,* 1 (1), pp. 122-128. Universidade Federal da Bahia, 2008. Disponível em: <https/:www.politicasculturaisemrevista.ufba.br>. Acesso em: 12 nov.2018.

PAIVA, Jorge (Org.). *Seminário Internacional*: Teoria Crítica Radical, A Superação do Capitalismo e a Emancipação Humana. Fortaleza, CE: Instituto Filosofia da Práxis, 2000.

PASSETTI, Edson. *Anarquismos e sociedade de controle.* São Paulo: Editora Cortez, 2003.

POULANTZAS, Nicos. *As classes sociais no capitalismo de hoje.* 2ª. ed. Rio de Janeiro: Zahar, 1978.

PRADO JÚNIOR, Caio. *Formação do Brasil Contemporâneo.* 9. ed. São Paulo: Editora Brasiliense, 1969.

RAWLS, John. *Uma teoria da justiça.* Lisboa: Presença, 1993.

RANCIÉRE, Jacques. *O espectador Emancipado.* São Paulo: Wmf Martins Fontes, 2012.

RAVITCH, Diane. Líder da OCDE-PISA: A Educação Artística pode ser mais importante para o século XXI do que as notas do teste. *Dianeravitch.net,* 2019. Disponível em: <http://dianeravitch.net/2019/06/05/oecd-pisa-leader-arts-education>. Acesso em: 20 mai. 2019.

REVISTA EXAME. GM ameaça deixar o Brasil caso não volte a ter lucro. *Estadão Conteúdo,* 19 jan. 2019. Disponível em: <http://exame.abril.com.br/negocios/gm>. Acesso em: 19 jan. 2019.

RIFKIN, Jeremy. *O Fim dos Empregos*: o declínio inevitável dos níveis dos empregos e a redução da força global de trabalho. São Paulo: Makron Books, 1995.

ROCHA, José Manuel de Sacadura. *Michel Foucault e o Direito.* Rio de Janeiro: Forense Universitária, 2011.

__________. *Antropologia Jurídica*: geral e do Brasil. 5. ed. Salvador, BA: Juspodivm, 2019a.

__________. *Sociologia Jurídica:* fundamentos e fronteiras. 6. ed. GEN/ Forense, 2019b.

__________. *Fundamentos de filosofia do direito*: o jurídico e o político da Antiguidade a nossos dias. 6. ed. Salvador, BA: Juspodivm, 2019c.

__________. *História do Direito no Ocidente*: Antiguidade, Oriente, Grécia, Roma e Ibéricos. Rio de Janeiro: Forense, 2015.

__________. *Moral e Escolha Existencial no Direito*: o pensamento de Agnes Heller. In: Revista do Instituto dos Advogados de São Paulo, n. 18, jul-dez 2006, p. 139-157.

ROSA, Luiz Pinguelli. *Tecnociências e humanidades*: novos paradigmas, velhas questões. v.1. São Paulo: Paz e Terra, 2005.

ROSE, Nikolas. *Inventando nossos Selfs*: psicologia, poder e subjetividade. Petrópolis, RJ: Vozes, 2011.

RUSSELL, Bertrand. *O elogio ao ócio.* Rio de Janeiro: Sextante, 2002.

SAHLINS, Marshall. Âge *de pierre,* âge *d'abondance.* Paris: Gallimard, 1976.

SARAMAGO, José. *A caverna.* São Paulo: Companhia das Letras, 2013a.

__________. *Intermitências da morte.* São Paulo: Cia. das Letras, 2013b.

SAVIANI, Dermeval. Perspectiva Marxiana do Problema Subjetividade--Intersubjetividade. In: Newton Duarte (Org.). *Crítica ao Fetichismo da Individualidade.* 2. ed. rev. Campinas, SP: Autores Associados, 2012.

SCHLINDWEIN, Simone. Cobalto: um metal raro, precioso e disputado na República Democrática do Congo. *DW Notícias Internacional,* 16 set. 2018. Disponível em: <https://www.google.com/amp/s/amp.dw.com/pt-002/cobalto-um-metal-raro-precioso-e-disputado-na-republica-democratica-do-congo/a-45510238>. Acesso em: 3 set. 2019.

SCHOLZ, Roswitha. O valor é o homem: teses sobre a socialização pelo valor e a relação entre os sexos. *Revista o Beco,* 10 mar. 2018, p. 1-21. Disponível em: <http:// obeco.planetaclix.pt/rst1.htm>. Acesso em: 15 nov. 2018.

SCHOPENHAUER, Artur. *O mundo como vontade e representação.* São Paulo: Edições e Publicações Brasil, 1941.

SCORZA, Manuel. *A dança imóvel.* Rio de Janeiro: Nova Fronteira, 1985.

SÈVE, Lucien. A Personalidade em Gestação. In: Paulo Silveira & Bernard Doray (Orgs.), *Elementos para uma teoria marxista da subjetividade.* São Paulo: Vértice; Ed. Revista dos Tribunais, 1989, p. 147-178.

SIBILA, Paula. *O Show do Eu*: a intimidade como espetáculo. 2. ed. Rio de Janeiro: Contraponto, 2016.

SILVA, Luis Octavio de Faria e. Ferida Aberta. In: *Jornal Habitação no Centro*. São Paulo, Ano1, Nº 1, novembro de 2018, p.7.

SILVEIRA, Paulo. Da alienação ao fetichismo: formas de subjetivação e de objetivação. In: Paulo Silveira & Bernard Doray (Orgs.), *Elementos para uma teoria marxista da subjetividade*. São Paulo: Vértice; Ed. Revista dos Tribunais, 1989, p. 41-76.

SIRGADO, Angel Pino. *O Social e o Cultural na Obra de Vigotski*. Revista Educação & Sociedade, ano XXI, n. 71, Jun/00.

SOHN-RETHEL, Alfred. *Intellectual and manual labor*: a critique epistemology. London: Macmillan, 1978.

STOREY, John. *Teoria Cultural e Cultura Popular*: uma introdução. São Paulo: Sesc, 2015.

STRINATI, Dominic. *Cultura Popular, Uma Introdução*. São Paulo: Hedra, 1999.

TAYLOR, Charles. *Multiculturalismo*. Lisboa, Portugal: Epistemologia e Sociedade, 1994.

TCHEKOV, Anton. Ariadne. In: *Nova Antologia do conto russo (1792-1998)*. 2. ed. São Paulo: Editora 34, 2012.

TERRAY, Emmanuel. *O Marxismo diante das sociedades primitivas*. Rio de Janeiro: Graal, 1979.

TOASSA, Gisele. *Vigotski*: Notas Para Uma Psicologia Geral e Concreta das Emoções/ Afetos. Cadernos Espinosanos, São Paulo, n.30, p.49-66, jan-jun 2014.

TOFFLER, Alvin. *A Terceira Onda*. 21ª ed. São Paulo: Editora Record, 1993.

TRADING ECONOMICS. Indicadores. Disponível em: <https://tradingeconomics.com/european-union/indicators>. Acesso em: 17 mai. 2020.

TROTSKI, Leon. *Literatura e Revolução*. Pref. e Trad. de Luiz Alberto Moniz Bandeira. Rio de Janeiro: Zahar Editores, 2007.

UNITED STATES HOLOCAUST MEMORIAL MUSEUM. Auschwitz. *Enciclopédia do Holocausto*. Disponível em: <https://encyclopedia.ushmm.org/content/pt-br/article/auschwitz-1>. Acesso em: 20 jun. 2021.

VÁZQUEZ, Adolfo Sánchez. *Filosofia da Práxis*. Rio de Janeiro: Paz e Terra, 1968.

VIGOTSKI, Liev Semionovitch. *Psicologia da arte*. Trad. Paulo Bezerra. São Paulo: Martins Fontes, 2001.

__________. *A tragédia de Hamlet, príncipe da Dinamarca*. Trad. Paulo Bezerra. São Paulo: São Paulo: Martins Fontes, 1999.

__________. *Obras Escogidas*. v. III. Madri, Espanha: Visor Distribuciones, 1995.

WHITE, Hayden. O objetivo da interpretação. Entrevista a Erlend Rogne. Trad. Joaquim Toledo Júnior. In: *Nova História em Perspectiva*. v.1. São Paulo: Cosac Naif, 2011, p. 588.

WOLKMER, Antonio Carlos. Pluralismo jurídico, direitos humanos e interculturalidade. In: *Revista Sequência*, n. 53, p. 113-128, dez. 2006.

ZIZEK, Slavoj. *A Visão em Paralaxe*. São Paulo: Boitempo, 2008.

__________. *Alguém disse totalitarismo?* São Paulo: Boitempo, 2013.

__________. *A Atualidade de Marx*. São Paulo: Boitempo, 04 /05/2018. https://blogdaboitempo.com.br/2018/05/04/zizek-a-atualidade-de-marx/. Acesso: 24 jun. 2021.

ÍNDICE ONOMÁSTICO

A
Adorno, T.: 166, 166 n67, 197, 198, 246
Agamben, G.: 156, 160, 215 n93
Agências Internacionais: 103 n40
Albano, G.: 192
Althusser, L.: 34, 70, 128 n57, 163, 176, 176 n72, 201, 202, 224 n97, 245
Antunes, R.: 118 n52, 203 n87
Aquino, T.: 257 n111
Arendt, H.: 160
Arroyabe, M.: 126 n55, 233, 259 n112

B
Babbage, C.: 118 n51
Bach, J.: 266
Bandeira, A.: 173 n71
Bauman, Z.: 215 n93
Benavav, A.: 82 n23
Benjamin, W.: 5, 184
Bloch, E.: 222
Bloch, J.: 224 n97
Bosi, A.: 148, 158, 159
Braga, R.: 118 n52
Braverman, H.: 72, 92, 92 n30
Bucci, E.: 166
Bukovski, C.: 151
Bureau of the Sensus: 65 n17

C
Calvino, I.: 151
Carrol, L.: 255
Certeau, M.: 170, 171, 226, 227 n99
Chade, J.: 103 n40
Chanda, N.: 66 n18
Ciurana, E.: 254
Clastres, P.: 29, 56, 57
Copley, J.: 82 n23, 90, 91
Costa, D.: 107 n44
Cotrim, A.: 152, 249
Cunha, N.: 160, 167

D
D2, M.: 172 n69
Dawkins, R.: 24
Debord, G.: 166 n67, 197, 198, 246
Debrun, M.: 169
Deleuze, G.: 251
Della Volpe, G.: 245
Derrida, J.: 238 n104
Dostoiévski, F.: 184
Dufourmantelle, A.: 238 n104
Dunn, R.: 166 n67, 241 n107
Dussel, E.: 205 n88, 207 n91

E
Elias, J.: 104 n41
Engels, F.: 18, 72 n20, 73, 81, 116, 162, 162 n66, 163 n66, 172, 172 n70, 173, 173 n70, 180, 223, 224 n97, 236, 238, 238 n105, 244
Eurostat Statistics Explained: 88 n26
Evangelista, A.: 107 n44

F
Faustino, R.: 106 n43
Fausto, R.: 205 n88
Fayol, J.: 64, 64 n16
Felitte, A.: 221 n95
Feuerbach, L.: 179
Folha de São Paulo: 129 n58
Folio: 59 n12
Ford, H.: 64, 64 n16
Formaggio, D.: 256
Foucault, M.: 206 n89
Frederico, C.: 178, 179, 181, 182, 232, 233
Freire, P.: 162, 163, 168

G
G1: 111 n48, 221 n95
Gabriel o Pensador: 172 n69
Galvão, L.: 138 n60
Guattari, F.: 251
Gofmann, E.: 179
Goldman, L.: 134
Gomes, M.: 195 n81
Goya, F.: 151, 258
Gramsci, A.: 150 n63, 161, 162, 169, 245
Grossman, V.: 229, 230
Guimarães, N.: 96 n35

H
Harada, R.: 166 n67, 241 n107
Harvey, D.: 52, 186, 188, 190, 193, 200, 220
Hegel, F.: 131, 178, 179, 229, 230
Heidegger, M.: 178, 227, 228, 229, 230, 231, 231 n102, 265
Heinrich, M.: 82 n23
Heller, A.: 223
Herscovici, A.: 204
Hirata, H.: 97 n35
Hobbes, T.: 24
Hodgskin, T.: 118 n51
Holloway, J.: 5, 41, 123 n53, 135, 135 n59, 196, 212, 213
Horkheimer, M.: 166, 166 n67, 247
Huberman, L.: 49, 50
Husserl, E.: 178

I
IBGE: 95 n31
Infomoney: 221 n95
IPEA: 109, 109 n46

J
Jappe, A.: 5, 41, 52 n6, 123 n53, 141, 142, 197, 205 n88, 211 n92
Joyce, J.: 241 n107, 257 n111

K
Kafka, F.: 216
Kautsky, K.: 73
Keach, W.: 173 n71
Kosik, K.: 168, 175, 176, 246
Krieger, E.: 172 n69
Kurz, R.: 41, 60 n13, 82 n23, 123 n53, 205 n88, 213, 214, 251

L
Lafargue, P.: 13, 14, 17, 18, 19, 20
Lefebvre, H.: 111 n47
Lenin (Lénine), V.: 72, 173 n71, 218 n94
Lessa, J.: 172 n69
Locke, J.: 214 n93
Lúcio, C.: 96 n33
Luhmann, N.: 146
Lukács, G.: 149, 245, 250 n109
Lutero, M.: 151

M
Macarena, V.: 96 n32
Macherey, P.: 164
Marques, P.: 255
Martins, S.: 61 n14
Martins, M.: 61 n14
Martins, L.: 223
Marx, K.: 5, 18, 19, 23 n1, 25, 27 n2, 31, 33, 33 n4, 34, 35, 50, 51, 61, 61 n15, 62, 65, 67, 71, 72, 72 n20, 73, 73 n20, 74, 76, 78, 81, 114, 116, 118 n51, 120, 122, 123, 124, 124 n54, 125, 126, 130, 131, 132, 133, 134, 135 n59, 140, 151, 162, 162 n66, 163 n66, 168, 172 n70, 173, 173 n70, 174, 178, 179, 180, 180 n75, 181, 182, 188, 194, 195 n82, 196 n82, 201 n86, 206 n90, 214, 223, 232, 238, 238 n105, 240, 241, 244, 245 n108
Mascaro, A.: 176 n72
Maturana, H.: 147 n62
Mehring, F.: 173 n70
Mendonça, H.: 99 n37
Merleau-Ponty, M.: 175, 178
Mészáros, I.: 128 n57, 129
Mignolo, W.: 207 n91
Milena, L.: 104 n41
Mininni, G.: 141 n61
Moratis, A.: 82 n23, 91
Moreira, R.: 105 n42
Morin, E.: 254
Motta, R.: 254
Munch, E.: 258

N
Nasbitt, J.: 112 n49
Nassif, L.: 104 n41
Negri, A.: 41, 123 n53, 208
Neher, C.: 95 n32
Nietzsche, F.: 151, 205 n89, 206 n89
Nunes, B.: 228, 229, 230, 231 n102

O
O'Neil, A.: 46
Ortiz, R.: 149, 157, 158
Owen, R.: 118 n51

P
Paiva, J.: 205 n88
Picasso, P.: 258
Poulantzas, N.: 128 n56
Postone, M.: 205 n88
Prado Júnior, C.: 158

R
Rawls, J.: 214 n93, 215 n93
Ranciére, J.: 231
Ravitch, D.: 241 n106
Revista Exame: 105 n42
Rifkin, J.: 81, 81 n22, 94, 103, 112, 116
Rocha, J.: 54 n7, 58 n10, 146, 166, 206 n89
Rodin, A.: 256
Rosa, L.: 201
Russell, B.: 203 n87

S
Sahlins, M.: 57, 57 n9
Saramago, J.: 177, 266 n114
Saviani, D.: 180 n75
Schlindwein, S.: 194 n80
Schmidt, C.: 172 n70, 173 n70
Scholz, R.: 60 n13, 219
Schopenhauer, A.: 205 n89
Scorza, M.: 218 n94
Sève, L.: 225
Sibila, P.: 261, 261 n113
Silva, L.: 108 n45
Silveira, P.: 223
Sirgado, A.: 155
Sohn-Rethel, A.: 214
Srnicek, N.: 82 n23

Starkenburg, H.: 172
Storey, J.: 148, 156, 160, 161, 162, 164, 165, 170
Strinati, D.: 167
Sugita, K.: 97 n35

T
Taylor, F.: 64, 64 n16
Tchekov, A.: 151, 215
Terray, E.: 53
Toassa, G.: 155
Toffler, A.: 112 n49
Trading Economics: 46, 85, 86 n24, 87, 88 n25, 97, 98 n36, 100, 101 n38
Trotski, L.: 173 n71

U
United States Holocaust Memorial: 162 n65
Ure, A.: 118 n51

V
Van Gogh, V.: 151, 228, 231
Varela, F.: 147 n62
Vázquez, A.: 183, 184, 246
Vigotski, L.: 155, 232, 255

Z
Zizek, S.: 225